▍高等院校旅游管理类系列教材

生态民宿建设与营销

主　审／孙玉琴

主　编／刘灵傲

副主编／刘丹　王雨璇　余楚凤

SHENGTAI MINSU

JIANSHE YU

YINGXIAO

旅游教育出版社
·北京·

图书在版编目（CIP）数据

生态民宿建设与营销 / 刘灵傲主编. -- 北京 : 旅游教育出版社, 2025. 6. -- ISBN 978-7-5637-4892-1

Ⅰ. F719.2

中国国家版本馆CIP数据核字第2025RC0436号

生态民宿建设与营销

刘灵傲　主编

刘丹　王雨璇　余楚凤　副主编

责任编辑	陈　志
出版单位	旅游教育出版社
地　　址	北京市朝阳区定福庄南里1号
邮　　编	100024
发行电话	（010）65778403　65728372　65767462（传真）
本社网址	www.tepcb.com
E - mail	tepfx@163.com
排版单位	北京旅教文化传播有限公司
印刷单位	北京泰锐印刷有限责任公司
经销单位	新华书店
开　　本	787毫米×1092毫米　1/16
印　　张	17.75
字　　数	296千字
版　　次	2025年6月第1版
印　　次	2025年6月第1次印刷
定　　价	45.00元

（图书如有装订差错请与发行部联系）

前 言

生态民宿是民宿产业的重要组成部分，其在当今社会背景下具有特殊的意义和价值。它不仅是游客追求自然与人文融合体验的理想选择，更是平衡经济发展与环境保护关系、促进民宿产业可持续发展的关键力量。

2024年5月17日，党中央在京首次以旅游发展为主题召开了全国旅游发展大会，会议重点强调了数字化与文化和旅游产业融合的重要性，同时指出下沉市场和银发经济在推动旅游业高质量发展中的作用和未来文旅市场的走向。这使得原本以生态、健康、亲近自然为特点而广受市场青睐的生态民宿获得了更大更多的市场机会。生态民宿的发展还能分享到政策的红利，借助新市场、新需求的东风，实现更加稳健和持续的成长。

因此，生态民宿企业为把握上述机遇，必须立在更高的站位、以更宽的视野和更大的力度统筹谋划。高质量的民宿产品更受市场欢迎，持续提升生态民宿的建设水平固然重要，但赢得更大的市场份额也不容忽视，有效的营销能够提升生态民宿的知名度和美誉度。故而，加强对生态民宿建设与营销的精准把握，无疑是当前民宿产业亟待重视的核心议题。

此外，生态民宿的建设与营销，皆离不开专业人才这一坚实后盾的鼎力支持。高校是文旅人才培育的沃土，承载着为生态民宿产业输送优质人才的重大使命，而一本优秀的生态民宿教材，无疑是高校实现人才培养目标不可或缺的坚实基石。基于此，本教材结合教育部对于深化"双一流"建设的要求进行精心设计和编写。它具有以下显著特征：

第一，本教材具有前瞻性和先导性。教材内容紧密围绕当前生态民宿行业和市场的发展趋势和未来走向，充分考虑了该行业的最新动态和潜在需求。教材内容不仅涵盖了生态民宿建设与营销的基础理论知识，还对相关领域的前沿理念和技术进行了系统介绍。特别是生态民宿建设的基础理论及生态民宿的数字营销、文化营销和AI营销等，对培养学生站在理论与行业前沿，把握生态民宿的发展方向，为未来从事相关工作，培养学生的前瞻性思维和战略眼光，使其能够更好地适应未来行业的快速变化和挑战提供指导。

第二，本教材具有创新性和国际性。本教材紧贴最新政策动态，紧跟时代潮流，内容新颖，方法创新且易于理解。教材在编写过程中，突破了传统教材的编写模式，注重理论与实践的深度融合，通过精选的生态民宿建设和营销的实际案例分析和创新实践项目，引导学生积极探索生态民宿建设和营销的新思路、新模式。精选案例均深入剖析了生态民宿在设计理念、运营管理、营销推广等多个维度的创新亮点，让学生能够从中汲取经验，激发创新灵感。同时，在本教材的上、下篇案例选择与分析中注重国际视野，编者根据生态民宿建设和营销的最新发展趋势和方法，精心挑选了国外具有代表性的经典案例。通过国际案例的剖析，学生可以了解不同国家和地区的生态民宿建设和营销经验，拓宽国际视野。

第三，本教材具有实践性与指导性。本教材强调实践教学的重要性，突出了生态民宿建设和营销的实际操作技能培养。编写团队充分考虑到学生毕业后从事实际工作的需求，在教材中融入了丰富的具有较强的针对性和实用性的实践教学内容，使学生能够在学习过程中熟悉生态民宿建设和营销的各个环节，掌握实际操作技能，提高解决实际问题的能力。另外，编写团队还邀请了来自企业一线的具有实际工作经历的人员参与教材编写，配备了丰富的实践教学资源和实用的学习指导建议，以支持教师高效地组织实践教学活动，确保学生能够在实践中不断提升自己的专业素养和综合能力，毕业后能够迅速适应工作岗位，为生态民宿产业的发展贡献自己的力量。

本教材由上海外国语大学贤达经济人文学院校级一流本科专业酒店管理的学科带头人孙玉琴教授（博士）策划并担任主审，上海外国语大学贤达经济人文学院数字文旅学院副院长兼酒店管理系主任刘灵傲副教授（博士）担任主编，酒店管理专业教师刘丹、王雨璇和余楚凤担任副主编。教材在编写目录的讨论中，上海对外经贸大学的全华教授（博士后）给予了许多专业性的指导意见，对编写团队启发思路起到了重要作用。编写团队成员均具有丰富的实践经验和不同程度的学术背景，他们多数是民宿领域的教学、科研和实践者，对生态民宿产业有深入的思考，部分教师在营销教学领域成果积累较多，熟悉企业的营销活动和营销策略，能够确保教材内容的科学性、权威性和实用性。本教材共分为十一章，具体编写分工如下：第一章由孙玉琴、刘灵傲共同编写；第二章由全华编写；第三章和第四章由王雨璇编写；第五章由刘丹、林陈进和刘灵傲共同编写；第六章由余楚凤编写；第七章由陈曦编写；第八章由刘洁编写；第九章由刘灵傲编写；第十章由刘丹编写；第十一章由刘丹、刘灵傲、校企合作的张阳、邹柏共同编写。本教材由孙玉琴教授和刘灵傲副教授统编，孙玉琴教授主校。

教材引用了部分专家、学者的著作成果，并参考了系列网站资料，相关引用内容以参考文献或脚注的形式展现于教材中，教材编写团队已对此进行了说明及致谢。同时，团队还要感谢所有支持本教材编写的人员和机构，特别感谢上海外国语大学贤达经济人文学院郑方贤校长、梁中贤副校长及相关领导的大力支持和指导；特别感谢上海市崇明区文化和旅游局、人力资源和社会保障局的支持；特别感谢上海市崇明区生态旅游集团将该教材作为"民宿管家"职业技能等级考试的培训教材之一；特别感谢永顺土司文化旅游发展集团有限公司彭昌副总经理对生态民宿建设的实践指导，提供案例资料；特别感谢校企合作单位澳娱综合度假股份有限公司人力资源副总裁邹柏先生和上海旗澜实业有限公司营销总监张阳女士参与本教材的编写并提出实践活动建议。同时，我们也非常感谢出版社和编辑团队为本教材所做的努力和贡献。鉴于时间与视野所限，本教材难免存在不足之处，我们诚挚地邀请各位同行及读者不吝赐教，提出宝贵意见。本教材不仅适合作为课堂教学和职业培训的优质资源，也适合民宿企业从业者、文化和旅游业界人士以及广大游客参考使用。希望本教材能够为推动民宿行业的生态建设与营销做出教学和实践贡献。

刘灵傲
2025 年 2 月 29 日

目 录

上篇　生态民宿建设理论与实务

第一章　生态民宿建设概述 3
- 第一节　生态民宿的定义与特征 4
- 第二节　国内外生态民宿建设研究与实践现状 9
- 第三节　我国生态民宿的主要分布区域 17
- 第四节　我国生态民宿的建设趋势 29

第二章　生态民宿建设理论基础 32
- 第一节　生态学理论 33
- 第二节　可持续发展理论 40
- 第三节　幸福经济学理论 47
- 第四节　生活美学理论 51

第三章　生态民宿设计与建造 58
- 第一节　生态民宿设计与建造的依据 59
- 第二节　生态民宿设计 69
- 第三节　生态民宿建造流程 75
- 第四节　生态民宿设计与建造的保障条件 77

第四章　生态民宿的可持续建设 80
- 第一节　生态民宿可持续建设的重要意义 81
- 第二节　生态民宿可持续建设的策略 88

第三节　生态民宿可持续建设的保障措施 …………………………… 94

第五章　生态民宿建设经典案例选编 ………………………………………… 100
　　案例一　Valentinerhof民宿建设之道 ………………………………… 100
　　案例二　土司大营星空民宿建设之道 ………………………………… 105

下篇　生态民宿营销方法与精选案例

第六章　生态民宿营销基础理论与基本方法 ………………………………… 115
　　第一节　基础理论 ………………………………………………………… 116
　　第二节　营销基本方法及运用 …………………………………………… 129
　　第三节　生态民宿营销方案设计 ………………………………………… 143

第七章　生态民宿品牌营销与精选案例 ……………………………………… 157
　　第一节　生态民宿品牌营销概述 ………………………………………… 158
　　第二节　品牌营销在生态民宿中的运用 ………………………………… 161
　　第三节　生态民宿品牌营销精选案例 …………………………………… 169

第八章　生态民宿关系营销与精选案例 ……………………………………… 179
　　第一节　生态民宿关系营销 ……………………………………………… 180
　　第二节　生态民宿关系营销的重要性与价值 …………………………… 190
　　第三节　生态民宿关系营销精选案例 …………………………………… 192

第九章　生态民宿文化营销与精选案例 ……………………………………… 199
　　第一节　生态民宿文化营销概述 ………………………………………… 200
　　第二节　生态民宿文化营销的主要策略 ………………………………… 207
　　第三节　生态民宿运用文化营销策略时存在的问题及对策 …………… 211
　　第四节　生态民宿文化营销精选案例 …………………………………… 215

第十章　生态民宿数字营销与精选案例 ……………………………………… 222
　　第一节　数字营销概述 …………………………………………………… 223

第二节　数字营销策略在生态民宿中的应用现状和前景……………… 230
　　第三节　生态民宿数字营销精选案例……………………………………… 234

第十一章　生态民宿 AI 营销与精选案例………………………………… 242
　　第一节　AI 营销概述……………………………………………………… 243
　　第二节　AI 驱动的营销策略……………………………………………… 256
　　第三节　生态民宿 AI 营销精选案例……………………………………… 263

参考文献……………………………………………………………………… 268

参考答案……………………………………………………………………… 274

上篇

生态民宿建设理论与实务

第一章 生态民宿建设概述

【本章导读】

生态民宿是一个"热词",可以说当今民宿供给市场上具有生态特征的民宿最受青睐。然而,什么样的民宿可以称为生态民宿,大多数消费者是不了解的,也是不关心的。本章作为本书的开篇,将带领读者去了解生态民宿的定义特征、为什么要建设生态民宿、国内外生态民宿研究和实践的现状、我国生态民宿的主要分布区域及建设趋势等,以指引消费者到哪儿去寻找生态民宿,怎样消费生态民宿。对于民宿企业业主(经营者)而言,也可以通过阅读本章去了解生态民宿的市场前景,从而未雨绸缪,成为民宿旅游供给市场的佼佼者。

【本章知识结构】

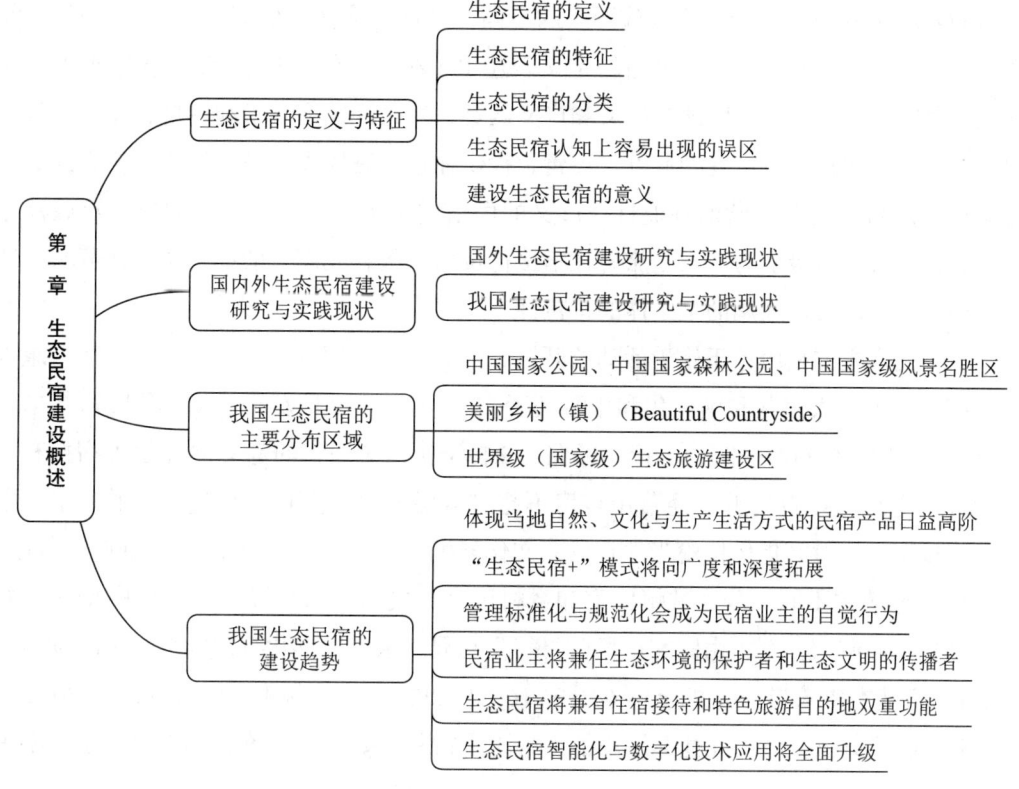

【学习要点】

1. 生态民宿的定义与特征，生态民宿的分类，生态民宿认知上容易出现的误区，建设生态民宿的意义等。
2. 国外生态民宿的研究与实践现状，国内生态民宿的研究与实践现状。
3. 我国生态民宿的主要分布区域概况。
4. 我国生态民宿的建设趋势。

第一节　生态民宿的定义与特征

一、生态民宿的定义

（一）民宿

生态民宿是民宿中的一类，要厘清生态民宿的定义，必须首先知道民宿的定义。在民宿的发展历程中，由于接待设施形态的不同，其称谓多样，如家庭旅馆、客栈、"农家乐"、山庄等。因此，关于民宿的定义表述也不统一。综合近20年来各家观点，我国关于民宿的定义基本可归纳为狭义和广义两类：狭义的民宿是指利用自有住宅空闲房间，结合当地文化，以家庭副业方式经营，提供住宿、餐饮等服务的场所。狭义的民宿强调产权的自有性和经营的副业性。广义的民宿则是指除了一般常见的饭店及旅社之外，其他具有独特吸引力的小型旅游住宿接待设施。故在我国一般都是从广义范畴去理解民宿。广义的民宿强调的是主体的特色性。

由于民宿主要是服务于旅游活动的开展，因此，在我国许多正式文件中民宿与旅游民宿同义。中华人民共和国文化和旅游部于2019年7月3日发布了《旅游民宿基本要求与评价》（LB/T 065—2019）行业标准，该标准给出了民宿的定义："旅游民宿指利用当地民居等相关闲置资源，经营用客房不超过4层，建筑面积不超过800平方米，主人参与接待，为游客提供体验当地自然、文化与生产生活方式的小型住宿设施。"其中，根据所处地域的不同，分为城镇民宿和乡村民宿。之后，2022年7月，由中华人民共和国文化和旅游部主管，由国家市场监督管理总局、国家标准化管理委员会批准发布了《旅游民宿基本要求与等级划分》（GB/T 41648—2022）国家标准，该标准已于2023年2月1日正式实施。该标准基本沿用了《旅游民宿基本要求与评价》标准中关于旅游民宿的定义。该标准还规定了旅游民宿的等级和标志、总体要求、公共环境和配套、建筑和设施、卫生和服务、经营和管理、等级划分条件、等级划分办法等。该标准适用于正式营业的旅游民宿，包括但不限于民居、宅院、客栈、驿站、庄园、山庄等。这一标准的出台，使我国民宿的定义有据可依。

（二）生态民宿

何谓生态民宿？我国学界、业界的专家学者以及政府工作部门的标准制定者站在自己学科领域或工作角度也给出过一些概念或定义，可谓百花齐放。列举两例：有学者认为生态民宿是"一种以'生态'为首要标准的住宿形式，强调环保、可持续和与自然和谐共存的理念。生态民宿不仅提供住宿服务，还注重游客的体验和对当地环境的保护"。2018年4月19日，上海市崇明区文化和旅游局发布了《崇明生态民宿等级评定标准》，这也是我国第一个政府部门发布的生态民宿建设等级评定标准，该标准中将生态民宿定义为："经营者利用农民合法住宅及相关配套用房，以生态环境为特色，以倡导自然和谐、绿色消费、保护环境和主客共享为理念，为游客提供住宿、餐饮、文化娱乐等服务的小型住宿设施。"上述两个定义虽然内容不一致，但对生态（环境）特色的要求是一致的，加上定义出台的时间早于国家标准，故不能完全对应国家标准中生态民宿的定义要求。

因此，综合分析已有的关于生态民宿的概念性定义，本书认为，既然《旅游民宿基本要求与评价》中已明确了旅游民宿的定义，给生态民宿下定义首先必须遵循旅游民宿的要义。另外，依据大家对"生态"要素的共性认知，生态民宿应该是具有生态主题特征的民宿，应属于广义民宿定义的范畴。故生态民宿应该指：在良好的区域生态环境中，利用当地民居等相关闲置资源，主人参与接待，为游客提供体验当地自然生态、文化生态与生态型生产生活方式的小型住宿设施。

二、生态民宿的特征

从生态民宿的定义描述中，可以得出生态民宿具有如下特征。

（一）区位生态环境良好

生态民宿的首要特征是坐落于良好的区域生态环境中。那么，什么样的环境可以称为良好的生态环境？有无指标来评价区域生态环境呢？我国森林旅游开创者吴章文、吴楚材教授联合谭益民、郑群明教授等（2009）在《生态旅游区生态环境本底条件研究》一文中将大气环境质量、水环境质量（地表水环境质量和地下水环境质量）、旅游舒适期、空气负离子浓度、空气中细菌含量、植物精气、土壤环境、声环境质量、植被或森林植被、环境天然外照射贯穿辐射剂量水平等作为生态环境的基本评价指标。当然，随着地域的不同，评价指标还可以增加。另外，吴章文、吴楚材、谭益民教授等（2009）在《生态旅游区分类分级指标体系研究》一文中还设计了生态旅游区评价项目及评价计分方法，对我国生态旅游区等级开展评价，评价值均是按照上述指标对应的国家标准赋分评级，生态旅游区生态环境的优良程度也可以由此得出。这两项研究成果在学术界被广泛采纳，一些政府相关主管部门在制定政策时也有参考，至今对生态环境的优良评价仍有参考价值。

（二）强调自然资源、文化资源和生产生活方式的生态性

自然资源的生态性指地质地貌、水文、动植物和气候气象等资源不仅丰富，而且是原生态或是保护性开发没有受损的状态，可以观赏到天然的地质地貌、水文和受国家保护的动植物和奇特的气象景观。文化资源的生态性主要指所在地居民延续传统生产生活方式中的民族文化和物质遗产（非物质文化遗产）。生产生活方式的生态性指采用传统的手工操作和传统的农事生产方式一类的生产模式，传统生产生活方式形成的原居民的生活状态、精神面貌、风俗习惯等，游客从中不仅可以观赏、学习，找拾美好的童年回忆或书本记忆，还可以动手试做，将好奇、趣味与美好体验等融为一体。

（三）建筑设施必须环保舒适

我国国家标准《旅游民宿基本要求与等级划分》中对民宿的建设提出了诸多要求，这些要求同样适用于生态民宿的建设。其中第5条总体要求第7点卫生条件应符合国家GB37487、GB37488的要求；第8点生活用水（包括自备水源和二次供水）应符合国家GB5749的要求；第9点室内外装修与用材应符合环保规定，达到国家GB50016的要求；第12点要求建设和运营应因地制宜，采取节能减排措施；第14点垃圾应根据各地相关要求分类放置，污水统一截污纳管或自行处理，必须达到国家GB8978的要求。在第6条公共环境和配套的必备要求2中要求所在乡村（社区）应有良好的生态环境。可见，这些要求为保障生态民宿居住的环保舒适提供了前期准备。

（四）住宿体验新鲜多样

生态民宿与酒店等其他住宿接待设施相比带给游客的住宿体验更加多样。首先，生态民宿定义中要求"主人参与接待"，主人的热情可以直接传递给入住的游客，使游客有"回家"的感觉，家庭的温馨和温暖的体验是其他住宿形式没有的。其次，生态民宿的内外环境、建筑用材、基础工程及日后经营管理的现代化和规范化均为入住游客提供了较高的品质住宿体验。再次，生态民宿多数坐落于环境优美、自然景观丰富、人文景

观特色鲜明的区域，游客入住后必然会体验到多样化的自然环境和多元化的人文气息。最后，生态民宿的设计与建造没有固定的样板模式，一般都是"一宿一景"，各有特色，正好契合了游客个性化的居住需求，这种体验同样也是新奇的。

（五）生态教育的展示窗口

生态民宿可以为游客提供体验当地自然生态、文化生态与生态型生产生活方式的各类活动。在体验这些活动的过程中，游客也在接受生态教育。可持续发展理念虽然已经深入人心，但大众在践行时需要有的放矢。生态民宿在建设和经营中刚好展现了可持续发展理念，展现了保护环境、绿色生产生活，这种无形的教育有时更有效果。

三、生态民宿的分类

（一）按坐落地域划分

乡村生态民宿、城镇生态民宿、景区生态民宿。

（二）按建筑设施现状划分

新建的生态民宿、改建（修缮）的生态民宿。

（三）按服务功能划分

纯粹住宿型生态民宿和特色服务型生态民宿。

（四）按产权归属性质划分

传统型生态民宿和社会型生态民宿。

（五）按旅游产品类型划分

旅游类生态民宿，度假类生态民宿，亲子教育类生态民宿，文化体验类生态民宿，医疗、康养、中医药生态民宿等。

四、生态民宿认知上容易出现的误区

（一）民宿均可称为生态民宿

《旅游民宿基本要求与等级划分》（GB/T 41648—2022）国家标准中写明了旅游民

宿的建设要求，只要符合申办条件就可以向相关管理部门申请。但生态民宿作为以生态特色为主题的民宿，有更高的标准、更多的条件约束。只有在区位生态环境较好的地区，按照环境保护要求建设的民宿才可以称为生态民宿。而区域生态环境良好必须是各项环境指标均达到国家优良标准，不是所有地域的民宿都能达到。

（二）乡村民宿均为生态民宿

我国大部分乡村民宿处于生态环境相对好的地区，近些年来国家也有相应的政策、标准等指导民宿在建设和修缮中使用环保材料，但即便如此，也不是所有的乡村民宿都可称为生态民宿。事实上，从各种报道中可以看到，目前我国有不少乡村民宿自然资源和人文资源还是比较缺乏的或品质较低，在生产经营中破坏生态环境的现象还会发生。因此，只有符合生态民宿定义特征的乡村民宿才能称为生态民宿。乡村民宿是生态民宿建设的基础，生态民宿是乡村民宿持续性建设的目标。

（三）绿色民宿等同于生态民宿

目前国家有绿色酒店的评比标准可用于生态民宿建设参考，但绿色一词与生态一词不能完全等义。以绿色为基调的产品重视节约能源、避免环境污染、强调可持续利用；而生态一词的范畴远大于绿色，以生态为基调的产品更多的是强调生态安全、保障生态调节功能、提供优良人居环境的自然要素。所以生态民宿除了要求建设材料的环保，更重视生态环境的建设与保护。绿色民宿应包含在生态民宿中，但生态民宿不能说就是绿色民宿。

五、建设生态民宿的意义

（一）提升民宿品质，增强市场吸引力

生态民宿大都坐落在区位环境优良、自然资源丰富、文化资源独特的地域，相比一般民宿而言具有天然的品质优势，对市场的吸引力也会高于一般民宿。特别是在生态旅游市场，游客选择生态民宿的意愿更强。另外，生态民宿居住的舒适性，体验的多样性，旅游活动中产生的新鲜感、好奇感、快乐感和幸福感等都是在原居住地没有的、不可复制的，故更受消费市场欢迎。

（二）加强环境保护，推动可持续发展

可持续发展是现代民宿设计和建造的核心理念，生态民宿在设计、建造之初就秉承

了可持续发展理念，体现在建造时采用环保材料和技术，合理利用资源，在后期运营中采用污水处理、垃圾分类等措施保护环境，在经营中注重人与自然、人与动植物的和谐相处等。生态民宿已经成为环境保护的推动方和可持续发展理念的执行方。

（三）传播区域文化，助力所在地文化建设

生态民宿建设和后期的运营均离不开向市场推广，所在地自然资源和文化资源往往是最吸引市场的要素。自然资源自然是吸引游客的，但短时间内景观特色不会变化；而文化资源通过深入挖掘、创造可以不断创新提升。生态民宿具有"场景化"建造条件，具有"故事化"传播渠道，具有各类物质产品和非物质文化产品的展示空间，如果与所在地政府或文旅部门联合开展民间故事采集，挖掘"生活富矿"的资源，借助所在地特色产业及优势产业，联手推出一些文化新项目，打造新产品，传播当地文化，不仅有利于自身发展，也有利于所在地文旅产业的发展。

（四）实现管理创新，提高管理效率

管理是维系人类正常社会生活的条件。通过有效管理，社会资源可以得到合理配置，确保各项活动有序进行。生态民宿要想实现可持续发展，必然会引进先进的管理思想，不断创新管理手段，提高管理效率。管理是生态民宿建设和经营中出质量、出效率的手段。当然，生态民宿建设也给现代管理理论和技术的应用与发展提供了新的实践基地，促进了管理思想和方法的多领域渗透。

第二节　国内外生态民宿建设研究与实践现状

一、国外生态民宿建设研究与实践现状

（一）国外生态民宿建设研究现状

知往鉴今，以启未来。研究生态民宿建设相关问题首先需要了解国内外生态民宿建设研究与实践现状。本章编者以"development of eco-homestay"为关键词在 Web of Science 以及谷歌学术上对 2010 年至今（检索日期 2024-12-06）的外文文献进行了系统性检索，发现文献数量极少。于是将检索范围扩展至"eco-homestay"，然而该主题的文献仍十分有限。通过对检索到的文献进行分析，发现世界上单纯关于生态民宿建设

主题研究的国家或地区较少，而现有的生态民宿建设的研究文献多来自东南亚国家和地区，研究重点主要侧重于如下四个方面：

第一，生态民宿与当地经济的融合研究。Bhuiyan et al.（2012）发表的 *Home stay accommodation for tourism development in east coast economic region* 是比较典型的研究之一，其对马来西亚的民宿和当地旅游活动进行了深入分析后提出，民宿项目一方面可以为经营者提供经济收入，且大多数经营者对由此获得的收入感到满意；另一方面，民宿项目的初始投资与预期的收支平衡，是一种具有较高回报潜力的投资项目。另外，Kasim et al.（2016）在 *Sustainability criteria for the Malaysia homestay programme* 中重点针对马来西亚政府提出的民宿计划进行了研究，该计划旨在通过旅游业为农村居民创造收入，减少收支不平衡。研究指出该计划目前面临着大量民宿经营者由于访客数量下降而难以维持收入，选择退出经营民宿。因此，为吸引更多的游客和创造更多的收入，研究建议民宿业主（经营者）使用可持续性标准来评价民宿服务和进行营销推广。

第二，生态民宿与当地产业的整合研究。Zamani-Farahani（2011）在其 *Home stay: a rural tourism entrepreneurship business* 中提出，在马来西亚政府的支持下，当地民宿融合了乡村旅游、农业旅游、文化旅游和休闲娱乐活动，成为一种新兴的乡村旅游产品。除马来西亚外，印度在这一方面的研究也颇具代表性。Sarkar and Sinha（2015）对印度乡村民宿生态旅游背后的商业模式进行了研究并发表了 *The village as a social entrepreneur: Balancing conservation and livelihoods*，其研究中案例村庄的民宿主人依据自家所占据的当地优势资源向游客提供不同的服务，因此该村庄的民宿与当地的农业、文化等产业紧密相关，这些产业在一定程度上有助于民宿支持乡村社区生态旅游。

第三，生态民宿与当地文化的共建研究。Agyeiwaah（2013）在其 *International tourists' motivations for choosing homestay in the Kumasi Metropolis of Ghana* 中对加纳民宿进行了研究，认为民宿为客人提供了超越基本住宿的持久社会文化关系和文化体验，提出传统文化和家庭式住宿是吸引游客选择民宿的关键因素，并且民宿还能够通过提高居民参与度从而更好地对当地文化遗产进行保护。Tiberghien et al.（2018）发表了名为 *Authenticating eco-cultural tourism in Kazakhstan: A supply side perspective* 的研究，该研究聚焦于哈萨克斯坦游客体验的生态和文化方面，认为地理想象（游牧文化景观）、购买的工艺品和表演空间（游牧民族和食物）是一种真正的生态旅游游客体验，其中文化景观（如草原）和生物多样性被视为提供真实旅游体验的关键元素；考古遗址（如古代石刻）被看作向游客展示"客观"古代游牧生活方式的重要文化组成部分；手工艺品，如手工制作的毛皮制品，则代表了哈萨克游牧部落的物质和精神文化遗产。Dey et al.（2020）在对印度北阿坎德邦民宿的研究 *Influence of destination attractiveness factors and travel motivations on rural homestay choice: the moderating role of need for uniqueness*

中探究了目的地吸引力和旅游动机对旅游住宿选择（尤其是乡村地区民宿）的影响，发现文化与乡村景点对乡村民宿的选择存在显著的正向影响，因此鼓励民宿业主及其他民宿利益相关者在产品设计、营销宣传等活动中重点突出民宿与乡村景点的共生以及与当地文化的共建。

第四，生态民宿可持续发展研究。生态民宿的发展能够促进可持续发展理念的实践，与此同时，可持续发展理念也为生态民宿的发展提供了明确导向。Bhalla et al.（2015）在其研究 *Sound levels assessment in an ecotourism destination: A case study on Binsar Wildlife Sanctuary of Indian Himalayan Region* 中探讨了生态旅游目的地对自然景观及野生动物的影响，研究发现野生动物保护区外围的乡村通过提供民宿、乡村活动等能够吸引大量游客，特别是外国游客，然而游客的增加可能会因导致噪声而影响保护区的生物多样性。因此，研究指出要帮助生态旅游可持续发展，以减少对自然保护区的环境影响。Chin et al.（2018）在其研究 *The implementation of green marketing tools in rural tourism: the readiness of tourists?* 中探讨了环境可持续性在旅游业，尤其是乡村旅游目的地未来发展中的关键作用，研究聚焦于绿色旅游和绿色营销作为确保旅游目的地环境可持续性的做法，发现乡村旅游产品（如乡村地区的民宿）采用绿色营销手段（包含生态品牌、生态标识、生态广告3个维度）能够显著提高游客的绿色购买行为，减少对不可再生环境的负面影响，提高环境可持续性。

（二）国外生态民宿建设实践现状

在全球范围内，生态民宿逐渐成为可持续旅游的重要组成部分。同样，根据文献的收集来源，多数生态民宿的相关实践案例研究文献也聚焦于东南亚和南亚等地区，主要研究内容：一是生态民宿业主以当地自然资源为依托，注重就地取材、与环境和谐共生的实践；二是生态民宿业主强调能源的持续利用，旨在通过降低碳排放来进行可持续发展的实践；三是生态民宿业主在实践中同时强调生态与文化资源的保护与传承。因此，本节总结、归纳了部分具有代表性的生态民宿，将其建设类型分为环境友好型、能源持续利用型和文化生态型。这些不同的生态民宿建设类型体现了目前国外部分国家和地区生态民宿建设实践的趋势与特点，即满足游客对环保和文化体验需求的同时推动当地经济和社区的发展。

1. 环境友好型生态民宿建设

环境友好型生态民宿是以减少对环境的负面影响为核心目标，在其建设和运营过程中强调环保材料的采用和可持续运营的实践。这类民宿强调与自然环境的和谐共存，为游客提供亲近自然的机会。该类生态民宿建设中较为典型的为斯里兰卡的生态民宿。斯里兰卡曾是早期推动可持续旅游的国家之一，在意识到大众旅游对环境的负面影响后，斯里兰卡的一些乡村地区和社区采用了生态民宿作为一种可持续发展的方案。民宿业主（经营者）开始使用竹子、椰子树和黏土等天然材料建造基本的生态友好型住宿设施，有效降低了建筑对环境的影响，减少了碳足迹。此外，一些运营商还引入了基础的废物管理措施，如通过堆肥处理有机废物和利用沼气进行烹饪，都是减少环境负担的有效实践。民宿业主不仅注重环保，还重视文化交流，为游客提供了深入了解传统农业技术、当地手工艺品和斯里兰卡烹饪技艺的机会。尽管这些民宿尚处于起步阶段，但它们已经成功地引入了环保旅游的理念，为传统且资源密集型的酒店提供了一种绿色替代方案。

2. 能源持续利用型生态民宿建设

能源持续利用型生态民宿专注于能源效率和可再生能源的使用，以减少对化石燃料的依赖，并降低碳排放。印度的多数生态民宿建设体现出这一特点。21世纪初，印度开始将生态旅游作为促进农村地区可持续发展的关键战略之一。在喜马偕尔邦（Himachal Pradesh）等地区，生态民宿的兴起成为政府生态旅游政策的重要组成部分。这一政策得到了旅游部的大力支持，该部门开始采用奖励措施，鼓励当地家庭向游客开放家园，并采取对环境负责的经营方式。

在能源利用方面，喜马偕尔邦的民宿业主们开始向可持续能源转型。许多民宿开始采用太阳能电池板供电和太阳能热水器，显著减少了对不可再生能源的依赖。此外，生态民宿还引入了雨水收集系统，确保水资源的有效利用，并保护当地水资源。在食品供应方面，当地食品系统为客人提供了在民宿花园种植的有机食品，这不仅促进了农业旅游，还支持了当地的农业实践。这种做法有助于维持当地农业传统、减少对粮食运输的需求，并以此来保护生物多样性。此外，印度政府与印度生态旅游协会（Ecotourism Society of India）等组织开展合作，为环保类型住宿提供认证，进一步推动了生态民宿的标准化和专业化建设。

3. 文化生态型生态民宿建设

文化生态型生态民宿兼具生态保护与文化传承的双重功能，重视民宿中的生态性和文化的在地性，为游客提供深入了解当地文化和自然环境的机会。此类型的生态民宿建设中，东南亚地区尤其提供了具有代表性的实践案例。越南、泰国等国家依托其丰富的文化遗产和自然资源，发展了生态旅游模式，将农村社区与全球对可持续发展感兴趣的游客紧密联系起来。与此同时，许多生态民宿与当地保护项目合作，致力于保护生物多样性和维护生态系统。例如，东南亚部分生态民宿与非政府组织和政府机构合作，保护濒危物种和维护当地生态系统，实施热带雨林和湿地的保护计划等。

另外，文化保护也是生态民宿关注的重点。其不仅注重生态环境的可持续性，而且重视文化的传承。游客有机会深入了解当地的风俗习惯，参与传统农业实践（如种植水稻），并在当地导游的带领下探索历史遗迹。在这种方式下，社区参与是此类生态民宿的一个显著特点。当地家庭接受了好客、有机农业和环境保护方面的培训，确保旅游业的经济利益在社区内得到共享，且旅游业产生的收入往往再投资于当地的基础设施建设和社会服务项目。

二、我国生态民宿建设研究与实践现状

（一）我国生态民宿建设研究现状

本章编者在中国知网对篇名为"生态民宿建设"的文献进行检索，时间起点为2010年，发现相关文献较少，故将检索范围扩展为"生态民宿"，共得到期刊论文117篇（检索日期2024-12-06）。同时发现，自2018年开始，该主题的相关研究文献数量呈现激增的态势，2018—2024年的文献数量占相关研究文献总数量的85.47%，说明近些年来具有生态特征的民宿研究越来越受到学术界的关注。

通过对检索的相关文献进行初步分析，发现生态民宿的相关理论研究在2010年至2016年主题较为分散，多为民宿主题与生态主题的结合；2017年乡村振兴战略的实施是民宿发展的重要拐点，为生态民宿的理论研究提供了政策导向；2020年党的十九届五中全会、2021年两会期间均对"高质量发展"主题进行了强调，生态民宿的理论研究重点也随即向提质升级转变。因此，为了更清晰地认知我国生态民宿建设研究的情况，本节分几个阶段来介绍我国生态民宿建设的研究现状。

1. 初期探索阶段

我国民宿行业的兴起初期，实践探索占据了主导地位，对应的理论研究相对滞后，生态民宿的理论研究处于起步和摸索的阶段。2010年至2017年，以生态民宿为主题的研究的文献较少且内容分散，学者们对生态民宿的认知尚未达成共识。因此，在该阶段的理论研究文献中，多是将民宿与生态旅游、乡村旅游或生态经济相结合，以探究生态民宿的内涵和发展。

曾欣和杜锦（2015）基于川西平原的"林盘"居住方式，在《青杠树村景区策划预案》中提出，可将青杠树村景区打造成一个生态田园式的集美食、民宿为一体的休闲娱乐场所。该研究将民宿与生态旅游相结合，研究中提到的民宿在一定程度上具备了现代生态民宿的特点。盖俊竹（2014）的研究《台湾地区休闲农业发展概况》与李思丽（2014）的研究《多姿多彩的台湾民宿》均突出了民宿的生态特点，其中盖俊竹（2014）的研究主要针对中国台湾地区休闲农业的发展，发现中国台湾的休闲农场和民宿均具备与自然生态有机融合的特色，生态民宿除基本的接待功能外，还有可能成为连接农业生产、旅游休闲和生态保护的重要纽带。丁晓琴（2015）的研究《慈溪特色乡村旅游发展

转型路径探索》则提到了生态民宿对地方经济效益的带动作用，其探讨了慈溪地区乡村旅游和"民宿经济"的发展，提出应依托当地自然旅游资源，立足生态之本，建设兼具养生、休闲、观光、教育等功能的复合型乡村旅游点。这一观点强调了生态资源在民宿经济发展中的基础地位，依托生态优势发展民宿能够振兴乡村经济，加快乡村旅游转型。无独有偶，刘亭（2014）在《民宿经济：农家乐的升级版》中就如何看待乡村生态经济的发展这一问题也给出了"生态农业+生态旅游+生态人居"的方向，为乡村民宿的建设提供了生态化的导向。此外，蒋缨（2013）的《海峡两岸休闲农业产业链整合研究》分析了海峡两岸休闲农业产业链的构成与特点，提出从生态保护、民俗文化保护、文化创意产业、民宿等合作角度拓展休闲农业产业链，为生态民宿的建设提供了产业链视角。

2. 政策引导阶段

2017 年党的十九大报告首次提出实施乡村振兴战略后，民宿行业迎来了政策层面的大力支持与规范化指导，民宿行业蓬勃发展，此阶段的生态民宿建设研究进入了政策引导阶段。自 2018 年开始，生态民宿的相关研究数量大幅增长，这一时期关于生态民宿建设的研究紧随政策导向，呈现出生态优先和文化传承的综合性特点，旨在通过生态化的设计和运营，实现经济效益、社会效益和生态效益的全面提升。

基于生态优先的原则，李长（2019）在《浅析民宿的认识和设计》中提出生态民宿应遵循生态环保原则，凸显地方特色，使民宿设计更有生命力和地域特点。刘中慧（2019）的《南方乡村民宿建筑与环境触合设计方法探讨》探讨了建筑与环境融合的南方乡村民宿设计方法，通过融合和借景、保护和利用等策略，实现民宿与周边环境的和谐共生。陈默（2017）在分析舟山群岛新区海岛村落民宿发展现状的研究《舟山海岛民宿旅游资源的开发评价与保护策略》中强调了原生态、活化理念在海岛民宿改造中的可行性，提出加强生态保护的重要性。基于可持续性，崔维鹏（2020）以农业秸秆的再利用设计为立足点，在《秸秆砌体在民宿建筑中的应用优势研究》中探究了秸秆材料在民宿绿色建筑改造及设计中的应用优势性，为生态民宿的可持续发展提供了新思路。易红燕（2020）的研究《基于生态文化旅游的乡村民宿发展研究——以宜昌乡村民宿为例》从生态文化旅游的角度探讨了宜昌乡村民宿的发展，提出生态环保是民宿发展的基础。基于乡村振兴战略，程晓丽、黄港归（2020）发表了《乡村振兴战略背景下黄山市民宿旅游发展现状与路径》，在分析黄山市民宿旅游发展现状时，从产业振兴、文化振兴、生态振兴、人才振兴、组织振兴 5 个维度提出了民宿旅游的发展路径，助力乡村振兴战略的实施。

3. 品质提升阶段

伴随着乡村振兴战略的持续推进，"高质量发展"这一主题成为政策焦点，2020 年党的十九届五中全会、2021年两会期间均对该主题进行了强调。随后，文化和旅游部等10部门于2022年7月联合印发了《关于促进乡村民宿高质量发展的指导意见》，明确了坚持生态优先、坚持文化为根、坚持以人为本、坚持融合发展、坚持规范有序的原则。在这一阶段，生态民宿建设开始注重品质提升，致力于打造高品质、高附加值的住宿体验，相关研究也开始聚焦于民宿的生态性设计、民宿的可持续发展以及民宿对乡村振兴的助力。

在民宿的设计方面，大多数研究强调了生态性的原则。章万清（2021）认为在民宿设计中，应充分考虑地域文化元素与生态环境的融合，实现民宿的生态化、地域化和可持续性，体现了地域文化的元素在生态民宿设计中的重要性。黄冠华（2020）的《乡土文化在民宿开发中的构建与表达研究》与李雪艳等（2021）的《乡土材料在民宿室内设计中的应用研究》均强调了民宿设计中传统乡土文化的融入和生态理念的体现，以满足人们对自然生态和乡土文化的需求。与此同时，对可持续发展的重视也体现在生态民宿建设的研究中。李浩等（2021）在《基于文旅产业发展背景下绿色装配式民宿设计的研究——以佛山仙岗村民宿设计为例》中研究了绿色装配式民宿在文化旅游产业中的应用，强调其生态性、经济性和时效性。詹小玉等（2021）的研究《三亚博后村民宿业的可持续发展研究》发现三亚博后村民宿产业存在破坏生态环境等问题，提出了保护生态环境的策略以实现其可持续发展。此外，生态民宿的兴起与乡村振兴战略的实施紧密相关，因此还有一部分学者着重研究了生态民宿如何助力乡村振兴。余煌等（2021）在其研究《文旅融合引领下延庆长城文化带乡村振兴研究》中提出"民宿+文化+生态"的乡村振兴模式，通过创新文旅融合形式提升民宿的生态效益。陈梅花和苏月琴（2021）在《乡村振兴背景下畲族乡村民宿旅游开发研究——以泰顺县左溪村和竹里村为例》中分析泰顺县畲族乡村民宿旅游开发时，提出了"民宿+"的乡村民宿旅游开发路径，包括"民宿+生态环境""民宿+文化传承"等，以促进乡村振兴。

（二）我国生态民宿建设实践现状

我国生态型民宿的出现较之国外略晚，其发展历程可以追溯到21世纪初。随着人们对环境保护意识的提高和生态旅游需求的增长，生态民宿应运而生。一方面，得益于我国悠久的历史与优秀的传统文化，除了得天独厚的自然条件，我国生态民宿的建设也表现为地域色彩强烈，文化特征明显。另一方面，生态民宿建设与乡村振兴战略紧密结合，通过改造村民闲置房屋，保留当地景观、建筑、艺术等，成为游客向往的"诗和远方"。

根据生态民宿建设的理论研究现状，其对生态民宿建设的实践指导也呈现出阶段性的特点。因此，本节依据生态民宿建设的理论指导，将生态民宿建设的实践现状也从自由化发展阶段、规范化发展阶段和高品质发展阶段来分析。

1. 生态民宿的自由化发展阶段

我国的生态民宿可以理解为 20 世纪 90 年代开始出现的农家乐的进阶形式。这一时期，民宿多被称为"农家乐"或"客栈"，主要分布在北戴河、大理、丽江等地，由当地居民私人开发，具有浓厚的地域文化特色。之后随着国内旅游市场的扩大和城市居民对于休闲度假需求的增加，2010 年前后，浙江德清县莫干山出现了大批如"原舍""西坡民宿""大乐之野"等高端民宿；到了 2013 年，更是涌现出数十家依托自然资源的野奢民宿。在这一时期，尽管民宿大多是自由生长，其建设和发展并未受到明确的规范限制，但其普遍依托于当地的自然资源，以生态性作为特点吸引游客。因此，尽管当时尚未有明确的"生态民宿"定义，但根据此类民宿的建设特点可见，其已初具生态民宿的雏形。

2. 生态民宿的规范化发展阶段

2016 年，《全国生态旅游发展规划（2016—2025 年）》出台，向民宿等生态旅游企业提出绿色发展要求。此后针对民宿发展的政策陆续出台，如 2019 年出台的《旅游民宿基本要求与评价》与 2022 年出台的《关于促进乡村民宿高质量发展的指导意见》等。其中关于民宿的生态性要求逐步细化，从指导原则、标准制定、品牌建设、等级培育、流程优化等多个方面支持了我国生态民宿的规范化和高质量建设。据此，各地方政府也相应出台了一系列具体政策，如《关于进一步促进上海乡村民宿健康发展的指导意见》《崇明生态民宿等级评定标准》等，对各地生态民宿的建设提供标准与指导。

这一阶段，生态民宿开始得到政策层面的重视和支持，生态民宿的建设强调生态优先的原则，深入践行"绿水青山就是金山银山"的理念。同时，一些具体的项目和案例也推动了生态型民宿的发展，如浙江的"千村示范、万村整治"工程，通过整治村庄环境，发展特色民宿，促进乡村旅游振兴；再如"中郝峪模式"，以休闲农业和乡村旅游为重点，通过集体资产股份制改革，鼓励村民以田地、农家乐、餐馆等入股运营公司，创新出"公司运作＋单体承包＋全体村民入股"的运营模式。在民宿行业的高速发展下，生态型民宿开始受到更多关注。

3. 生态民宿的高品质发展阶段

随着乡村振兴战略的深入推进、"高质量发展"要求的提出，生态民宿行业在政策的引导下，逐步实现了从自由发展到规范化、再到高品质发展的转变，各地的生态民宿自觉贯彻"生态优先、坚持文化为根、坚持以人为本、坚持融合发展、坚持规范有序"等原则。例如，河北省唐山市迁西县汉儿庄镇的"云天漫步"健走小镇的高品质发展成功实现了生态价值的转化增值。项目坚持保持乡村传统风貌，倡导低碳环保、朴实自然、和谐共生，将民宿打造成"树屋"，同时兼具美食品尝、文旅体验、亲子教育、颐养等功能。其品牌培育方式也十分独特，对员工进行茶文化、茶礼仪、手冲咖啡、烘焙、插花、舞蹈、导游讲解等全方位、立体式的培训，将每名员工都培养成品牌"代言人"。部分地区则发挥了集群发展的优势,整合民宿资源,打造出区域性民宿品牌。例如"门头沟小院"精品民宿品牌作为《"门头沟小院+"田园综合体实施方案》政策的重要载体,通过整合优质资源,积极搭建宣传推广平台,成了践行"两山"理论和"绿水青山门头沟"品牌的响亮名片和金字招牌的典范。

4. 生态民宿的数字化发展阶段

随着数字技术的不断发展,我国对数字乡村的建设也越发重视。数字乡村战略的深入实施,使乡村数字基础设施水平整体提高,为生态民宿的数字化发展提供了条件。生态民宿的数字化发展体现在生态民宿服务的数字化、人才的数字化培养、产品的智能化开发与设计、数字化营销和运营等多个方面。例如,旅悦集团旗下的"花筑"品牌,通过 XPMS 智能管理系统,不仅帮助门店优化开发资源、获客、日常运营等,有效降低经营成本,而且从外部对民宿本体、周边进行实时监控,一站式掌握所有数据动态,为民宿制定销售策略提供有效支持。此外,旅悦集团还通过打造一系列"民宿+体验"的文旅产品,将消费者满意的住宿体验转化为线上传播的高分口碑,通过品牌化运营形成口碑到流量的良性转化,变线上流量为客流,引导有效供给,增加门店收益。

第三节 我国生态民宿的主要分布区域

从民宿的自由化发展到国家和各级地方政府的引导性发展,我国民宿企业数量急速增长。但从相关的数据中寻找,目前我国民宿中哪些可称为生态民宿没有分类记数,我国生态民宿的主要分布区域也没有资料。本节主要根据生态民宿的特征,结合我国生态旅游发展轨迹和各类生态旅游区的建设情况去寻求规律,以期为读者寻找生态民宿指明方向。研究发现,近些年来,我国生态民宿呈增长态势,分布也越来越广,主要聚集在生态环境优良的区域,列举如下:第一,我国国家公园、国家森林公园、国家级风景名胜区等成熟的生态旅游区域;第二,我国美丽乡村(镇)区域;第三,我国世界级(国家级)生态旅游建设区域。这些区域自然风光秀丽,人文景观多姿多彩,几乎没有工业或工业化开发程度极低,具有较好的客源市场基础。

一、中国国家公园、中国国家森林公园、中国国家级风景名胜区

(一)中国国家公园

2021年10月,中国宣布正式成立三江源、大熊猫、东北虎豹、海南热带雨林和武

夷山5个国家公园。《国家公园总体规划技术规范》（GB/T 39736—2020）中专门设立了生态保护与修复的条款。例如，对重要的自然生态系统应制定系统的保护措施，保护其完整性和原真性。对珍稀濒危和本地特有的动植物物种，应根据各自特点，制定适宜的保护措施。引入非本地原生的动植物必须经过严格的论证和检验检疫，防止携带病虫害和干扰本土植物和动物的生长。对具有保护和展示价值的岩溶地貌、丹霞地貌、峡谷地貌、火山地貌、冰川地貌等地质遗迹、景观等提出特殊保护措施，设立保护标识等。对国家公园内具有重要意义或地方特有的地方风物、历史遗迹、建筑设施、园林景观等人文资源提出保护措施。生态修复应以自然恢复为主等。这些条款保障了我国各国家公园生态环境资源的丰富性、完整性和持久性。

表1 国家公园生态民宿分布概况

公园名称	设立年份	主要旅游景观	区域常住人口数	民宿数量	民宿分布区（点）	知名民宿品牌
三江源国家公园	2021	自然类：卓乃湖、不冻泉、扎陵湖、鄂陵湖、星星海等。人文类：黄河源头纪念碑、长江源纪念碑等。	约11.56万人[①]	约70家[②]	主要集中在治多县、曲麻莱县、杂多县、玛多县。	巴干乡民宿。
大熊猫国家公园	2021	自然类：四姑娘山、贡嘎山、水石潭瀑等。人文类：邓池沟天主教堂、大熊猫起源馆、宝兴县熊猫新村等。	约6.74万人[③]	约3200家[④]	主要集中在荥经县龙苍沟镇发展村、荥经县龙苍沟镇万年村、天全县喇叭河镇紫石关村、都江堰市龙池镇飞虹社区。	熊猫氧养民宿、卧龙篱夏私汤民宿、元素客栈。
东北虎豹国家公园	2021	自然类：老爷岭、红松母树林、兰家大峡谷、观音岭、森林山五色山花谷、磨盘山、紫杉王景区、魅力溪谷景区、图们江口湿地等。人文类：汪清县磨盘山入口社区、紫杉王景区、魅力溪谷景区、东宁市亮子川屯等。	约1.91万人[⑤]	约20家[⑥]	主要集中在珲春市春化镇镇安岭村、烟筒砬子村。	飞悦小院民宿、汪清县磨盘山村旅游景区民宿。

[①]《三江源国家公园总体规划（2023—2030年）》
[②] 编者统计
[③]《大熊猫国家公园总体规划（2023—2030年）》
[④]《四川手机报》，https://www.163.com/dy/article/JE9QD0SK0512E51C.html，2024年10月12日。
[⑤]《东北虎豹国家公园总体规划（2022—2030年）》
[⑥] 编者统计

续表

公园名称	设立年份	主要旅游景观	区域常住人口数	民宿数量	民宿分布区（点）	知名民宿品牌
海南热带雨林国家公园	2021	自然类：五指山、鹦哥岭、尖峰岭、霸王岭、吊罗山、黎母山、猴猕岭、佳西、俄贤岭、南高岭、子阳、毛瑞、盘龙、阿陀岭、卡法岭、通什等相关国有林场。 人文类：黎母山公园、黎母庙等。	约2.31万人①	约300家②	主要集中在保亭黎族苗族自治县响水镇、琼中黎族苗族自治县红毛镇什寒村、黎母山、五指山、保亭县响水镇南梗和南春新村片区。	方诺寨雨林共享农庄、水云居共享农庄、享水谷共享农庄、艺宿里主题客栈、红雅民宿、茗兰舍茶庄。
武夷山国家公园	2021	自然类：天游峰、九曲溪、玉女峰、大王峰、大红袍景区、青龙瀑布等。 人文类：武夷山茶博园、朱熹园（武夷精舍）、武夷宫、五夫古镇、遇林亭、岩骨花香漫步道等。	约0.34万人③	约400家④	主要集中在三姑镇、兰汤村、南源岭、星村、武夷山市区。	武夷茗宿、陶然有山民宿、一缕阳光客栈、六阅茶也、茶隐山房、山茶花青年旅舍、醉武夷观景客栈、田园之家民宿。

表格来源：编者自制

表1中的数据显示，这5个国家公园不仅有优质的生态环境资源，自然景观资源也丰富多样，还融合了深厚的人文景观。由于采取限制性进入政策，旅游者不多，各公园民宿的数量相差较大。这里的民宿大多位于国家公园周边的村镇或社区，发展紧密依托于国家公园的旅游资源。另外，民宿数量的多少与区域常住人口关系不大，究其原因：一是民宿外来投资者较多；二是与公园发展历史长短和旅游便利度相关；三是和当地居民生活习惯相关。

（二）中国国家森林公园

中国国家森林公园以其独特的自然风光、丰富的人文景观及极佳的观赏价值、科研价值和文化价值而闻名。它们往往地理位置独特，区域地质地貌、植被的地域特征强，很多地方旅游业开发较早，已享有较高的市场声誉。截至2019年2月，我国已经建立了897个国家森林公园。本节在我国现有的国家森林公园中，以获得世界级称号（如世界遗产、世界地质公园等）为标准选出5个国家森林公园作为样本

---

① 《海南热带雨林国家公园总体规划（2023—2030年）》
② 编者统计
③ 《武夷山国家公园总体规划（2023—2030年）》
④ 莫新禄.武夷山旅游民宿高质量发展路径探究[J].旅游纵览，2023（11）：182-184.

来示范性地展示国家森林公园区域生态民宿分布概况。本节选出的国家森林公园是中国森林公园的最高等级,具有一定的区域代表性,旅游发展名列前茅,知名度高。

表2 国家森林公园生态民宿分布概况

公园名称	设立年份	主要旅游景观	公园内常住人口数	民宿数量①	民宿分布区(点)	知名民宿品牌
湖南张家界国家森林公园	1982	自然类:黄石寨、金鞭溪、袁家界、天子山、南天一柱。人文类:土家风情园等。世界级称号:世界自然遗产、世界地质公园等。	约0.38万人②	约1280家	主要分布在武陵源区、张家界国家森林公园附近、天门山景区附近。	五号山谷、镜立方山居、璞舍。
湖北神农架国家森林公园	1992	自然类:天燕、天生桥、神农顶、大九湖、官门山等。人文类:神农坛、川鄂古盐道、净莲寺、娘娘坟等。世界级称号:世界自然遗产、世界地质公园等。	约5.79万人③	约3184家	主要分布在木鱼镇、松柏镇麻湾村。	隐遇·香溪水榭、云浮半山·度假民宿、山居岁月民宿、枝子的花园、花筑奢·黎明的猜想智慧民宿。
山西五台山国家森林公园	1992	自然类:东台望海峰、南台锦绣峰、中台翠岩峰、西台挂月峰、北台叶斗峰、写字崖等。人文类:显通寺、塔院寺、菩萨顶、殊像寺、黛螺顶、金阁寺、南山寺、碧山寺等。世界级称号:世界文化遗产和世界自然遗产等。	约1.71万人④	约3410家	主要分布在金岗库乡、五台山景区内。	五台山清馨雅苑客栈、大喜舍、云上四季民宿、五台山九朵莲民宿。
山东泰山国家森林公园	1992	自然类:旭日东升、云海玉盘、晚霞夕照等。人文类:王母池、虎山公园、普照寺、冯玉祥墓、三阳观、五贤祠、大众桥、天外村游园等。世界级称号:世界文化遗产和世界自然遗产等。	约7.94万人⑤	约7640家	主要分布在泰山区泰前街道、岱岳区道朗镇、天颐湖湖畔、大汶口镇。	花筑·木屋岛度假民宿、曳尾园泰山精品民宿、故乡的云、八楼氧心谷、官岭民宿。

---

① 携程网.https://www.ctrip.com/.
② http://www.miluo.gov.cn/28966/28968/28975/content_637310.html.
③ https://www.hongheiku.com/lishishuju/9260.html.
④ https://www.hongheiku.com/sichuan/77870.html.
⑤ https://tsgw.taian.gov.cn/art/2021/12/1/art_250482_10292112.html.

续表

公园名称	设立年份	主要旅游景观	公园内常住人口数	民宿数量	民宿分布区（点）	知名民宿品牌
吉林长白国家森林公园	1993	自然类：长白天池、炭林重现、灵光夕照、松桦之恋、高山花园、岳桦厅观、通天河、母子瀑、吊水壶瀑布等。 人文类：清祖祠、长春神宫、朝鲜族民俗村等。 世界级称号：联合国国际生物圈保护区。	约5.83万人[①]	约312家	主要分布在北坡景区周边、西坡景区周边、池西区、池南区和长白山保护开发区。	池隐留白民宿、淞溪山居、静雅小墅、不大小院客栈。

来源：编者自制

表2中的数据显示，所选国家森林公园均拥有超过20年的旅游开发历史，旅游接待设施相对完善，民宿的数量也相对较多。但地理位置、交通的便利程度和旅游市场的知名度也会影响其民宿的发展。如吉林长白国家森林公园与其他公园相比差距较大。

（三）中国国家级风景名胜区

中国国家级风景名胜区，原名国家重点风景名胜区，属于国家级自然公园的范畴。这些区域以其独特的观赏价值、文化意义或科学重要性而著称，自然与人文景观密集，环境宜人，适合公众游览以及进行科学研究和文化活动。2006年9月19日至2017年3月29日，中国国家级风景名胜区的总数已达到244处（共9批）。本节在我国现有的国家级风景名胜区中，以5A级景区为标准选出5个作为样本来示范性地展示国家级风景名胜区区域生态民宿分布概况。

表3中的数据显示，所选景区均是知名度很高的5A级旅游景区，全部兼具自然与人文类景观。其中鼓浪屿历史社区、庐山国家公园、九寨沟—黄龙寺风景名胜区、玉龙雪山风景名胜区拥有独特的世界级称号，展现了极高的旅游价值和文化底蕴。所选景区均拥有40年左右的旅游开发历史，旅游接待设施完善，民宿作为新兴产业，数量相对较少，基本呈现出一种紧邻旅游核心区或景点的趋势。

---

① https://www.hongheiku.com/xianjirank/jlxsqrk/9804.html.

表3 国家级风景名胜区生态民宿分布概况[①]

风景名胜区名称	开发年份	主要旅游景观	区域常住人口数	民宿数量	民宿分布区（点）	知名民宿品牌
庐山风景名胜区	1982	处于亚热带季风区，雨量充沛，气候温和宜人，盛夏季节是高悬于长江中下游"热海中"的"凉岛"。 自然类：三叠泉、五老峰、含鄱口、锦绣谷、仙人洞、植物园、大口瀑布、乌龙潭和黄龙潭、汉阳峰、石门涧。 人文类：白鹿洞书院、东林寺、美庐别墅、庐山会议旧址、庐山博物馆等。	约2.5万人	约150余家精品民宿	主要集中在牯岭镇、庐山山上风景名胜区内、巾口乡。	庐山云雾山庄、庐山溪畔小筑、庐山古道茶舍、庐山山顶木屋、庐山·花径堂、庐山西海·夕子畔。
九寨沟—黄龙寺风景名胜区	1982	林草综合植被覆盖率达到87.9%，地表水水质均达三类标准以上，空气质量优良达100%。 自然类：九寨沟、黄龙沟、五彩池、迎宾池、珍珠滩瀑布等。 人文类：黄龙寺、黄龙庙会等。	约6.61万人	所在九寨沟县涉旅住宿约989家	主要集中在川主寺小镇、九寨沟沟口的彭丰村、松潘县城。	安萨仓民宿、黄龙南杉私汤度假民宿、川主寺栖泽苑民宿（黄龙—九寨高铁站店）。
华山风景名胜区	1982	南依秦岭，北瞰黄渭，东眺崤函，西望长安，素有"奇险天下第一山"之称，既有奇峰险岭、深峡幽谷、高路险道，也有悬崖坪台、灵泉仙洞、趣石秀木。 自然类：东峰（朝阳峰）、南峰（落雁峰）、西峰（莲花峰）、中峰（玉女峰）、苍龙岭等。 人文类：玉泉院、西岳庙等。	约6.10万人	所在华山镇有71家特色农家乐	主要集中在玉泉路及周边、华山东门、华山景区一河两岸西侧、华山北站附近。	云栖悦舍、华山脚下·青旅别院、华山观止别院、华山悦榕庄、华山古道客栈、紫霞山庄。
玉龙雪山风景名胜区	1988	集亚热带、温带及寒带的各种自然景观于一身。高山雪域风景位于海拔4000米以上，是北半球最南的大雪山。 自然类：蓝月谷、牦牛坪、甘海子、白水河、云杉坪等。 人文类：玉柱擎天、宝山石头城等。 世界级称号：世界旅游名山。	约1万人	所在玉龙纳西族自治县有300余家	主要集中在玉龙雪山脚下的玉水寨村、玉龙雪山附近的雪山小镇、白沙镇玉湖村委会下村、玉龙村。	丽江墅家·玉庐雪嵩院、听风泊院、婕珞芙·尚隐山居、玉龙玉岳客栈。

[①] 表中所涉及的区域常住人口、周边民宿数量等数据主要来源于第七次全国人口普查公报；当地政府及相关部门官方网站或微信公众号，包括四川省文旅厅、庐山市人民政府、中国华夏遗产基金会、厦门市鼓浪屿管委会、丽江市人民政府、玉龙纳西族自治县人民政府、博山风景名胜区管委会等；以及央视网、澎湃新闻、中国景区网、人民网、红星新闻、陕西网、携程旅行网等相关媒体和网站。

续表

风景名胜区名称	开发年份	主要旅游景观	区域常住人口数	民宿数量	民宿分布区（点）	知名民宿品牌
鼓浪屿—万石山风景名胜区	1988	属亚热带海洋性季风气候。温暖湿润，光热条件优越，雨量充沛，冬无严寒，夏无酷暑。自然类：日光岩、万石岩。人文类：厦门园林植物园、菽庄花园、皓月园等。	约2万人	约300家	主要集中在鼓浪屿、厦门思明区。	鼓浪屿李家庄、鼓浪屿秘密花园别墅、鼓浪屿漫漫悠悠旅馆。

表格来源：编者自制

二、美丽乡村（镇）

美丽乡村（镇）也是生态民宿的主要分布区域，我国以各种形式评出的美丽乡村（镇）有很多，仅农业农村部办公厅2023年评出的"中国美丽休闲乡村"就有256个，其中农家乐特色（民宿）村有79个，占总数的31%。可见，生态民宿的分布与乡村建设优良密切相关。现列举世界"最佳旅游乡村"作为我国乡村建设的最优代表来认识生态民宿的分布情况。

联合国旅游组织自2021年发起"最佳旅游乡村"项目，旨在促进旅游在重视和保护乡村及其相关景观、知识体系、生态和文化多样性、本土价值观和活动（农业、林业、畜牧业和渔业）以及美食方面的作用。其评选工作考察标准涵盖了文化和自然资源，文化资源推广及保育，经济可持续性，社会可持续性，环境可持续性，旅游潜力与发展与价值链整合，旅游业的治理和优先排序，基础设施和连接，健康、安全和保障9个方面。

中国作为世界上拥有最多"最佳旅游乡村"的国家，目前已入选的15个乡村各具特色，展现了中国乡村的多样性和魅力。这些乡村分布在不同的生态区域，从青藏高原的雪山冰川到江南的水乡古镇，每一个乡村都是中国丰富的自然和文化资源的缩影。它们不仅为游客提供了深入了解中国乡村生活和文化的机会，为乡村生态民宿的发展奠定了基础，也为当地居民创造了就业和收入，促进了乡村振兴和社会经济发展。

表 4 中国"世界最佳旅游乡村"生态民宿分布概况①

乡村名称	生态环境资源	主要旅游景观	区域常住人口数	周边民宿数量	民宿分布区(点)	知名民宿品牌	上榜年份
浙江余村	森林和植被覆盖率均达到90%以上，出境地表水常年一类以上，空气质量优良天数360天左右，其中百年以上100多棵，千年以上3棵。	"余村十景"，包括荷塘雅韵、会址、隆庆同禅、果园飘香、激流勇进、翠竹幽径、古树秋思、龙潭碧玉、矿山遗韵和余岭怀古。	约1050人	约40家民宿、农家乐	主要分布在余村村内	心悦居民宿，村上春宿，云上草原·若灵家亲子度假民宿，思舍民宿	2021年
安徽西递村	属于亚热带季风气候，四季分明，雨水充沛；全县森林覆盖率达86%，有银杏、杜仲等国家二、三类珍稀树木，杉木、柳杉、马尾松等优良用材林种，栀子、枳壳、金银花等药用植物，村落背靠罗峰山、石狮山，村内三条溪水交汇，自北向南分别为金溪、前边溪、后边溪，其中两条沿前边溪主街、东西向分别为三条溪前边溪、后边溪走向。	包括124幢保护完好的明清建筑，"胡文光牌楼"等标志性建筑。	约1360人	约105家民宿	主要分布在西递村及其周边区域	泊心云舍、淡园娘、陌上居、见素、冰熏山房等	2021年
广西大寨村	属亚热带季风山区气候，雨量充沛，越城岭南麓，以山地为主，河谷幽深，境内溪流众多，水流湍急。森林覆盖率达82%，拥有长达2300多年梯田耕种历史的"龙脊梯田"核心区，梯田面积达66平方千米。	包括"西山韶月"、"千层天梯"、"金佛顶"等雄奇特景观。地处广西北部高寒山区。	约1232人	约230家民宿	主要分布在大寨村内	千古民宿、悦墅·全景民宿、龙胜环乐龙阁全景客栈、龙脊梯田盛景山庄	2022年
重庆荆竹村	属于典型的喀斯特地貌，海拔1000~1300米。林海、草甸、天坑、峡谷等自然资源遍布全村，森林覆盖率达75%。天空时常飘着朵朵白云，被誉为"云上荆竹"。	紧邻世界自然遗产地——天生三桥，距离仙女山国家5A级旅游景区，仙女山国家级旅游度假区仅几公里。村内拥有森林、草场、天坑、山峦、峡谷、哨瞭等自然景观。	约2036人	超30家中高端民宿	主要分布在荆竹村内	好院子、雪漫山、慢屋、等风山居、观梦等	2022年

① 表中所涉及的区域常住人口、周边民宿数量等数据主要来源于当地政府及相关部门官方网站或微信公众号，包括农业农村部、国家住建部、国家文化和旅游部、林业局、浙江水利厅、黄山市人民政府、淳安县政府、商洛市政府、元阳县政府、龙泉市政府、小岗村村委会、以及中国新闻网、中国青年网、新华网、央视网、光明网、《湖南日报》、《大众日报》、澎湃新闻网、烟嘴角旅游网等相关媒体和网站。

续表

乡村名称	生态环境资源	主要旅游景观	区域常住人口数	周边民宿数量	民宿分布区（点）	知名民宿品牌	上榜年份
江西篁岭村	地处亚热带，气候温和，雨量充沛，霜期较短，四季分明。是婺源典型的山地型古村，在山崖上的村庄。四面山麓生态屏障，有大激山等生态屏障，隔着山谷，形成适宜人居的小环境，植被以常绿阔叶树为主，野生动物有獐、麂、野山甲、野兔等。	包括"晒秋"景观，梯田花海，徽派古建等。	约805人	约110户民宿	主要分布在篁岭村内	婺源篁岭村居、篁岭晒秋美宿、婺源·院子里设计师美宿、花筑·婺源如你所院民宿	2023年
浙江下姜村	全村有耕地645亩，山林10259亩，其中7100余亩为国家级生态公益林，森林覆盖率达97%，自然生态环境优越；被公峰、茂峰、化岭包围，被凤林港分成南北两岸。	包括杨家祠堂、何家祠堂、大禹庙、百年柏树、望舂楼、听竹院等，以及千岛湖大峡谷探险基地、凤林港、富民桥等景点。	约788人	约37家民宿	主要分布在下姜岭村内	颐朵民宿、喜进楼美宿、梦静诺言民宿	2023年
甘肃扎尕那村	海拔3000-3300米，周围最高山峰海拔4500米，山势绵绕，云雾缭绕，拥有高寒草原、温带草原和暖温带落叶林三大植被类型，村民在山下耕种、放牧，林间采摘，形成独特的农林牧复合系统。	包括壮丽的冰川地貌、冰沟、山谷、湖泊等冰川侵蚀形成的景观，保存完好的古建筑和名人故居，拉桑寺、扎尕那石林、扎尕那藏寨等著名景点。	约1601人	约182家农家乐和民宿	主要分布在东哇村、亚日村、代巴村等区域	迭山精品民宿、黑托牛民宿、山居客栈、博巴仓民宿	2023年
陕西朱家湾村	位于秦岭南麓，牛背梁国家级自然保护区保护核心区，牛背梁国家级自然保护区森林覆盖率达93%，空气质量优良率超过99%，负氧离子每立方厘米达8000个以上，被称为"养在深闺人未识的天然氧吧"。有羚牛、秦岭冷杉等动植物资源1200余种。	拥有茂密的原始森林，清幽的潭溪瀑布，独特的峡谷风光等自然生态资源，包括牛背梁国家级自然保护区，终南山寨等。	约1783人	约56家民宿	主要分布在朱家湾村内	阳坡院子、云岭小屋、儒林客栈等特色民宿、老林公社民宿、终南山寨康养民宿	2023年

续表

乡村名称	生态环境资源	主要旅游景观	区域常住人口数	周边民宿数量	民宿分布区（点）	知名民宿品牌	上榜年份
云南阿者科村	村子常年云雾缭绕，是哈尼梯田世界文化遗产核心区之一。拥有独特的"森林、村寨、梯田、水系"四素同构的生态环境资源，森林植被丰富，海拔1800多米。1300多级梯田依山而下，形成了自然与人文和谐共生的独特景观。	作为世界文化遗产红河哈尼梯田的元阳核心区，独特的梯田景观和哈尼族传统民居"蘑菇屋"是其主要的旅游发展特色。此外，村寨以其聚集密集和整体独立的特色，形成了丰富多彩的村落景观。	约479人	村内民宿数量不足10家	主要分布在阿者科村及周边的多依树村、爱春村内	原舍·阿者科、云岭梯田民宿、十二庄园·香典民宿	2024年
福建官洋村	村子号称秀美的东山山麓相连接，耕地面积1555亩，林地11000多亩，毛竹1030多亩，茶园1020多亩，主要农作物为水稻、太子参、生姜和少量蔬菜。村中有8棵巨大古榕组成的榕树群。	包括云水谣景区，和贵楼与怀远楼等著名土楼建筑，村中还有一条千年石子古道，沿着古道，一条清澈见底的小溪蜿蜒穿过古村，当地人称为"长教溪"。	约2096人	约120家民宿、农家乐	主要分布在官洋村内	云水谣原舍溪畔民宿、花筑·南靖澜溪美宿、福籍楼客栈、花筑奢·1949设计师亲子度假型智能民宿	2024年
湖南十八洞村	地处云贵高原东部边缘，属于亚热带大陆性湿润季风气候区，云雾天气较多，山林葱郁，森林覆盖率达80%。村内以山林峡谷为主，连台山山泉水是十八洞水系以峡谷溪流为主要饮用水源，水质较好，常年为I类水。	包括连台山林场、擎天柱、黄马岩、乌龙一线天、青儿山等。其中十八溶洞群，洞洞相连，洞内景观奇特，被誉为"亚洲第一奇洞"。此外，村内还有丰富的苗族文化和传统建筑，如梨子寨、飞虫寨、当戎寨和竹子寨四个自然寨。	约993人	约20家民宿、农家乐	主要分布在十八洞村及周边吉首楼寨奇观旅游区	携程度假农庄、丽呈别院·天桥仙居	2024年
四川桃坪村	地处青藏高原东南缘，是世界自然遗产大熊猫国家级自然保护区的组成部分。动植物资源尤为丰富，有以红豆杉为代表的4500余种植物和以大熊猫、金丝猴、绿尾虹雉、金雕为代表的2000余种动物。	由雪山、森林、草甸、湖泊、溪流形成的立体自然景观，全球保存最完整的古羌碉建筑桃坪羌寨、陈家碉楼、杨家碉楼、羌族博物馆。	约1084人	约84家民宿	主要分布在桃坪羌寨	慢栖·桃子坪民宿、纳吉羌家民宿	2024年

续表

乡村名称	生态环境资源	主要旅游景观	区域常住人口数	周边民宿数量	民宿分布区（点）	知名民宿品牌	上榜年份
安徽小岗村	地处江淮分水岭地区，属丘陵地貌，地势西高东低，西面是岗丘，东南是冲积地。属亚热带季风气候，四季分明，光照充足，水热同季，且有红岩子水库等水利资源。周边生物资源丰富。村庄森林覆盖率超35%，有可耕土地面积1.45万亩。其中葡萄科技示范园占地600余亩，种植有夏黑、藤稔等优质葡萄品种。	包括大包干纪念馆、当年农家旧址、藤长廊、村文化广场、葡萄采摘园、蘑菇大棚、高效生态农业示范园等。此外，还有沈浩同志先进事迹陈列馆、小岗村档案馆、沈浩故居、沈浩墓等。	约4411人	约11栋民宿区院落	主要分布在小岗村内	凤阳小岗村民宿	2024年
浙江溪头村	森林覆盖率高达92%，空气、水质常年保持优质水平。村内生物物种1270余种，其中包括黑麂、大鲵、红豆杉等名贵珍稀动植物上百种。	包括世界上最大的古龙泉窑建筑群及不灭窑火广场、宝溪湿地、萤火虫基地、荷花基地等水域风光、高山森林、八棵树公园、溪头星空、活水进村公园、国际竹建筑群等地文景观。	约998人	约27家民宿	主要分布在溪头村内	龙泉宿上归人民宿、龙泉古窑里特色民宿	2024年
山东烟墩角村	是亚洲最大的天鹅越冬栖息地，拥有丰富的海洋资源和独特的自然景观。村内海岸线全长7000米，辖海域面积1.32万亩，养殖面积1万亩，产海带、牡蛎、扇贝等1.5万吨。此外，村庄还拥有被称为"活的中国生态建筑标本"的沿海传统民居——海草房，这种以石为墙，以海草为顶的沿海民房，冬暖夏凉，百年不腐。	包括烟墩角天鹅湖摄影基地、烟墩角天鹅湖、烟墩角文化广场、烟墩角胜景鹅湾拾贝、花斑彩石景区等。	约1380人	近50家民宿	主要分布在烟墩角村内，特别是海草房民房民宿聚集区	赵姐渔家海草民宿、荣成农夫与海渔家乐、荣成台宫花园民宿	2024年

表格来源：编者自制

表 4 中的数据显示，大部分村落的常住人口为 800~1000 人，其中安徽西递村、广西大寨村、江西篁岭村、甘肃扎尕那村、福建官洋村、四川桃坪村的周边民宿发展相对较快。云南阿者科村民宿数量较少，主要是因为旅游业开发和对外交流开始较晚。这些地方的发展程度均与地理位置、生态环境资源、旅游吸引力、政策支持等因素有直接关系。

三、世界级（国家级）生态旅游建设区

中国生态环境部自 2006 年至 2016 年 10 年间评选、公布了"国家生态县（市、区）"183 个；2017 年至 2023 年，连续每年评选和发布"国家生态文明建设示范区"，总共 570 个。这些入选的县（市、区）为生态民宿的建设奠定了良好的基础。以上海市崇明区为例，上海市崇明区（原崇明县）2016 年入选国家生态县（市、区），2017 年上海市政府批准《上海市崇明区总体规划暨土地利用总体规划（2017—2035）》，到 2035 年，把崇明区基本建设成为具有全球引领示范作用的世界级生态岛，并且构建与世界级生态岛目标相匹配的空间格局、交通模式、基础设施与保障机制。同年，上海市人大常委会通过了《关于促进和保障崇明世界级生态岛建设的决定》，以地方立法的形式明确把崇明岛建设成为具有引领示范作用的世界级生态岛。借助这一优势条件，上海市崇明区文化和旅游局于 2018 年 4 月 19 日发布了《崇明生态民宿等级评定标准》，以引领和推动本区的生态民宿建设。2022 年，上海市政府发布了《崇明世界级生态岛发展规划纲要（2021—2035 年）》，明确崇明区旅游发展的新目标和方向，打造世界级生态旅游目的地，崇明区生态民宿建设又上了一个新的台阶。6 年来，崇明区内民宿不仅数量增长快（现登记备案的已达 1118 家），而且品质高。截至 2024 年 12 月底，崇明区共有 77 家上海市星级民宿，占市星级民宿的 44%。其中，有 27 家五星级乡村民宿（占全市五星级民宿的 45%）、32 家四星级乡村民宿（占全市四星级民宿的 42%）和 18 家三星级乡村民宿（占全市三星级民宿的 47%）。知名品牌民宿（均为五星级）有：御宿东院、陌上舍民宿、圭野·藏红花主题民宿、西岸氧吧林舍、香朵开心农场、耘舍、如砚民宿、颐一、久居、云舍居、九园草堂、逅院、知谷 1984、也山花园、村上、松慢、久居源、久居逸、原味舒院、城边森舍、海岛左邻、崇明 1 号、花涧、擎宜客栈、悦漫花居、月心湾、朴门乡野等。此外，上海市崇明区还有许多四星级民宿品牌，知名度也相当高。

综上所述，尽管目前各区域特别是世界级（国家级）生态旅游建设区内民宿发展水平还参差不齐，但生态民宿建设是一个方向，生态民宿的分布区域也越来越广。随着"坚持人与自然和谐共生""绿水青山就是金山银山""良好生态环境是最普惠的民生福

祉""山水林田湖草沙是生命共同体"等系统发展思想和科学理念的落地生根，我国生态文明建设和生态环境保护将取得更大的成就，生态民宿建设将获得更佳的环境和景观资源，生态民宿建设将成为常态。

第四节　我国生态民宿的建设趋势

未来我国生态民宿建设将朝着高品质、多模式、强管理、重环保、多功能、智能化、数字化、安全性、文化性、教育性和区域特色性的方向提升，以实现生态民宿的可持续发展。

一、体现当地自然、文化与生产生活方式的民宿产品日益高阶

生态民宿都是坐落于良好的生态环境中，国家各级政府和各类管理部门不断地出台政策与法规，管理和监督所在地域的生态安全和生产生活活动中的生态保护，故生态民宿所在地的区域环境资源、自然景观资源会日益向好。另外，随着国家政策的引导和鼓励措施的增多，很多生态旅游区域对当地独特民族文化元素的挖掘工作日益重视，越来越多的高质量文化旅游产品会面世。加上科技的融入，数字技术、AI技术的广泛应用，体现生产生活方式的民宿产品的品质也会越来越高，类型越来越丰富多样。这些，刚好契合了当今旅游者提升住宿产品体验需求的愿望。因此，未来生态民宿的建设将越发注重品质化提升，其中包含住宿环境的舒适度、美学价值和居住幸福体验感的提升。

为了实现这些目标，进一步提高市场竞争力，生态民宿还将更加重视特色品牌建设，通过打造高阶的住宿产品和服务，形成突出的品牌效应，提升市场知名度和美誉度。在追求品质化、品牌化的同时，生态民宿建设还将更加注重标准化、规范化，通过对标国家标准不断提升自身的标准化、规范化管理水平。

二、"生态民宿+"模式将向广度和深度拓展

受融合化与多元化思想推动，未来生态民宿的发展将在现有"民宿+"模式的基础上向广度和深度拓展，推动生态民宿与周边农业、加工业、文化与旅游、教育、体育、康养、医养、中医药等产业深度融合，以满足各类市场需求。在2024年5月全国旅游发展大会上，党和国家领导人首次提出旅游业是"具有显著时代特征的民生产业、幸福产业"，作为新兴住宿接待产业的生态民宿只有更加注重环境保护，拓展共享农业、手

工制造、特色文化体验、农副产品加工、教育、体育、康养、医养、中医药、电商物流等综合业态，结合乡村旅游综合体的建设，为游客提供更加丰富多样的旅游体验，才能成为民生产业、幸福产业中的一员。另外，"生态民宿+"模式也需呈现出更加多元化的特点，无论是建筑风格、服务方式还是运营模式，生态民宿都将不断创新和尝试，以满足个性化市场需求。

三、管理标准化与规范化会成为民宿业主的自觉行为

随着生态民宿市场的不断扩大，市场竞争日益加剧。民宿业主（经营者）要想取得市场信任，争取更稳定的客源市场，自觉执行标准化和规范化管理十分必要。2017年以来，我国各级政府逐步加大了对民宿市场规范化发展的引导，特别是2020年党的十九届五中全会后，越来越多的制度、标准等文件出台，标准化与规范化的管理已成为民宿行业发展的趋势。另外，高质量发展目标要求我国生态民宿业主（经营者）要更加注重服务质量的提升，通过制定并严格执行管理标准，确保到访游客获得优良的住宿体验。因此，标准化与规范化管理必然成为民宿业主（经营者）今后的日常行为，自觉接受政府管理部门和消费者对服务质量的监督，合法规范经营。

四、民宿业主将兼任生态环境的保护者和生态文明的传播者

生态民宿业主（经营者）将坚守生态化和绿色化的发展理念，从民宿选址、建设到运营等各个环节都注重保护生态环境和合理利用自然资源。未来，生态民宿业主（经营者）将更加注重环境友好和资源节约，注重绿色低碳技术的应用，通过合理利用水资源、节能降耗、减排治污等措施，实现可持续发展。

与此同时，作为生态文明理念的传播途径，生态民宿在建设和运营中将更加重视环境教育功能，传播生态文明，提升游客的环保意识，使环保意识贯穿在各项消费活动中。通过展示地域特色文化和生态景观，鼓励游客参与生态保护活动，传播生态文明和绿色发展理念。

五、生态民宿将兼有住宿接待和特色旅游目的地双重功能

未来，生态民宿不再只是常规的旅游接待设施，它还会逐渐演变成为特色旅游目的地而吸引游客前往。生态民宿坐落地拥有良好的生态环境资源，民宿业主在建设生态民宿时往往将地域特色文化融入民宿的设计、建筑、装修等各个环节中，在服务活动与旅

游项目中也会打造独具地域文化特色的生态住宿产品，增加游客的住宿体验。这种生态与文化的深度融合将使生态民宿兼具住宿接待和特色旅游目的地双重功能，提升生态民宿的文化内涵和吸引力，赢得更大的市场。

六、生态民宿智能化与数字化技术应用将全面升级

智能化和数字化技术已经渗透到生态民宿行业，随着科技的不断发展，未来生态民宿行业将引入更多智能化设备和技术，而且这些设备与技术不再停留在如智能门锁、智能照明、智能安防等层面，而是会为游客提供更加高效、便捷、个性化、智能化的服务产品和设施设备。同时，大数据、云计算等信息化技术也将会被广泛运用到民宿行业，提高生态民宿的运营效率和管理水平，降低成本和风险。

【本章小结】

本章深入探讨了生态民宿的定义、特征及其建设的意义，强调了生态民宿建设不仅是我国民宿行业发展的一个方向，也是适应市场需求和提升民宿品质的重要途径。生态民宿的建设，以其对环境的低影响和对当地文化的深度融合，正在成为新型住宿业可持续发展的样板。

本章通过文献分析发现，东南亚地区在生态民宿建设方面的研究较为丰富，而西方发达国家相关的研究则较少。这并非因为西方发达国家对生态保护的忽视，相反，西方发达国家在生态建设和保护方面起步较早，其民宿建设大多已经建立在良好的生态环境基础之上。这也反映了生态民宿研究的地域性和时代性特征。

通过分析生态民宿在我国的区域分布现状，本章提出在区域生态环境优良和旅游资源丰富的地域建设生态民宿更优。随着我国环境建设的持续进步，生态民宿的数量和分布范围必将不断扩大，未来在民宿市场中的比重也将越来越高，生态民宿在提升旅游体验、保护环境和促进地方经济、社会发展等方面将发挥越来越重要的作用。本章最后从六个方面阐述了我国生态民宿的建设趋势，揭示了生态民宿将在多个层面展现出其独特的价值和发展潜力。

【本章思考与练习】

1. 简述生态民宿的定义特征，并说说建设生态民宿的意义。
2. 比较国内外生态民宿的实践现状，指出各自的主要特点和差异。
3. 描述我国生态民宿的主要分布区域，并分析这些区域的共同优势。
4. 分析我国生态民宿未来的建设趋势，提出至少三点发展建议。

第二章　生态民宿建设理论基础

【本章导读】

　　生态民宿被市场认可的根本原因，是人们对健康的重视。健康是美好生活的基石。而健康依赖于良好的生态环境。旅游者之所以舍弃标准化建造的宾馆而选择生态民宿，关键在于生态民宿的生态条件更利于健康。在良好的生态环境中，生态民宿为游客提供体验当地自然生态、文化生态与生态型生产生活方式的机会，让游客沉浸于蓝天、白云、绿地、碧水，空气清新，鸟语花香，果蔬有机，食材新鲜，人际温馨，身体舒适，心里愉悦，思想放松营造的美好氛围中。这是传统旅游宾馆难以具备的优势。那么，民宿如何才能突出生态优势，与标准化、大体量、规模化的商业住宿设施错位竞争呢？这就需要从人居生态、社区可持续发展、幸福经济学、生活美学等相关理论方面，寻求理论依据，丰富思想源泉，进而以正确的理念、方法和评价体系，指导生态民宿健康发展。

【本章知识结构】

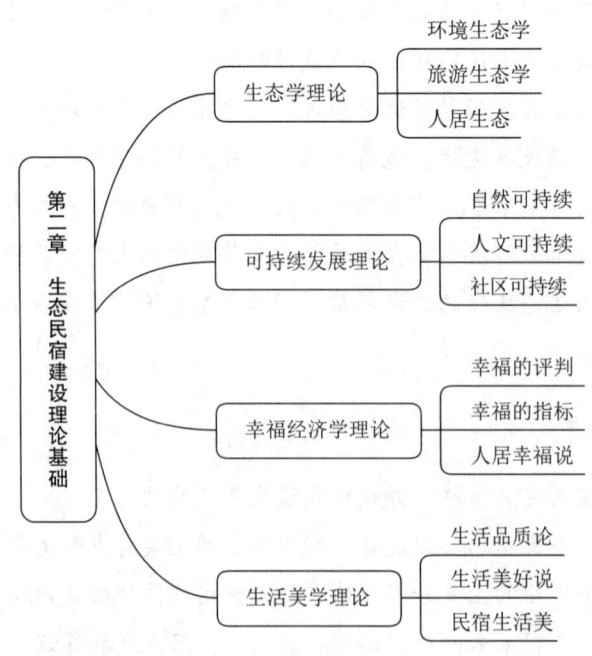

【学习要点】

1. 掌握环境生态学对生态民宿建设具有指导作用的原理，并能应用于民宿设计和运营、营销中。
2. 学习旅游生态学要求旅游业的发展要尊重生态规律，按生态规律办事，明白物理、事理和情理的关系，理解"人法地，地法天，天法道，道法自然"。
3. 理解人居生态学及其对生态民宿建设的指导作用。
4. 辨识幸福的秘诀，理解幸福的评判及其对生态民宿建设的影响。

"人民对美好生活的向往就是我们的奋斗目标"。生态民宿建设是提高旅游住宿品质，践行"两山"理论，实现环境生态、旅游生态和人居生态平衡，促进旅游目的地可持续发展的重要途径。为了切实做好生态民宿建设，需理解其内在的理论逻辑，科学判断建设行为是否违背了我们的初心和使命，以避免走弯路，甚至南辕北辙，造成经济、社会、生态方面的重大损失。

第一节　生态学理论

一、环境生态学

环境生态学（Environmental Ecology）是以生态学为理论基础，结合人工智能、大数据、理化分析、环境科学等学科的研究方法，研究生物和人类活动（包括民宿建设、运营等）影响下生态系统内在的变化机制、规律，寻求受损生态系统恢复，重建和保护生态系统的科学。

环境生态学对生态民宿建设具有指导作用的原理主要有以下几个。

（一）耐受性原理

生物对任一环境因子的适应都有最小量和最大量的界限，只有在这个幅度范围内才能够生存。这个幅度被称为"耐受限度"。因此，一种生物能够存在与繁衍，要依赖综合环境的全部因子，只要其中一项因子的量（或质）不足或过多，超过了某种生物的耐受性，则该物种无法生存，甚至灭亡。

耐受性原理告诉我们，生态民宿建设及运营，一定要识别并保护周围生物生长的影响因子，特别是关键性因子，不能突破其耐受阈值，更不能切断生态环境中生物生存和繁衍所需资源的能量流、物质流和信息流。

（二）贝格曼原理

生活在寒冷气候中的内温动物的身体比生活在温暖气候中的同类个体更大，这是为了减少散热、保持长时间冬眠能力。这种趋向称贝格曼原理。北方人一般比南方人更高大，这也是对环境的适应。

贝格曼原理让我们明白了生态民宿建设，特别是高寒地区的生态民宿建设，动物迁徙通道要大于当地动物的高度、宽度，确保它们能便捷地通过。绝不能偷工减料，缩小规格，导致迁徙动物难以通过。

（三）最小因子原理

植物的生长是受限于环境中最稀缺的那个资源，而不是所有资源的总量。也就是说，只需生境中一个关键资源的短缺就能限制植物的生长。也可以理解成生物的生存、生长或分布取决于瓶颈制约性因子。

某著名景区，因在山坡建设体量较大的宾馆，流向宾馆下方植物景观的地表水被切断，减少了地下水补给，著名植物景观逐渐枯萎，直至最后死亡。

（四）有效积温原理

生物在生长发育过程中必须从环境摄取一定的热量才能完成某一阶段的发育过程，而且各个发育阶段所需的总热量是一个常数，称总积温或有效积温。海拔每升高100米气温下降0.6℃左右。地势越高，山上动植物达到有效积温所需要的时间就越长，发育就越慢，形成了"人间四月芳菲尽，山寺桃花始盛开"的垂直地带景观分异现象。

将有效积温法则用在生态民宿建设与运营中，不仅要注意客房温度对游客的适应性，还要充分利用不同季节的物候景观，有机融入生态民宿的视觉通廊。

（五）物种进退原理

在环境条件稳定时，对一个物种进行任何人为改进都可能构成对其他物种的竞争压力，即使物理环境不变，种间关系也可能推动生物进化或退化。

物种进退原理告诉我们，建设生态民宿，切不可为了观赏而大规模、大面积引进或栽种某种动物或植物，特别是远距离引进外来物种，否则可能导致生态灾难。

（六）中度干扰原理

一个生态系统处在中等程度干扰时，其物种多样性最高。若干扰程度过高，那些生长速度快、抗干扰能力特强的物种才能生存下来，导致物种多样性降低。若干扰程度过低，少数竞争力强的物种逐渐取得完全优势，群落多样性也会逐渐降低。只有当干扰频率中等时，竞争能力强的物种优势被削弱，被压制物种增加，弱势物种或新兴物种生存的机会增多，生物多样性提高。

这条环境生态原理说明，生态民宿建设，只要保持中等程度的生态干扰，就会有利于生物多样性，反而比之前一潭死水的环境生态，更有利于可持续发展。

（七）产量恒值原理

在一定范围内，当条件相同时，不管一个种群的密度如何，最后产量差不多总是一样的。这反映了在资源有限的环境中，超过最适密度时，如果密度继续提高，虽然个体数量增加，但植株间的竞争加剧，个体变小，因而总的产量不会再增加。过分内卷并不会带来产量的提升，反而会带来质量的下降。

生态民宿的果园或其他有机农作物，不会因为密植而提高产量，须疏密有致，符合果蔬生态习性，才能既提高产量，又提升观赏、采摘综合效益。

（八）阿伦原理

温暖地区的内温动物外露部分（如四肢、尾、耳朵及鼻）比寒冷地区的内温动物较有明显增大的趋势，称阿伦原理，是动物体内与环境热量平衡的适应规律。

根据这一规律，寒冷地区建设民宿需厚墙小窗；而气温较高的地区建设生态民宿适合大开窗、落地玻璃窗等，以充分利用自然环境调适温度，减少能源消耗。

二、旅游生态学

旅游生态学（Tourism Ecology）是运用生态学和系统论的理论及方法，把人类的旅游活动及其自然环境、社会环境和经济环境作为一个整体，研究其中的相互联系、协同演变、调节控制和平衡持续的发展规律的科学。

旅游生态学作为应用生态学的一个新的分支学科，目前还处于探索和创始阶段。由于生态学有近一个半世纪的发展和知识积累，特别是有20世纪40年代以来生态系统生态学发展的巨大成就，旅游生态学已经有了坚实的学科基础。

旅游生态学要求旅游业发展要尊重生态规律，按生态规律办事，这是物理支配事理和情理；从人际生态出发，则是情理主导事理，事理支配物理。老子提出的"人法地，地法天，天法道，道法自然"，指的是自然界的规律是高于一切的，人的活动也要受制于自然。庄子明确提出"天地与我并生，万物与我为一"的观点。我国历代学者对"天人合一"虽有不同的理解，但其基本认识是：人是自然中的一分子，人与自然不可分割，人应该顺从自然。"天人合一"的观念也广泛渗透到各地区、各民族的书法、绘画、服饰、歌舞、宗教、图腾崇拜、建筑、园林等文化现象之中，成为我国人文旅游资源的一大深刻内涵。

（一）旅游生态学基本内容

1. 旅游业复合生态系统的基本结构、基本功能和主要类型

研究作为社会—经济—自然复合生态系统之一的旅游业复合生态系统的结构特点，以及其系统功能流（人流、物流、能流、资金流、信息流）的机理与特点。

2. 自然旅游资源的形成和生态演变及其生态服务功能

研究主要自然旅游资源（地貌旅游资源、水域旅游资源、生物旅游资源、气象和气候旅游资源等）的形成原因和生态演变过程；人文旅游资源的形成与自然条件的关系；景区生态系统的生物多样性及其保育；景区生态系统的旅游服务功能等。

3. 人类旅游活动和全球生态环境变化对旅游资源和生态环境的影响

研究人类旅游活动中的生态哲理和生态伦理，人类旅游活动对旅游资源与环境的影响，全球生态环境变化对旅游业的影响。

4. 景区生态建设和环境保护

研究景区旅游业复合生态系统的调控机理及其特点，旅游环境承载力及其调控，景区生态环境保护与生态建设。

（二）旅游生态学在生态民宿中的应用

近年来，旅游生态学在旅游住宿业，包括生态民宿，乃至旅游业整个领域和发展过程中得到越来越广泛的应用。

1. 旅游资源与环境的生态服务功能评价

生态民宿室内外的空气质量，气候、物候条件，土壤、泉水、农副产品的矿物质、微量元素含量，农药残留、化肥使用量，及其对人们身体健康具体有哪些可观测、可比较、可重复检验的作用，值得深入研究。

2. 旅游生态区位选址

生态民宿切不可选址于核心生态保护区内，也不宜建设于生态缓冲地带，而应该建设在下风向、低水位、珍稀动植物被干扰较小的区位，以免过多影响当地生态环境

系统。

3. 生态资源利用和保护

生态民宿建设和运营需顺应在地生态规律，在确保动植物生存、繁衍不受过多干扰的前提下，合理利用生态旅游资源。资源开发利用的强度，不超过资源、环境和社区的生态承载能力。

4. 民宿生态设计

生态民宿要通过因地制宜实施生态工程建设和采用生态技术体系才能落实，旅游生态学可为此提供思路和方法。生态民宿建设与运营，要重视生态基础设施改善，维护生态廊道的通畅与效率，不人为阻断生物迁徙通道，不能让游道、民宿间的联系通道横切生态环境肌理，导致生境破碎。

5. 科学选择生态民宿体量

旅游生态学要求我们，生态旅游不能像会展旅游、节事旅游、主题公园旅游、都市旅游那样，建设大体量、集中布局的旅游业态，而要少而精、分散布局，符合生态有机法则。具体到旅游住宿业，生态旅游不宜集中建设大体量、数百乃至上千床位的宾馆，而应建设顺应自然、保护环境、有利于生物多样性的生态民宿。

三、人居生态

生态民宿不能建在"鸟都拉屎"的树林下，也不能建在植被退化的陡坡边和溪流汇聚的河岸两侧。生态民宿合适的选址，应该符合人居生态学规律。

人居生态学（Residential Ecology）是以生态学理论为基础，以人居为中心，研究与人居有关的自然、经济、社会、文化和环境等生态因素及其对居住者生存、生产、生活的生态影响，探索生态、宜居、健康、环保、美好、可持续人居规律的科学。

工业革命以后，人们最基本的居住环境受到挑战，工业烟囱排放废气、工业管道排放废水污染了河流、空气，交通变得拥挤等。正是在这种背景下，人居环境、人居生态逐步进入研究者的视野。1976 年，联合国在加拿大温哥华市召开第一次人类住区国际会议，正式接受人类住区（Human Settlement）的概念。1978 年，联合国人居中心成立，联合国第 40 届大会确定每年 10 月的第一个星期一为"世界人居日（World Habitat Day）"。

吴良镛（2014）将生态、经济、技术、社会、人文（文化艺术）作为人居环境的基本要求，生态首当其冲。

人居生态学的主题和目标是"生态让人居更美好"。人居生态是人类在自然—社会大系统中赖以居住、生活的生存状态，也是人类行为、家人及邻居情感的交织空间，也就是人们屋顶居住区上空、住房、脚下的土地和周围自然环境围合的地理空间。人居生态环境，指影响居住者生活的自然环境、社区环境以及动植物生态系统。

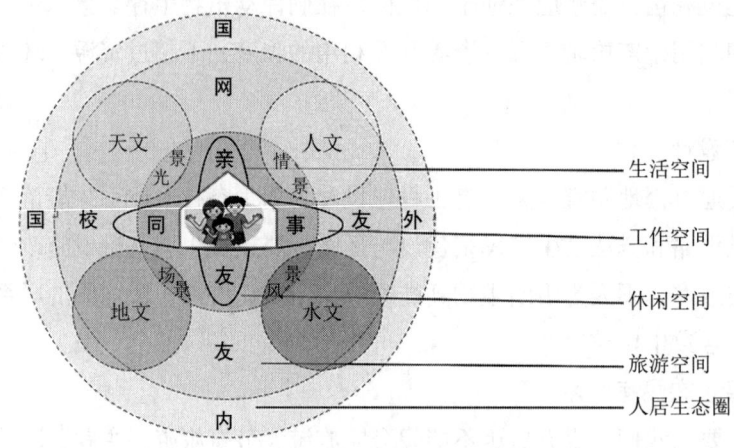

图 2-2 人居生态示意图

图来源：编者自制

根据人居生态学理论，宜人的生态民宿应该具备下列条件。

（一）适宜的区位条件

生态民宿不宜在闹市区，或离闹市区太近的近郊。闹市区及其近郊往往声音嘈杂，烟火气太重，空气质量和噪声环境不适合人们居住和睡眠。也不宜远离城镇，以至于可进入性太差。古今中外的宜人居住区，大多在气候温和、山清水秀、鸟语花香的大都市郊区，如清朝皇族选择的承德避暑山庄、美国总统开展庄园外交的旧金山斐洛里庄园、莫斯科斯大林别墅所在的梅季钦斯基。

（二）清新的自然环境

生态民宿需要宜人的气候、生机盎然的植被、充足的阳光和水资源、高氧饱和度。根据《旅游民宿基本要求与等级划分》（GB/T 41648—2022），生态民宿应融入优美的自然环境中，能让旅居者体验到原生态的当地自然、文化与生产生活方式。生态民宿或居高临下，视野开阔，一览如画江山；或曲折通幽，安然恬静。

（三）具有生态道德与环保责任

在规划和建设生态民宿时，需遵循生态伦理，担负环境保护责任。必须严格遵守国家的耕地和生态保护红线，确保不破坏生态环境和乡村原貌，如《关于促进乡村民宿高质量发展的指导意见》中提到的，乡村民宿发展应严守耕地和永久基本农田、生态保护红线。

(四) 食品有机安全

生态民宿与其他旅游住宿业最大的不同,是生态民宿提供的食材,生产和加工过程中遵循国内外有机农业生产要求和相应标准(如中国、欧盟、美国、日本的有机食品标准),不使用化学合成的农药、化肥、生长调节剂和饲料添加剂等。这些食品来源于有机农业生产体系,包括野生天然产品,致力于维护生态平衡,保护环境,从而生产出对人体健康有益的食品。

(五) 生活方式健康

生态民宿服务遵循有益于身心健康的行为和习惯。这些行为和习惯可以帮助民宿消费者预防疾病、提高生活质量,并促进整体健康。健康生活方式包括但不限于:组织适量的运动,定期进行有氧运动和力量训练。每周至少进行150分钟中等强度运动,或75分钟高强度运动。增加日常活动量,如走路、上下楼梯等。均衡饮食,控制游离糖和盐的摄入量,减少加工食品和高糖饮料的摄入。每周至少1天摄入鱼类,每周至少4天摄入豆类,限制红肉摄入,每天摄入新鲜蔬菜和水果。保障生态民宿客人充足睡眠,成人每天保证7~8小时的睡眠。倡导有规律的睡眠和生活作息时间。

疫情后的人居生态新诉求包括:(1)促进健康的基础设施和社区治理:规划和管理的出发点必须优先考虑健康和福祉,保证人居卫生水平。提高公共设施的安全性以减少疾病暴发和传播的风险,同时提高城市韧性。另外,重视基层医疗设施的布点规划,确保居民步行范围内获得优质医疗服务。(2)健康导向的人居环境:疫情让人们更加关注环境的卫生,不能忽视高密度蔓延带来的身心健康问题,更加关注住所抽排气和给排水的质量安全。越来越多的人对于充足的绿色空间和自然环境的需求日益增加。生活方式也将改变人居生态需求,因此对室内环境的卫生诉求日益凸显,如室内活动空间、健身空间、自我隔离和保护的空间。(3)面向健康的人居生态学,应该是一个多维度的学科,在传统的建筑空间和生态学范围之外,需要补齐健康和安全的短板。不仅需要增加提供人们身体活动的公共空间,同时需要结合人居设备智能化,实现抽排气自动化、火灾隐患萌芽灭绝自动化、空气消毒自动化,减少病毒传播的风险。

生态民宿建设还需特别注意,房屋病是一种严重危害人类身心健康普遍存在的疾病。需要人居生态学正确指导人们进行民宿建设活动,理解房屋病的新概念以及发现房屋病的途径和防治房屋病的方法,使旅居者同人居空间相协调而获得"健康、和谐"的效果,提高旅居者的生存、生活和生态质量。

第二节　可持续发展理论

生态民宿相对于其他住宿业而言，更注重可持续发展。

可持续发展是既能满足当代人的各种需要，又不会使后代人满足他们自身需要的能力受到损害的发展。这是世界环境与发展委员会（布伦特兰委员会）在其报告《我们共同的未来》中给出的定义。这是在全世界经济学家、生态学家、政治家和其他各界人士对可持续性多方面的研究成果中，最为流行并得到公认的定义。

可持续发展本身包括两个关键性的概念：一是各种需要的概念；二是可持续性的概念。

可持续发展的基本观点主要包括以下几个方面：

其一，可持续性。

可持续性包括人类发展的横向平衡性和纵向永续性。横向平衡性是因为当代人类共同的家园是地球，而地球只有一个，故人类的发展首先寻求的是全球各区域的共同平衡发展。纵向永续性是因为人类为共同的未来着想，当代人的发展不影响和危及后代人的发展，即发展的永续性。资源的永续利用，是人类可持续发展的首要条件。可持续发展要求人们根据可持续性的条件调整自己的生活方式，在生态可能的范围内确定自己的消耗标准，要补偿从生态系统中索取的东西，使自然生态过程保持完整的秩序和良性循环。

其二，公平性。

可持续性将公平推广到代际公平，当人们在制造和追求当代的发展和消费时，应当承认和努力做到机会均等，绝不可剥夺和破坏后代人、其他国家或地区本应合理享有的同等发展和消费的权利。由于世界的同一性和资源的有限性，世界上一些国家和地区挥霍、浪费资源，必然限制另一些国家和地区公平地享有资源，特别是发达国家对各种资源的高消费，超过了欠发达国家消费水平的许多倍。就资源的消费上，这是极不公平的。同时，一些国家对环境的污染和破坏也常常引起另一些国家和地区的环境质量的下降和人类健康的损坏，这一点特别表现为相邻国家和地区的环境污染和破坏上。为此，可持续发展的公平观尤其强调保护贫困人民的资源环境，满足其基本需要。"代际公平"是指当代人与后代人具有同等享受地球上的资源与环境、谋求发展的权利。自然资源并非取之不尽、用之不竭，而人类社会发展的需求却不断增长，如果这两方面的关系处理不当，必然导致生态环境的恶化，严重威胁人类的生存和发展。只有走以有效利用资源和保护环境为基础的循环经济之路，可持续发展才能得到实现。当代人不能只顾自己的利益，过度地使用和浪费资源，破坏环境，剥夺后人公平地享有资源和环境的权利。为了实现代内公平和代际公平，世界环境和发展委员会建议，通过国际公约和国际法来解决资源合理利用和环境保护问题。

其三，共同性。

世界环境与发展委员会的报告《我们共同的未来》写道："进一步发展共同的认识和共同的责任感，是这个分裂的世界十分需要的。"《里约宣言》写道："致力于达成既尊重所有各方的利益，又保护全球环境与发展体系的国际协定，认识到我们的家园——地球的整体性和相互依存性。"我们面临的环境、资源问题不只是一国一地的事，常常是全球性的，如大气圈中空气的流动，把污染源的污染空气传递到其他区域，因此处理的方法与手段必须得到全球的关注。要用世界发展的大时空观，从国际大环境、大系统的角度，突破区域和自身利益的局限，做到共同努力，通力合作，全球关注，保护和管理好我们及我们的子孙后代共同拥有的环境与资源，谋求共同的发展。

可持续发展责任的分担，要充分考虑各国发展不平衡的现实，坚持公平、公正、合理的原则。发达国家应带头改变不可持续的生产和消费模式，对解决全球环境问题作出更积极的贡献，并以实际行动帮助发展中国家。发展中国家也要积极努力，按照可持续发展的要求推进本国的发展。

其四，协调性。

人类社会各系统之间的协调、人类社会与自然环境的协调、人口数量和增长率与不断变化的生态系统生产潜力的协调、国家或地区社会经济各领域的协调、国际范围内的协调等是可持续发展的关键。可持续发展是一个动态过程，在这个过程中，资源的开发、投资方向、技术开发的选择和体制的改革，以及国际的合作都应是相互协调的。可持续发展的协调性要求人们正确处理好他们的利益分配，避免大规模利益冲突和战争，以便在和平友好的氛围中，解决其间的矛盾，达到社会的共同繁荣。

其五，需求性。

人类需求是由社会和文化条件所确定的，是主观因素和客观因素相互作用、共同决定的结果，与人的价值观和动机有关。发展的主要目的是满足人类需求，包括基本需求（指充足的食物、水、住房、衣物等）和高层需求（指提高生活水平、安全感、更多假期等）。对于发展中国家来说，可持续发展首先要实现长期稳定的经济增长，在满足人民基本需求的基础上，再进一步提高生活水平，满足高层次的需求。另外，我们不但要满足当代人的需要，还要满足后代人的需求。

其六，限制性。

没有限制就不可能持续，可持续发展不应损害支持地球生命的自然系统。人类的经济和社会发展不能超过资源与环境的承载能力。对可再生资源的利用率不能超过其再生和自然增长的限度，以避免资源的枯竭。人类不可再生自然资源的耗竭速率应考虑其资源的临界性。

一、自然可持续

自然可持续是指在不降低包括各种自然资本存量（的量和质）在内的整个资本存量消费数量的前提下，能够无限期地继续下去。自然资本包括土壤和大气的结构、动植物的生物量等。而土壤、大气、动植物等则共同构成整个生态系统的基础。自然资本存量利用阳光这一初级投入，生产各种生态体系劳务和物质自然资源流量，包括土壤肥力、营养元素、果蔬产量、森林群落、动物群落和石油、煤炭、贵金属等矿物储量。由上述自然资本存量生产出来的自然资源流量分别是农作物产量、木材砍伐量、动物迁徙或捕获量和石油、煤炭、贵金属等矿物采掘量。自然资源流量不能超过其自然生产能力，人类采掘量不能导致资源枯竭。

就生态民宿而言，自然可持续包括自然资源的可持续利用、生物多样性可持续、人居环境可持续。

自然资源可持续是自然可持续的重要内容。可持续性科学的一个核心问题是，在多大程度上可以利用自然资源而不损害其未来的可用性和再生能力。农业、渔业、林业、牧业或稻田、鱼塘、林场、草场，只有在收获率不超过其最大承载力（阈值）的前提下，才能可持续利用。超过阈值后，这些系统可能会转入退化（过度开发）状态，自然资源将持续枯竭，无法恢复。若无节制地开发利用，自然资源就会超过其自身恢复力，进入不断的退化状态，如种植业用地，如果过度使用，土地的肥力可能会因频繁的生产过程而下降。过度追求产量而增加化肥、农药和塑料保温薄膜使用量，会导致土壤侵蚀、板结、污染物难以降解，微生物生物多样性丧失，过度灌溉引起土壤盐碱化。

生态民宿对自然资源的利用必须限定在其自然资源可持续前提下，才能确保食材安全，果蔬、稻米、林草等才能可持续供应。

生物多样性可持续对于生态民宿的重要性往往被忽视。但生物多样性不仅影响民宿周边的风景，还对民宿业主及旅居客人的健康产生重要影响。

生物多样性是人类健康和福祉的基石。生物多样性对人类健康的贡献的证据正在迅速增加。

生物多样性以及与生物多样性的接触，通过下列途径间接影响人类健康。

（一）丰富食材、药材来源的种类

野菜、野生菌、野生动物驯养等，丰富了食材多样性，食材越多样，人们身体越健康。若某地生物多样性退化，缺少某些矿物质或营养元素来源，就可能导致地方病。如克山病往往发生在缺硒的地区，当地饮食中缺少微量元素硒的摄入，从而导致心肌的病变。

（二）减少污染的伤害

生物多样性不仅提供更加丰富多元的食材和营养元素，同时，也吸收更多的环境污染因子，如粉尘被绿叶吸附，重金属被根系吸收，噪声被浓密的生物体遮掩，紫外线被高大乔木阻挡，减少对人体的伤害。

（三）恢复人类状态的能力

生物多样性良好的地区，空气清新，植物精气类型多样，有利于缓解焦虑，放松心情，恢复注意力。

（四）生物多样性不全是对健康有利的影响，也可能对人类健康造成危害

动植物吸附污染物，在体内成倍聚集，若被生态民宿当作食材使用，可能对人体健康造成更大伤害；接触更加多样性的动植物，增加了过敏原、病原体，发生被传染疾病的可能性增加。

人居环境可持续直接影响民宿的健康发展。人居环境可持续中的自然要素主要包括蓝色和绿色空间。蓝色空间就是水域空间，包括地表水、地下水及生长于水域环境的动植物。地表水如溪流、河流、湖泊、海洋等，或为生态民宿营造小桥流水、溪涧瀑布等生动场景，或提供海边、湖滨辽阔的视觉舒适感，更是负氧离子富集的疗愈空间。绿色空间包括山、林、草、湿地及其间生长的动植物。混合型的绿色空间，还可提供多元的活动吸引点，进而促进人们积极的出行行为。绿色空间减少空气污染、噪声水平和极端温度，尤其对人的康养疗愈作用，日益被生态民宿消费者所重视。绿色空间对特定疾病的预防和治疗积极有效，如呼吸系统疾病、心血管疾病、糖尿病、肥胖、抑郁症、焦虑症等；并出现了"园艺康复疗法"等，干预到精神和心理病患的康复中，其通过直接或间接路径对人的身体活动、情绪变化、心理认知和社会交往产生正面的作用。

除可见的蓝色空间和绿色空间外，人居环境可持续还与地磁有关。人的健康、想法、心情等都会受到地磁的影响。"地磁"被誉为生命第四要素。一些亚健康的状态可以通过地磁调理和改善。优质的地磁场可改善血管微循环，让血流更通畅，从而缓解失眠、晕厥等不适感。地磁可以改善脑部微循环，抑制大脑皮质神经元的异常活动，帮助我们快速入睡，提高睡眠质量。世界长寿之乡巴马拥有得天独厚的优质磁场，那里的民宿旅居者享受大自然的天然"磁疗"。优质的地磁场全天候补给他们自身的生物磁场，

形成了"巴马走一走,活到九十九"的美誉。

人居环境也与空间形态有关。人们看到尖锐物品或起居设施时,特别是高悬于头顶的尖锐灯具,会本能性地感到害怕,不管它会不会掉落伤害你。正对尖锐岩峰、河流或瀑布的民宿,会给人以恐怖感,担心岩峰崩塌、突发山洪冲击居室,形成"路冲"效应,即正对公路的居室,明知开过来的汽车不会撞到自己,但也会产生焦虑。实际上,人居空间形态影响气流走向,即使岩峰不崩塌,但气流也会撞击居室,产生微震。若长期旅居于这类卧室,会影响睡眠质量,人体感觉不舒服,而睡眠对健康的影响比食物更重要。

二、人文可持续

所谓人文(humanitas),原指人类,引申为人性、人的情感,转为人的文化、教养、教育。人文可持续,与人文生态学密切相关。社会学芝加哥学派的创立者之一的帕克(Robert Park)认为,人文生态学(human ecology)是探索生物平衡、可持续发展和社会稳定过程的学问,它研究人口、人造物品、风俗和信仰、自然资源的相互关系。1955年,斯图尔特(Julian Steward)将社会学的"人文生态学"和"社会生态学"(social ecology)相区别,提出"文化生态(学)"(cultural ecology),研究人类对环境的适应所牵涉的文化的变迁,特别是具有进步意义的变迁,即文化和艺术的持续进化。为了人文可持续,在斯图尔特之后,关于人作为拥有文化的生物与环境的关系的研究领域,又相继发展出把文化纳入系统生态学的"新生态学",更专注实践中的文化解释的文化唯物主义,环境社会科学中的理性选择理论,政治生态学、历史生态学以及后现代主义的文化阐释。其中所包含的主要趋势是,关于人及其文化与环境的关系的研究,从主要是文化地理学和生态人类学的领域,逐渐发展成为整个人文社会科学诸学科都会涉猎的可持续发展领域。

人类能从生态空间的天地万物之鲜明,察其理,体其序,体会到天地"刚柔四时的变化",于是继承了天地的"文明",而开发出人类特有的文明:天文—地文—水文—人文。这种人类观天象、察地理、疏水文、叙情理而自我开发的"文明",称为"人文"。把天象变幻所有表现称为"天文",把地表陆地起伏变化表现称为"地文",把江河湖海水域变化表现称为"水文"。

人文就是在原生自然的基础上形成了一种人工梳理和改造现象的综合,这是一种人的影响与自然过程相互叠加、不断融合且动态变化的人文可持续生态。

人文的核心,是人的生态繁衍、自我尊重、相互尊重和人自身及人相互间的关乎情感与爱的文化。人文可持续就是指与人们之间的自尊与被尊、爱与被爱等相关的各种环境条件处于可持续状态。人文生态系统是社会—经济—政治—文化复合的复杂系统，其主体因子与环境因子几乎涵盖了整个人类社会的每一方面。因此，人文可持续包括社会治理可持续和政治、经济、文化、艺术可持续。

人文可持续对于生态民宿而言，主要指人文旅游资源可持续利用，包括人文环境、人文精神、人文价值的可持续。

人文环境是人类社会中隐藏的无形环境，是人为因素造成的、社会性的，而非自然形成的氛围，是人类活动不断演变的社会大环境。社会大环境可持续，就是影响社会变化的各种因素能协调共处，不致发生突变。这不仅是生态民宿发展的基础，更是旅游业赖以存在的条件。

人文精神就是要把人放在生态圈的中心位置、根本的地位，确认人是生态圈里的最高价值。以人为本，尊重人的价值，这是人文精神的最基本的内涵。"人定胜天"，杀伐濒危动植物，破坏生态平衡不可取，但走向另一极端，野生动物袭击人类、不能自卫反击的做法，也是违背人文精神的。尊重人的价值，首先要尊重人之作为生命存在的价值。生命是最基本的价值，是人生其他一切价值的前提和基础。尊重精神的价值，这是人文精神的第二层含义。人文精神最主要的品质，一是理性，就是独立思考的能力；二是道德，就是辨别善恶的良知。

人文价值是以尊重人性为本的价值理念。人的需求是价值的本源，人文价值应该包含在天地万物的规律和法则之中，人道符合天道，人理符合天理，人事符合天意。故而"得道者多助"的人文价值与意义将无穷无尽，就是顺天意、得天理、合人道的人文价值，才能可持续发展。

三、社区可持续

社区景观空间的存在方式，如民居、商务楼、办公楼、学校、医院、街道、桥梁、书院、图书馆、博物馆、展览馆、文庙、祠堂、戏台、风雨长廊，以及一些起教化作用的纪念碑、牌坊和亭阁等，是社区多种文化、艺术相互融合的结果，找出其文化基因历史符号，不仅可让传统社区文化被封存保护，还要其处于可持续"活着"的生态，这对拯救、活化和保护社区文化具有至关重要的作用。"一方水土养一方人"，揭示出中国几千年社区文化中的人与自然、人与历史、人与社会的生态环境，包括由此而形成的本土文化内容与生命价值观，它们深刻嵌入当地居民的生命体验之中。也就是说，所谓的"水土不服"其实就是"文化冲突"，其深刻背景与内容涉及文化生态安全等问题。因此，在保护过程中，不能采取"一刀切"的方式，否则就会破坏其独特性与多样性的生态价值。要促进差异化协调发展，尊重自身的文化生态体系，进行合理的文化定位和特色分析，最终取得"百里不同风，十里不同俗""各美其美，美美与共"的保护效果，促进社区生态可持续。

保护历史街区和传统村落是社区可持续的重要内容之一。保护历史街区、传统村落就是保护社区文明源头和保护各种历史信息的真实遗存。建筑可阅读，城乡宜漫步，社区有温度，其意义不仅在于对社区文化遗产的抢救和传承，更有助于促进历史街区、乡村振兴"+旅游"的可持续发展。由于城市更易获得政府拨款、社会投资，使得乡村社区在基础设施、公共服务、文化建设、人才吸引等方面尚处于劣势地位，甚至面临逐渐凋敝的风险。这是乡村振兴战略的最大障碍，也是社区可持续发展的瓶颈制约。而生态民宿，大多位于原生态的乡村。因此，乡村可持续发展是社区可持续发展的核心内容之一，也是乡村振兴的重中之重。乡村社区可持续，不仅是农民收入增多，农村经营致富，事实上，吸引青年人回村、旅游者住村、人才留村，才是乡村社区最为生动的场景。生态民宿建设，对于吸引青年回村创业、旅游者旅居、经营人才留村，是较为现实且易于实现的路径之一。

城镇社区相对于乡村来说，因教育资源、文化资源、基础设施、人居条件更具有吸引力，因此，其可持续发展能力更强。但其生态民宿所需的自然生态条件却难以比肩乡村。许多富裕乡村城市化趋势明显，但无论是发达的大都市，还是衰败的资源枯竭型城镇，却难以回归自然的乡村。例如上海市投资26亿元，2024年9月20日建成开放的人造双子山，外貌像山，内腔没有基岩、风化壳、沉积层、文化层，更没有地下天然水系，有山无村，难以形成自然生态乡村社区。

为了实现上海"都市造山"的梦想，营造出山脉起伏、山水相映的美景，在上海世博会遗址上，利用多种工业化、数字化、智能化手段，山的结构下方采用PEC（部分包覆钢-混凝土）钢框架，内部为空腔结构，一、二层设置了1500个停车位，山体上层是钢-混凝土的表皮结构。以上海松江本土山体形态"九峰三泖"为原型，"以山为骨，以水为脉，以林为肌"，运用"堆山理水"的造景手法建造的双子山项目，已成为世博文化公园最大的标志性景观。双子山由两座高度不等的山体组成。南北向长207米，东西向长830米，最高峰在东侧，相对高度为48米，余脉高为8米至37米不等。山体的坡度在14度到45度不等。是国内第一处高度超过40米的空腔人工仿自然山林。双子山建设用地面积为30万平方米，使用乔灌木数量达到12 000多棵，其中容器苗数量占约45%，容器内填农科人员专门研制的营养土。总绿化种植区域面积为247 204.6平方米，区域内绿地率为87.70%（不含水体面积）。

双子山周边是高楼大厦、高架车道，社区形态不是山村社区，而仍然是都市社区。此"山"仅为都市居民玩物。人工堆砌的山体、容器树木、景观水系能否融合成协调共生的生态体系，实现可持续发展，还有待时间检验。

在城镇社区，文化可持续是其可持续发展的关键，须深度挖掘在地文化资源，充分发挥区域文化魅力，生动地展现当地历史传统和文化地域性特色，增加文化含量，打造特色文旅融合的民宿精品。需采取整体性、动态性、特色性、真实性保护措施，反对搞假文化、假古董的"传统文化"，也不能为了观赏而让传统文化退回到蛮荒时代，应让传统文化回归百姓生活。遵循创造性转化、创新性发展的原则，深入挖掘优秀传统文化蕴含的思想观念、人文精神、道德规范，结合时代要求继承和创新，让传统文化自然进化，展现时代风采。让社区居民和游客望得见山、看得见水、记得住乡愁，留住社区文化的"根"，才能充分展现社区文化的文物价值、人文价值、历史价值、美学价值，提高社区的文化品位和文化品格，从而实现社区可持续发展。

第三节　幸福经济学理论

亚里士多德认为："找到幸福是一切行为的最后目的。"苏格兰哲学家、经济学家休谟也说："一切人类努力的伟大目标在于获得幸福。"在现代社会中，是不是越有钱的人越幸福？结婚生子的人会不会更加幸福？人要如何才能更幸福？这些问题，越来越成为人们关心的问题。生态民宿如何能让住宿客人更有幸福感，也是我们需要考虑的重要问题。很多组织、企业甚至政府也将为成员谋幸福作为自己的根本追求。

理查德·伊斯特林是幸福经济学领域的主要开创者之一，被称为"幸福经济学之父"。他提出了收入、健康和婚姻3种影响人们幸福的客观因素，并给出了很有价值的建议：幸福不来自水涨船高的收入，而来自身体健康以及美满的家庭生活。寻求自我内心的平和才是硬道理。幸福的秘诀在于，知道何时停下劳作的脚步，开始随心去玩耍。多花点儿时间在自己的健康和陪伴家人身上，才能够收获更持久的幸福。在旅途中，在生态民宿度假时，陪伴家人是既健康又幸福的时段。

一、幸福的评判

世界上关于"幸福"的定义达二百多种。英国学者伯特兰·阿瑟·威廉·罗素在《幸福之路》中写道：动物若是没病，有食物，便是幸福的，但人类的幸福却复杂得多。

柏拉图认为，单纯的理性生活和单纯的感性生活都不是幸福，幸福应该是理性与感性、快乐与智慧相融合。于是他提出了幸福公式：幸福 = 蜜泉 + 清凉剂，他说："生活中，有两道泉在我们心中涌流，一道是快乐，可以比作蜜泉；一道是智慧，可以比作清凉剂。"我们应把两道泉配成可口的混合体。

孔子把"仁"作为幸福的最高准则。他在《论语·雍也》中这样表述儒家的幸福观:"智者乐水,仁者乐山。智者动,仁者静。智者乐,仁者寿。"当孔子被问到何为君子时,他曰:"贤哉,回也!一箪食,一瓢饮,在陋巷。人不堪其忧,回也不改其乐。贤哉,回也!"孟子说:"君子有三乐,而王天下不与存焉。父母俱存,兄弟无故,一乐也;仰不愧于天,俯不怍于人,二乐也;得天下英才而教育之,三乐也。君子有三乐,而王天下不与存焉。"(《孟子·尽心上》)

道家的幸福观倡导清静无为,顺其自然,过自由自在的田园生活。《庄子》第一篇为《逍遥游》,认为自由发展我们的自然本性,可以使我们得到一种相对幸福;绝对幸福是通过对事物的自然本性有更高一层的理解而得到的。从老子主张"无为"到庄子主张"逍遥",道家幸福观以道为核心,万物的本然状态就是最好的状态,遵道顺道,才能得到最大的幸福。老子主张无为、守弱、不积累、不争取、无欲等。老子说:"圣人处无为之事,行不言之教""天之道,利而不害;人之道,为而不争""罪莫大于可欲,祸莫大于不知足,咎莫大于欲得。故知足之足,常足也。"

唐代诗人白居易在《初出城留别》一诗中有这样的描述:"朝从紫禁归,暮出青门去。勿言城东陌,便是江南路。扬鞭簇车马,挥手辞亲故。我生本无乡,心安是归处。"这表明大诗人感受幸福的生活方式不是安居都市,哪怕是最好的"帝都",也不是沉迷于亲友所在的温柔乡。要早进晚出,策马远行,不愿过眼前的苟且生活,不惧长途的舟车劳顿,不停地追求诗和远方。李白、杜甫等大诗人如此,高斯、马斯克等科学家、企业家也大都在旅游度假、放松的生活状态下迸发出创新的思想火花。

要不断地去探索未知世界,就是要不断地从环境中学习,丰富自己的内涵。或者旅行,可以拓宽人的眼界;或者读书,得以涵养自己的心智。要么读书,要么旅行,身体和灵魂总有一个在路上。

百里不同风,十里不同俗,风无定时、景无定形的外部世界,让生活无结余、交通不便利、信息不通畅的古人,心生惧怕。但对于当今居有定所、吃穿不愁、健康自信的年轻人而言,正是旅游吸引力之所在。人在旅途,总是显得步履匆匆,但若思绪安宁、无所牵累,内心世界恰成人间的绝好风景。很多人以为"心安"只属于隐士或佛门,其实不然。所谓"安",就是"无亏欠":于自己"无亏"于心,于他人、于天地"无亏"于行。

幸福感是一种内在的心理状态,并非短暂的情绪体验,是一种个性化的主观领域,幸福感的评判主要取决于难以度量和测试的主观因素。

一是信念。幸福是不断朝着自己信仰的目标迈进的成就感。如果忘却初心,就不知道人生中的目标与追求到底是什么,甚至不知道自己究竟想要什么。一味追名逐利,沉湎于鸡零狗碎、钩心斗角,就会劳碌焦躁。这种缺乏信念与理想的状态,难以产生长久、快乐的幸福感。

二是善念。幸福是与人为善、人际关系温暖的主观体验。哈佛大学一项研究显示，在生活中乐善好施，多帮助他人，能让自己感到更幸福。但现代社会中，乐于无私奉献的人越来越少，斤斤计较的人越来越多。如果将"我能从中得到什么"的思维模式换作"我给了他人什么"，幸福离我们还远吗？

三是信任。对于身边的人和事，很多人会用一种防备的心理去面对，就像刺猬一样，先把自己蜷成一团。这样的状态，无疑给了对方一个信号，导致对方对自己同样不信任，不能敞开心扉。这样的人际环境，自然就会导致人们身心疲惫，缺乏幸福感。其实幸福不是不存在，而是我们的不信任使我们失去了掌控幸福的能力。

四是信息。信息过多，比较过多，容易眼花心乱，容易导致生命能量的无谓消耗。信息可能提升心力与智慧，但更有可能污染头脑，干扰认知，损伤判断，损伤情绪，损伤担当，破坏个体的幸福感和意义感。在信息爆炸的年代，与其在过多的信息与过度的比较中忙碌和被动地工作、焦躁不安地生活，还不如物我两忘养养心，极简至上存存念（静），游山玩水旅旅游，琴棋书画练练术，吹拉弹唱悦说情（动）。动静相宜，幸福降临。

二、幸福的指标

尽管幸福感是主观感受，不同的时代，不同的地域，不同的人群，不同的心情，感受各不相同，但都与生存舒适、生活无忧、生产（事业发展）顺当、生态良好等客观因素密不可分。可借鉴联合国人类发展指数，建立幸福评价指标体系。

指标之一：生存舒适

这是最起码的客观条件，包括健康指标处于正常范围，食物营养丰富，口味适合自己需求，食量至少七分饱；穿得整洁、得体；住得舒适：所处位置便于学习和工作，周边环境适宜，有良好的室外视野。

指标之二：生活无忧

生活无忧比生存舒适幸福等级更高，无忧看似主观情绪，但物质决定意识，主观情绪源于物质条件。在现阶段，所谓生活无忧，应达到这些基本条件：一是有属于自己或家人的住房和出行车辆，且人均居住面积超过当地平均水平；二是有收支平衡甚至结余的资金流；三是自己及家庭成员有足够的养老、医疗保障或保险；四是家庭成员教育需求得到较好的满足；五是能满足文化、旅游、兴趣爱好等方面的需求。

指标之三：生产（事业发展）顺当

生产（事业发展）顺当，是指自己及家庭达到工作年龄的成员，生产或其他事业能稳定、恰当地向前发展。发展太快，可能导致后续资源供应不足或责任更大，超过自己的承受能力而产生担忧、焦虑。英国历史学家诺斯古德·帕金森指出，只要还有时间，工作就会不断扩展，直到用完所有的资源。一个不称职的官员，可能有三个选项：第一是申请退职，把位子让给能干的人；第二是让能干的人协助自己的工作；第三是任用两个水平比自己更低的人当助手。第一个选项任用能人，大概率会被能人取代，等于自杀；若选择第二个选项，那位能干的人很可能发展成为自己的对手，也不能选择；只有第三个选项是对于个人而言的最优选项。于是，两个平庸的助手分担了他的工作，他自己则高高在上发号施令。两个助手既无能，也就上行下效，再为自己找两个无能的助手。如此类推，就形成了一个机构臃肿、人浮于事、相互扯皮、效率低下的领导体系。每个人都很忙，平庸者更有可能得到升职机会，直至升至他不能胜任、产生焦虑，导致事业发展遭遇重大挫败的职位。这就是帕金森定律。事业发展顺当，于管理者而言，要避免帕金森定律发生作用。于从业者而言，事业发展顺当，就要选择恰当，掌控好事业发展节奏，规避被提升太快而导致短时间内遭遇发展瓶颈，幸福时间过早结束。

指标之四：生态良好

这里的生态，既包含前面章节所述的自然生态、环境生态、居家生态，也包括社会生态、人体生态。社会生态和人体生态后续有专门章节阐述，这里重点讨论人际生态关系。从逻辑顺序而言，人际生态关系隶属于社会生态范畴。但幸福与否，与人际生态关系联系最为紧密。哈佛大学成人发展研究课题组经过迄今85年的跟踪访谈、调查、研究，得出这样一个出人意料的结论：一个关键因素显现出与身心健康和幸福一致且有力的关联。与大多数人可能认为的不同，这个关键因素并非事业成就、锻炼或健康饮食。尽管事业成就、锻炼、健康饮食也很重要，但在哈佛大学成人发展研究课题组的研究中，这个持续性地展示出广泛且持久的重要性的关键因素是：良好的人际关系。

三、人居幸福说

人居幸福，首先要有足够舒适的住房条件。人均居住面积不少于12平方米。根据我国室内空气标准，舒适的人居环境，温度应维持在20℃~24℃之间，夏季室内湿度以40%~80%为宜，冬季应控制在30%~60%。晴天居室日照每天不应少于2小时，每天通风不少于0.5小时，每半个月或一个月定期除尘，降低空气中的有害颗粒。室内光线应尽量保持柔和、均匀、无炫目和阴影。可调光源的亮度最好控制在60%~80%，最大亮度不超过90%。客厅、书房、厨房中，应为白炽灯；卧室、卫生间、阳台宜采用发黄光的暖色光源。局部照明时，应用遮光性好的台灯，以阻挡这类光源所含的较多红外线辐射。国家标准《人居环境气候舒适度评价》（GB/T 27963—2011）指出，健康人群感觉舒适的温湿指数区间位于17~25.4之间，风效指数位于-299~-100之间。

温湿指数I计算公式：

$$I=T-0.55\times(1-RH)\times(T-14.4) \quad (1)$$

式中：

I——温湿指数，保留1位小数；

T——某一评价时段平均温度，单位为摄氏度（℃）；

RH——某一评价时段平均空气相对湿度（%）。

风效指数K计算公式：

$$K=-(10\sqrt{V}+10.45-V)(33-T)+8.55S \quad (2)$$

式中：

K——风效指数，取整数；

T——某一评价时段平均温度，单位为摄氏度（℃）；

V——某一评价时段平均风速，单位为米每秒（m/s）；

S——某一评价时段平均日照时数，单位为时每天（h/d）。

气候舒适度采用温湿指数和风效指数评价。当两种指数不一致时，冬半年使用风效指数，夏半年使用温湿指数。在评价时段平均风速大于3m/s的地区使用风效指数。

第四节 生活美学理论

一、生活品质论

生活品质被认为是一种品质满意的生活状态或生活方式，是在有限的条件下寻求最优生活的风格与方式，是一种优雅、温馨、愉悦、闲适、自信的时间和空间。住豪宅、开豪车、挥金如土、一身名牌，却忙于应酬，甚至债务缠身，不一定有生活品质；收入较低，生活俭朴，也不是与品质生活无缘。生活品质不为富人独享，也不是某一地区、某一阶层、某一时代的专属。古今中外，都可以有生活品质，富人、穷人、城里人、乡下人、工人、农民、知识分子、文盲都可以有生活品质。时时、处处、人人都可以精心营造生活品质。

物质的或精神的条件必须转化为良好的生活方式，才能对生活品质的提升做出贡献。生活品质取决于自然生态系统、人体生态系统、人居生态系统和社会生态系统的质量。

有品质的生活，首要条件是生存状态良好。人是自然的有机部分，有亲近自然的天性。天蓝、地绿、水清、空气洁净、自然生态良好，是品质生活的基础。然而，许多人口稠密的城镇为了发展经济，牺牲了环境，空气污染，土壤重金属含量超标，多种水质污染物超标，果蔬的农药残留、催熟剂、保鲜剂等更是难以避免。一些污染对人体健康的损害潜伏期长。例如，1984年12月3日凌晨印度中央邦的博帕尔市近郊（距火车站仅1公里），联合碳化物（印度）有限公司生产杀虫剂的工厂储罐泄漏，2小时内，25吨中间产品异氰酸甲酯进入大气中，下风向8公里范围内6495人死亡，12.5万人中毒。该事件后续长期影响这一地区的环境，据不完全统计，直接致死人数已达2.5万，间接致死人数55万，永久性残废人数20多万。

绿水青山不仅是金山银山，而且人命关天，严重影响人们的生活品质，是大都市用金钱难以改变的自然条件，却是许多乡村居民的生活日常。这也是生态民宿吸引旅游者的根本原因。

与品质生活直接关联的人体生态，主要表现就是身体健康状况。身体矫健，面色红润，思维敏捷，行为果敢，是高品质生活的硬核。要实现人体生态良好，除食物有营养和多样化及适当的运动、适宜的服饰外，还要有良好的人居生态、社会生态。

人居生态，是品质生活较高层次的追求，尤其是城市居民，久居水泥丛林，居住空间有限，甚至狭小。不少城市居民还是向亲友借款、向银行贷款购买的居住空间，背负十几年甚至几十年的房贷，人生最好的时段，过着房奴生活，或者花钱租房讨生活，人居生态条件恶劣。当然，偏居陋巷，蜗居狭窄，也能打理成整洁有序、温馨舒适的人居生态；高墙深院，孤僻冷漠，也不是良好的人居生态。品质生活还取决于社会生态。

社会生态是品质生活的主要内容。社会生态系统（Society Ecosystems，SE）是人的个体发展与周围社会环境交互作用而构成的生态系统。社会生态系统可分为3种基本类型：大系统、中系统和小系统。

社会生态大系统是影响人们生存、生产、生活与发展的宏观系统，主要是组织、机构、社区和社会文化。

社会生态中系统是指对人们生存、生产、生活与发展产生影响的小规模群体，包括家庭、工作群体和其他社会群体。

社会生态小系统是指影响人们生存、生产、生活与发展尺度较小的系统，包括影响人们个体行为的生物、心理、社会等子系统。

二、生活美好说

《尚书·洪范》描绘的生活美好，就是一曰寿，二曰富，三曰康宁，四曰攸好德，五曰考终命。这就是我们常挂在嘴边的五福临门，用现代汉语表述，就是能长寿，能富贵，能健康，能好德，能善终。

古希腊的亚里士多德、德谟克利特、伊壁鸠鲁对美好生活进行了阐述和探索研究，他们将美好生活与物质、自由、快乐等相联系，提出了各自的定义和学说。亚里士多德是第一个提出"美好生活"一词的哲学家，他认为，美好生活是指一个人在满足基本的物质需求后，经过审慎思考之后追求的生活方式。亚里士多德认为，美好生活包含自由，可定义为"理解"，理解的对象是知识，随着个人理解能力和知识的增多，可以达到更高层次的享受，从而实现美好。经济学家萨缪尔森进行了国民幸福指数的研究，给出了计算幸福的方程式：幸福＝效用/欲望，把影响效用的因素分为物质、健康、自尊、环境、社会公正5类。澳大利亚心理学家库克将幸福指数分为个人幸福指数和国家幸福指数。个人幸福指数包括个人生活水平、健康状况、在生活中取得的成就、人际关系、安全状况、社会参与、未来保障等。

联合国于2012年正式发布了首份《全球幸福指数报告》，之后每年发布。该报告在全世界范围内得到了政府、机构组织、社会团体等的认可。报告编写人皆为独立专家。报告基于人均国内生产总值（GDP）、健康预期寿命、生活水平、国民内心幸福感、人生抉择自由、社会清廉程度以及慷慨程度等多方面因素进行研究并得出结果。据《2024年世界幸福报告》，芬兰以7.74分位居榜首，连续7年成为世界上最幸福的国家；丹麦、冰岛、瑞典、以色列、荷兰、挪威、卢森堡、瑞士、澳大利亚等跻身前10。美国居第23位，俄罗斯排名第72位（5.78分）。中国大陆以5.97分排名第60位，比上一年上升4位。中国香港排名第86位，中国台湾排名第31位。阿富汗连续5年排名末位，成为全球最不幸福国家。黎巴嫩、莱索托、塞拉利昂和刚果也排名垫底。

哈佛大学罗伯特·瓦尔丁格、马克·舒尔茨（2023）出版了 THE GOOD LIFE（《美好生活》）。哈佛大学成人发展研究课题组对724名最初参与者及其1300多名后代进行持续跟踪研究，至今已达85年之久。研究认为，随着时间的推移，我们会产生一种微妙但难以摆脱的感觉，即我们当下的生活在这里，总是杂乱无序、繁复无章，感觉并不美好。美好生活所需的东西却在那里。这就是人们向往蓝天白云下、青山绿水间生态民宿的底层逻辑：没有忙不完的工作，没有家务琐事缠绕，没有乱七八糟的家什，没有家庭主妇的唠叨，有干净的卧具、整洁的储物柜、柔和而温暖的灯光、轻松而愉悦的心情。

"生活美学"在如今的中国社会逐渐成了一个关键热词，从茶道、花道、香道、汉服、家居、日常设计、公共艺术、社区设计到城市规划的各个领域，"生活美学"的践行者们都在倡导将每个人的日常生活充分审美化。

好生活，就是有"质量"的生活；美生活，就是有"品质"的生活。那么，两种生活之间的关系到底是什么呢？好生活，一定会构成美生活的现实基础，而美生活则是好生活的理想升华。没有生活的理想，那就没有理想的生活，"生活美学"恰恰是美好生活的理想所在。

"生活美学"在中国，具有世界其他文明难以企及的广度与深度，它主要包括三个层面：第一就是"生理的"生活美学，这是关乎广义之"性"的，如饮食、饮茶等。饮茶在东方传统当中不折不扣成了"生活的艺术"，所以才有"茶道"的艺术。第二乃是"情感的"生活美学，这是关乎广义之"情"的，交往之乐趣就属此类，如闲居、交游、雅集、人物品藻等。这些在中国古典文化当中都被赋予了"审美化"的性质。第三则是"文化的"生活美学，这是关乎广义之"文"的。在文化当中，艺术就成为精髓，包括中国传统的诗、书、画、印、琴、曲。但是文化在古典中国亦很重要，园林苗圃之美，射艺、博弈等游艺之美，游山玩水之美都是如此。

生活美好包括以下几个方面。

（一）居家环境优美

择良居而栖是很多人美好生活的愿景，但所谓良居，不是恒定的。久居皇宫，皇帝还想巡游四方；乡野村民，向往繁华都市；都市居民，却奔赴郊野小住，去享受大自然的恩赐，如有机食品、洁净的饮水、清新的空气、美丽的景观等。

（二）健康与安定

身体健康，能享受生活和工作的乐趣，拥有公平、安全、稳定的外部环境。

（三）人际关系温暖

与家人、朋友和同事保持良好的关系，能分享彼此的喜怒哀乐，相互支持，享受在一起的时光并滋养自己。保持亲友往来，发展新友谊，体验新事物，从亲友的经验里获益并愉悦。

（四）热爱而信仰

发展兴趣，享受工作，不断扩大视野，提升能力和素质，实现自我价值。在工作中能创造，能提升，这是幸福生活的一个关键。能满足精神信仰。

（五）信息不闭塞

信息是生活的一部分，影响你如何看待生活。信息归属于一种文化，给人一种认同感、目的感和融入感。不论是语言、音乐、仪式、传统、礼服等，应努力让它们存活。

（六）足够的经济基础

能满足吃、穿、住、行、游、购、娱、医等物质生活、精神生活需求，并能在社会保障基础上从容地应对意外。

新时代人民美好生活的内容涵盖生态、社会、经济、政治、文化各领域。生态领域表现为优美的生态环境。人是自然界的一部分，自然界是人类栖息的家园，人的一切活动须臾离不开自然，优美的自然环境可以慰藉心灵、陶冶性情，给人们带来惬意和快乐，人民的美好生活必定置位于天蓝、地绿、水净的美好家园。社会领域表现为公平、友善、互助的社会环境。经济领域表现为能满足生产、生活、生态活动的需要，也有较为充裕的旅游、休闲、兴趣爱好的预算，并能应对意外事件。政治领域表现为充分的当家作主的政治权利。文化领域表现为丰富的精神生活。视野有宽度，精神有高度，寿命有长度，感情有温度，能感受到生活意义和价值，包括信仰、文化和艺术。

三、民宿生活美

民宿不同于标准化的大酒店，它不仅仅是一种住宿的选择，更是一种生活美学的体验。关键是让客人尝试"睡在别人的家里"，沉浸于另一种生活。这种生活必须是美好的，才能吸引客人。

生态民宿生活的美好体验体现在多个方面，以下是一些民宿生活的美好体验。

（一）生态和美

生态民宿的生态和美，包括大自然的生态和美和小家庭的生活状态和谐美好。大自然的生态和美，需天蓝、地绿、水清、动植物和谐共生，并构成视觉、听觉、触觉、嗅觉、味觉上的美感。小家庭生活状态和谐美好，主要是民宿业主、经营者、游客及其家庭成员相处愉快，共同享受这里的生活、工作。

（二）亲近自然

生态民宿通常位于生态良好、景色秀丽的地区，如海滨海岛、山水之间、乡村田园等，让住客能够亲近自然，享受泥土的芬芳、瓜果的香甜、采摘的乐趣、动植物的生态美感，让住客体验到与其常住地截然不同的自然之美和生态之美。

（三）民宿自身之美

生态民宿不是简单的乡野民房，换床被子，添置桌子，就收票子，而应根据生态美学规律，进行改造或新建，将外在自然生态之美、民俗文化之美与内在建筑美、装饰美、生活美有机融汇，经过独特的设计，呈现生态民宿自身不可替代的美感，使之不仅是住宿的地方，也是体验当地自然之美、手工制作之美、文艺创作之美、民俗节事之美和民宿创意的空间，旅游者沉浸其中，流连忘返，乐此不疲。

（四）悠然的生活

生态民宿，应根据人们舒适愉悦的生活追求，设计民宿生活流程，放慢长居都市、疲于奔波的生活节奏，远离日常工作、学习压力的环境，放松心情，体验远离都市喧嚣与忙碌的宁静和悠闲，让住客有机会放慢脚步，享受生活的每一刻、温馨的每一个细节，从容悠然地生活在美好的生态民宿之中。

（五）个性化服务

与商务酒店标准化服务不同，生态民宿经营者在满足卫生、设施、家具标准化要求之外，通常还会提供更加个性化和贴心的服务，让住客感受到家的温暖，如家庭人物故事、生活趣味、当地传统美食DIY、非物质文化遗产的传习与制作、本地市集、社区趣味活动、传统节事活动参与等。也可以在民宿中创造、收集和展演属于自己的故事和美好回忆。

【本章小结】

本章主要就对生态民宿建设具有指导意义的相关理论基础进行了针对性的梳理。首先，本章以大数据、人工智能为背景，结合生态民宿建设的需要，分析了环境生态学的八大原理：耐受性原理、贝格曼原理、最小因子原理、有效积温原理、物种进退原理、中度干扰原理、产量恒值原理、阿伦原理，及其对生态民宿建设的作用。研究旅游活动及其自然环境、社会环境和经济环境的相互联系、协同演变、调节控制和持续发展规律的旅游生态学，对生态民宿资源与环境的生态服务功能评价、生态民宿区位选址、生态资源利用和保护、民宿生态设计、生态民宿体量选择具有指导意义。生态民宿建设离不开以人居为中心，研究与人居有关的自然、经济、社会、文化和环境等生态因素及其对居住者生存、生产、生活的生态影响，形成了探索生态、宜居、健康、环保、美好、可持续人居规律的人居生态学。本章对人居生态学进行了围绕生态民宿建设方面的论述。其次，本章从自然可持续、人文可持续、社区可持续三个方面，阐述了可持续发展理论对生态民宿建设的指导意义。本章第三节全面系统地阐述了国内外幸福经济学的最新理论成果，包括哈佛大学迄今已跟踪研究85年的幸福研究课题新发现。生态民宿可借鉴幸福评判、幸福指标、人居幸福说的相关理论开展建设和营销活动。本章最后从生活品质论、生活美好说、民宿生活美等方面，阐述了生活美学理论基础对生态民宿建设和营销的指导作用。

【本章思考与练习】

1. 环境生态学对生态民宿建设具有指导作用的原理有哪些？在民宿设计和运营、营销中，如何应用？

2. 为什么旅游业发展要尊重生态规律，按生态规律办事，明白物理、事理和情理的关系？怎样理解"人法地，地法天，天法道，道法自然"？

3. 试论述人居生态学及其对生态民宿建设的指导作用。

4. 幸福的秘诀在哪里？幸福的评判及其对生态民宿建设的影响有哪些？

第三章　生态民宿设计与建造

【本章导读】

坐落于浙江省余姚市鹿亭乡中村的"树蛙部落",遵循着"树蛙"的天性,总是着眼于生态零污染之地。"树蛙部落"的建造者们,像树蛙一样,小心翼翼地在鹿亭乡中村落脚。他们放弃了那些会破坏自然的工业建造方式,采用模块拼装和本土材料,尽量减少对这片土地的破坏。在设计上,他们将"尊重自然"和"可持续性"作为首要原则,让这个生态民宿项目不仅仅是一个物理空间,更是情感与价值的传递者。"树蛙部落"因其卓越的设计和实践,赢得了由上海交大民宿 EMBA 评选的"全球十大必睡民宿"等众多奖项,如今已经在全国拥有了 10 家连锁门店。生态民宿,承载着游客与自然和谐共生的梦想,它的设计与建造,是艺术,是文化,是情感的交流,也是生态理念的传播。那么,生态民宿该如何设计与建造呢?建筑外观、景观节点的把控、空间的营造和材料的选择,是生态民宿建造的主要步骤,它们如何保障生态民宿设计与建造的顺利完成呢?这些问题本章都可以指引读者去学习和了解。

【本章知识结构】

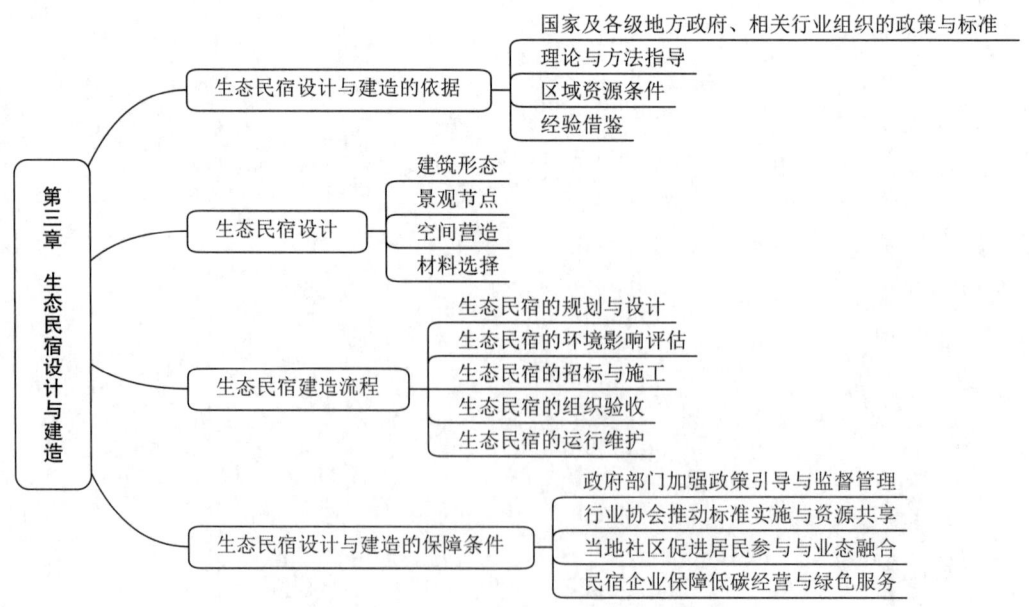

【学习要点】

1. 生态民宿设计与建造的依据，包括政策与标准、理论与方法、区域资源条件及经验。
2. 生态民宿的设计与建造，主要内容有建筑外观和景观节点设计，如何进行空间营造和材料选择。
3. 生态民宿的建造流程，包括规划与设计、环境影响评估、招标与施工、组织验收及运行维护等。
4. 生态民宿设计与建造的保障条件。

第一节　生态民宿设计与建造的依据

要确保生态民宿设计与建造工作顺利、高效地完成，首先，必须了解并坚决执行国家和各级地方政府、相关行业组织在这一领域所发布的政策与标准；其次，要以相关的理论和方法作为指导；再次，要对所在地区资源进行全面调研；最后，可以借鉴国内外成功的经验。详述如下。

一、国家及各级地方政府、相关行业组织的政策与标准

没有规矩，不能成方圆。国家及各级地方政府、相关行业组织所发布的政策与标准在生态民宿的设计与建造中起着指导和规范作用。自2018年1月1日起施行的《中华人民共和国标准化法》将我国的标准分为国家标准、行业标准、地方标准和团体标准、企业标准。其中国家标准、行业标准与地方标准是由国务院、地方政府及有关行政主管部门制定并发布，团体标准和企业标准则分别由社会团体和企业制定并向社会发布。这些标准详细规定了服务、运营、设计和建造等方面的具体要求，能够指导生态民宿高效且合法合规地进行设计与建造。分述如下。

（一）国家及各级地方政府的标准

1. 国家标准

国家标准是指由国家机构通过并公开发布的、对我国经济技术发展有重大意义、必须在全国范围内统一的标准。在生态民宿建设方面，国家标准为生态民宿的设计与建造提供了明确的指导方向。目前国家制定下发的国家标准中有两项与民宿企业相关，具体

如下：

(1)《旅游民宿基本要求与等级划分》(GB/T 41648—2022)

该标准规定，旅游民宿所在乡村（社区）必须具备良好的生态环境，民宿的建筑外观应与周边环境相协调。在建筑设施方面，该标准提供了部分选择内容，如建筑装修体现地域特色人居文化，花园庭院布局合理且舒适美观，以及采取有效的隔音措施，使客房噪声低于45dB等。这些规定可以作为生态民宿设计与建造的基本要求。

(2)《乡村民宿服务质量规范》(GB/T 39000—2020)

该标准中对建筑的要求与旅游民宿基本一致，建议在室内外设计上体现出主题特色，包括美观的空间造型，以及与主题相符的装修格调、材质、工艺、色彩等。生态民宿在建造与设计时，应以此为基础，同时突出自然与生态的主题特色。此外，该标准还对乡村民宿装饰装修材料、室内环境污染物浓度、污水处理、声光气污染等做了明确说明。相较于乡村民宿，生态民宿对环境保护的要求更高，因此，在建造和设计生态民宿时，对环境保护的相关要求不应低于以上标准。

2. 行业标准

行业标准是国务院有关行政主管部门依据其行政管理职责，对没有推荐性国家标准而又需要在全国某个行业范围内统一的技术要求所制定的标准。在民宿行业，我国现行的行业标准有2019年中华人民共和国文化和旅游部发布的《旅游民宿基本要求与评价》(LB/T 065—2019)和2022年国家认证认可监督管理委员会发布的《乡村民宿服务认证要求》(RB/T 081—2022)。具体如下：

(1)《旅游民宿基本要求与评价》(LB/T 065—2019)

该标准中"生态环保"一项已上升为旅游民宿的基本要求，规定民宿的生活用水及装饰用材均应符合相应国家标准，民宿的建设与运营应采取节能减排措施，污水达标排放。旅游民宿进行等级评定时，要求三星级旅游民宿须达到国家标准，四星级旅游民宿在此基础上还应有维护较好的绿植、良好的空气质量和地表水质，而五星级旅游民宿还额外强调了建筑外观应与周边环境相协调，建造宜就地取材，突出当地特色。此外，仅五星级旅游民宿要求应具有绿色消费、保护生态环境的措施。因此，生态民宿进行设计与建造时宜对标该标准中五星级旅游民宿的建设标准。

(2)《乡村民宿服务认证要求》(RB/T 081—2022)

该标准以《乡村民宿服务质量规范》(GB/T 39000—2020)为基础，从认证视角对其规定的服务要求和管理要求进行了界定，在环境保护的管理上进行了一定的细化。在建筑物的设计上，要求减少能源消耗、资源消耗和对环境的不利影响，其外观不仅要与环境景观相协调，还应与当地人文民俗相协调。这体现了生态民宿建造与设计的文化生态理念与可持续发展的原则。

3. 地方标准

为满足地方自然条件、风俗习惯等特殊技术要求，省级标准化行政主管部门和经其批准的设区的市级标准化行政主管部门可以在农业、工业、服务业以及社会事业等领域制定地方标准。我国现行的主体为生态民宿的地方标准有安徽省文化和旅游厅的《生态民宿管理与服务规范》（DB4207/T 303—2021）。还有2018年出台的《崇明生态民宿等级评定办法》《崇明生态民宿等级评定标准》等规范，其中包含规划选址、生态环境、交通出行等11类共108项评定标准，其虽非地方标准，但是同样为民宿发展指明了方向。

以《生态民宿管理与服务规范》（DB4207/T 303—2021）为例，该标准将"生态民宿"这一术语定义为"经营者利用自有房屋或租用合法住宅及相关配套用房，以生态环境为特色，以倡导自然和谐、绿色消费、保护环境和主客共享为理念，为宾客提供住宿、餐饮、文化娱乐等服务的小型住宿设施"。该标准对生态民宿建设的要求较为细致，涉及垃圾处理、生态庭院建造、虫鼠害防治、油烟净化、空气净化等诸多方面，强调了节能减排、生态环保等生态理念，提倡建造或翻新时使用环保材料。

（二）行业组织与企业的相关标准

行业组织标准是由行业组织按照标准制定程序自主制定发布、由社会自愿采用的标准，企业标准是对企业范围内需要协调、统一的技术要求、管理要求和工作要求所制定的标准。

1. 行业组织标准

此处选取两项较为典型的行业组织标准作为参考，具体如下：

（1）《海洋渔文化主题民宿基本要求》（T/XSMX1—2021）

该标准是由浙江省宁波市对象山国家级文化生态保护区为推动海洋渔文化进民宿而制定的，保护区内如象山海潮里民宿、象山沐汐民宿、象山隐海一二三民宿等多家民宿均实施了该标准，应用范围较广。该标准中具体列出了可与海洋渔文化主题民宿功能相融合的物质文化和非物质文化元素，以及主要应用场景示例。例如，妈祖巡游、祭海仪式等民俗文化可以作为民宿的主题服务内容，通过节庆活动或展览展演等进行宣传。这些措施能够帮助生态民宿巧妙融入当地特色文化和旅游资源中，在维持生态性的同时提高民宿的文化性。

（2）《江西绿色生态民宿》（T/JGE 0086—2024）

该标准是由江西绿色生态品牌建设促进会提出并归口，其中规定了"江西绿色生态民宿"的基本要求、评价指标和品牌互认。其评价指标的一级指标分别为资源节约、环境保护、生态协同和质量引领，二级指标是一级指标的具体化。例如，"环境保护"下的二级指标之一为"民宿装修装饰材料应尽量就地取材，设施设备和日常运营应体现节能环保，室内环境污染物浓度限量应符合 GB 50325 的规定"，具体的评价方式为"实地走访，查看相关设施设备，采用快检技术抽检相关指标"。该标准为生态民宿的设计与建造提供了具体、可量化的指标，以及对这些指标进行评价与监督的方式。

2. 企业标准

部分民宿相关企业向社会公布了其企业标准，其中部分内容可供生态民宿借鉴。具体如下：

（1）《民宿服务质量规范》（Q/YLMS 001—2024）

该标准是由贵州省安顺市黄果树旅游区煜庐民宿公布的企业标准，其中对环境卫生的要求有"庭院、花园、门前屋后有绿化美化，有四季绿植与花草，宜有亮化景观。庭院或门前屋后有果树、菜地、鱼塘等，具有农家小院特色"和"民宿内部设计、装修、装饰风格一致，具有乡村特色，文化主题突出"等，为生态民宿的设计提供了思路。

（2）《集成式移动型钢结构民宿装备》（Q/DQC430121 003—2024）

该标准是由湖南地球仓科技有限公司向社会公布的，其中对模块化集成房屋的能源效率、施工要求、材料选择、技术要求等进行了规定。例如，结构材料的选择中提到，屋面可选用隔热材料、太阳能光伏板等；对能源效率的要求中提到，房屋应采用高效节能设备，如 LED 照明、太阳能热水器等，为生态民宿的建造提供了一定的指导。

（3）《婺源乡宿服务规范》（Q/HTMS 001—2023）

该标准由婺源县恒泰民宿有限公司制定，适用于婺源乡宿的加盟，对婺源乡宿的基本要求、设施设备、环境卫生、接待与服务、管理要求、品牌营销等进行了规定。值得一提的是，该标准中单独明确了对社会责任的要求，如"使用节水、节电、节能产品与技术，向客人宣传绿色消费、低碳、环保、节能等知识，引导客人绿色旅游，保护婺源生态环境"和"尊重当地文化与民族习俗、乡规民约，积极参与当地精神文明建设、公益活动等，主动吸纳当地劳动力就业，与当地景区或村（社区）居民进行良好互动，营造邻里之间友好的关系和氛围"。这些要求能够在一定程度上指导生态民宿软环境的塑造。

二、理论与方法指导

第二章中已详细阐述了如生态学理论、可持续发展理论、幸福经济学理论等生态民宿建设的理论基础，它们为理解生态民宿的建设奠定了良好的理论基础。本节将在此基础上，进一步探讨生态民宿设计与建造过程中所依据的具体理论，包括利益相关者理论、生态适应性理论及文化生态理论。

（一）利益相关者理论

利益相关者理论认为，企业是由多个利益相关者组成的集合体，这些利益相关者包括企业的股东、债权人、雇员、消费者、供应商等交易伙伴，也包括政府部门、本地居民、社区、媒体、环保主义者等压力集团，甚至包括自然环境、人类后代等受到企业经营活动直接或间接影响的客体。这些利益相关者与企业的生存和发展密切相关，企业的经营决策必须考虑他们的利益或接受他们的约束。

利益相关者理论在生态民宿的设计与建造中扮演着至关重要的角色，它指导项目团队识别、分析并优先考虑所有可能受到项目影响或对项目有影响的个人或团体，以实现生态民宿的可持续发展。基于该理论，生态民宿进行设计与建造时应做到：

1. 识别与分析利益相关者

生态民宿在进行设计与建造时应首先识别关键的利益相关者，包括当地社区、政府机构、投资者、游客和环保组织等，并对其需求、期望和影响力等进行分析与评估。

2. 制定沟通与参与策略

生态民宿项目应根据利益相关者的影响力和需求，制定有效的沟通与参与策略，确保关键利益相关者能够参与到项目的关键决策过程中。通过透明的沟通，增强信任，减少误解和冲突，促进项目顺利进行。

3. 平衡利益冲突与实现共赢

面对不同利益相关者之间的利益冲突，如经济发展与环境保护之间的平衡，项目团队需要寻找共赢的解决方案。通过协商和妥协，确保项目在满足经济需求的同时，也能保护环境和文化遗产，实现可持续发展。

4. 持续的利益相关者管理

利益相关者的需求和影响力可能会随时间变化，因此项目团队需要持续监控利益相关者的态度和行为，及时调整策略以应对变化。通过持续的利益相关者管理，项目能够适应外部环境的变化，确保长期的成功和可持续性。

（二）生态适应性理论

生态适应性理论即生态系统应对环境动态变化做出的自我调节或回应，这种适应性与环境之间是相互依托的关系，通过改变自身功能与所处环境形成整体协调的互动关系，从而达到与环境发展相适应。在适应的过程中，使人居环境与生态环境更加和谐。因此，生态民宿设计和建造的本质目标是更加生态化，其根本目的是保护自然生态环境，在追求社会整体发展的同时，控制对环境的不利影响，获得可持续发展。

在生态民宿的设计与建造中，该理论提供了以下几个关键点：

1. 尊重并融入自然环境

生态适应性理论强调设计与自然环境的和谐共生。在生态民宿的设计与建造中，这意味着要充分利用当地的自然资源和地形地貌，减少对环境的破坏，同时增强建筑的自然美感和生态功能。例如，通过"借景"手法，将外部自然景观融入室内空间，提升游客的自然体验。

2. 生态材料和技术的应用

生态民宿的建造应采用环保或可持续性材料及节能技术。这包括使用当地材料以减少运输成本和环境影响，利用太阳能和雨水回收系统等绿色技术以降低能耗并减少环境的负担。

3. 文化和地域特色的融合

生态民宿设计应尊重并融入当地的文化和地域特色。这不仅有助于保护和传承当地文化遗产，也能为游客提供独特的文化体验。设计时应考虑当地的历史、艺术和社会习俗，使民宿成为展示和体验当地文化的重要场所。

4. 适应性和灵活性的设计

该理论强调系统对环境变化的适应性。在生态民宿的设计中意味着建筑和空间布局应具有一定的灵活性，以适应不同游客的需求和未来可能的环境变化。

（三）文化生态理论

文化生态理论强调文化与环境之间的相互作用，认为人类文化是对自然环境的适应和反映。该理论认为，文化不仅影响人们的生活方式和社会结构，还在很大程度上塑造了人们与自然环境的关系。在生态民宿的设计与建造中，文化生态理论提供了一个框架，帮助设计者理解如何将当地文化与自然环境相结合，以实现可持续的旅游体验。

1. 融入当地文化与传统

生态民宿的设计应充分挖掘和融入当地的文化、历史和传统，确保建筑风格和室内装饰反映出地域特色。这不仅能增强游客的文化体验，还能促进当地文化的传承与发展。例如，景德镇的陶瓷民宿融入了当地特色的陶瓷文化，有些民宿主人甚至是陶瓷类非物质文化遗产代表性传承人，这种文化的融入能够展现独特的地方风貌，增强游客的归属感和认同感。

2. 保护与恢复自然环境

文化生态理论强调人与自然的和谐共生。在生态民宿的设计中，应采用可持续的建筑方法和材料，尽量减少对自然环境的影响。例如，利用当地的自然资源和生态系统，设计绿色屋顶、雨水收集系统等，既能保护环境，又能提升民宿的生态价值。

3.促进社区参与和发展

生态民宿的成功不仅依赖于其设计,还需要当地社区的参与和支持。文化生态理论鼓励在生态民宿设计与建造过程中与社区居民进行沟通,了解他们的需求和期望。这种参与不仅能增强社区的归属感,还能通过提供就业机会和促进地方经济发展,实现民宿与社区的双赢。

4.创造文化体验空间

生态民宿应设计为能够提供丰富文化体验的空间,鼓励游客参与当地的传统活动和文化体验。例如,可以设置手工艺工作坊、地方美食烹饪课程等,让游客在享受自然风光的同时,深入了解和体验当地文化。

三、区域资源条件

在生态民宿的设计与建造中,区域资源条件是另一依据。生态资源、旅游资源和经济基础不仅是生态民宿规划的起点,也是实现生态民宿可持续发展的基础条件。它们共同构成了生态民宿的生命力,决定了其能否与自然环境和谐共存,能否为当地经济注入活力,以及能否吸引并满足游客的期待。

(一)区域环境资源

生态民宿的设计与建造依托区域环境资源,从而有效地保护和利用自然环境,促进可持续发展。生态民宿不仅为游客提供了与自然亲密接触的机会,还通过合理利用当地的生态资源,减少了对环境的负面影响。这种设计与建造理念强调人与自然的和谐共处,提升了生态民宿的文化价值和旅游吸引力,使其成为生态旅游的重要组成部分。对区域环境资源进行调研后,生态民宿的设计与建造可以依照如下原则:

1.借景和融景

生态民宿设计与建造可以借鉴古典园林建筑中的"借景"手法,将周边的自然景观融入生态民宿中。例如,通过改造窗户结构增加采光面积和扩大视线;适当增加天窗,使得外部景色更好地融入室内,从而提升居住体验。

2.生态材料与循环利用

在建造生态民宿时,应尽可能使用可持续再生材料和回收再利用材料,如就地取材的石头、夯土,或稻草、毛竹等,形成"取之于土,形之于土,归之于土"的生态循环过程。同时,利用废弃材料作为建筑模板与龙骨,实现资源的高效循环利用,减少垃圾产生,降低对自然环境的不利影响。

3. 保护性与在地性原则

生态民宿设计与建造应遵循保护性原则，注重生态保护，尽量减少对原有生态系统的破坏。同时，应强调在地性原则，深度挖掘并利用当地的地域文化，赋予民宿独特的文化内涵，延续建筑的特色。

4. 生态景观与文化融合

生态民宿设计与建造应将生态、景观、体验深度融合，满足人们对自然生态环境的需求。同时，应重视区域传统建筑元素符号的运用，使用传统材料，营造生态情境。

（二）旅游资源

生态民宿的设计与建造要依托旅游资源，这是因为旅游资源是吸引游客的核心要素，能够为民宿带来直接的经济效益。依托旅游资源的生态民宿，可以更好地融入当地的自然景观和文化特色，提供独特的旅游体验，从而增加游客的满意度和忠诚度。依托旅游资源，生态民宿设计与建造时要注意：

1. 整合自然景观资源

生态民宿的设计与建造应充分利用当地的自然景观资源，如山川、湖泊、森林等，从而与自然环境和谐共存。例如，贵州的匠庐民宿是国内首家岩洞瀑布民宿，其设计与建造时就依托壮观的瀑布群和特殊地貌，使游客在民宿内便能沉浸式欣赏自然景观。

2. 挖掘和传承地域文化

生态民宿应深入挖掘和传承并融入当地的地域文化和民俗风情，以此吸引游客并提供文化体验。例如，心宿长荣土楼文化民宿就是根据1927年的土楼改造而成的民宿，保留土楼的原始构造的同时还配备了各种现代化设施。

3. 提供特色体验活动

依托旅游资源的生态民宿可以开发采摘、农耕文化体验、观赏、体验等娱乐性活动，不仅丰富了游客的旅游体验，也有助于提升生态民宿的吸引力和竞争力。

（三）经济基础

经济基础决定了生态民宿建设项目的可行性、投资规模和回报周期等。一个地区的经济发展水平直接影响民宿的投资规模、建设成本、运营成本以及潜在客源的消费能力。生态民宿项目与当地的经济基础相匹配，才能确保项目的经济效益和社会效益最大化。因此，生态民宿的设计与建造应注意：

1. 成本控制与投资回报

在经济基础较弱的地区，生态民宿的设计与建造应注重成本控制，优先选择旧建筑改造，或选择性价比高的材料和技术，减少初期投资。同时，通过合理的定价策略和运营模式，确保投资回报率，使项目在有限的经济条件下实现可持续发展。

2. 市场定位与服务创新

根据不同地区的经济基础和客源市场，生态民宿需要明确市场定位，提供差异化的服务。在经济条件较好的地区，可以提供更高端的服务和设施；而在经济条件一般的地区，则可以通过创新服务和体验活动来吸引游客，如提供当地文化体验、农事体验等，增加民宿的吸引力。

3. 项目盈利与生态保护

在设计和建造生态民宿时，应充分考虑项目的经济效益，提高民宿的经营效率和盈利能力。同时，也要注重生态保护，采用环保材料和技术，减少对环境的不利影响，实现经济效益与生态保护的双赢。

四、经验借鉴

在生态民宿的设计与建造中，国内外的成功经验能够提供宝贵的实践参考。一方面，基于已有的实践，能够避免在生态民宿的设计和建造过程中可能出现的错误与风险，提高项目的可行性；另一方面，生态民宿进行设计和建造时借鉴国内外的先进理念，能够迸发灵感，提高生态民宿的设计与建造质量。

（一）国外经验

里山十帖是位于日本新潟县南鱼沼市大泽山温泉的一家温泉民宿，它由一个拥有150多年历史的老温泉旅馆改造而成。里山十帖的字面意思是从食品、建筑、纺织品、农业、环境、艺术、户外活动、休闲、健康和聚会这十个方面体验乡村的十层故事，旨在为游客提供一个充分沉浸于南鱼沼地区的美食、文化和自然美景中的机会，将旅人和在地居民聚集在一起，共享南鱼沼的生活之乐。这个生态民宿改造项目不仅振兴了当地的旅游经济，还宣扬了当地优质的生态环境，带动了有机农业的发展，最大限度地保留了历史人文和环境。根据"里山十帖"的成功经验，我国在生态民宿的设计与建造中应注意以下几方面：

1. 生态民宿在设计与建造时可以针对传统建筑进行修复和活化

这不仅能够保护文化遗产，还能为旅游业注入新的活力。"里山十帖"的前身是曾经途经新潟的旅人最喜爱的温泉旅馆，但随着年代变迁，逐渐废弃。这栋老建筑经过改建，如今重生为有着历史风味与自然生态的现代化温泉旅馆。

2. 生态民宿在设计与建造时应注意整合当地的文化和生态资源

这不仅能够提供独特的旅游体验，还能支持当地其他产业的发展。"里山十帖"以稻田农作体验来实践"从农场到餐桌"的理念,设立专属农场,除培植自家品牌稻米"神田米"外,还设计了各项农活体验供宿客参与。其餐厅名称源自日本最具代表性的文化习俗之一"早苗饗",餐具也尽可能使用树叶、树皮、树桩等天然素材。

3. 生态民宿在设计与建造时应重视社区的作用

这不仅能够促进游客与当地居民的交流,还能增加民宿的社交价值。"里山十帖"成功的另一重要因素是其结合了当地爱乡土的组织,共同维持当地的环境及产业。它不仅是一个民宿,还是一个社区互动场所,其设计之初的核心理念之一被称为"社交线设计",目的是在各行各业之间建立联系,鼓励创造性地互动,并最终使社区变得更美好。

(二)国内经验

浙江丽水龙泉山竹子旅店是一个典型且独特的生态民宿,其位于风景秀丽的龙泉山区域,以其环保和可持续的建筑设计理念而闻名。民宿的结构主要由石头和夯土材料构成,核心区包含了所有的设施和楼梯以及休息空间。核心区的外立面则是由竹编构成,其设计灵感来源于中国传统的灯笼。该民宿的设计与建造强调了自然材料在现代建筑中的潜力和价值,不仅在视觉上给人以深刻印象,而且其对经济和生态也有重大意义。该项目的成功为生态民宿的设计与建造提供了以下宝贵经验:

1. 生态民宿在设计与建造时可以尝试对本土材料的利用

如竹子旅店的建造和装饰主要利用的是竹子、石头和泥土这些传统天然材料。生态民宿可以根据自身所在区域的资源条件和设计风格,考虑采用如草编材料、鹅卵石、羊毛、贝壳等材料。这些材料不仅在当地容易获取,而且具有环境适应性和地方特色,能够减少材料损耗和运输成本,同时也符合绿色设计理念。

2. 生态民宿在设计和建造时可以尝试采用劳动密集型工艺

如竹子旅店中利用的竹编和夯土技术,不仅能够促进当地工匠技能的提升,还能让当地社群分享到更大的利润份额,同时也发扬了中国丰富的工艺传统。传统工艺与现代设计相结合,既可以保护文化遗产,又能够增加建筑的美学价值。

3. 生态民宿在设计和建造时可以考虑在能源系统方面进行创新

如竹子旅店采用古老的采暖和保温方式,如火、阳光、风、自然遮阴物和植物,辅以一定的技术。这些自然元素的应用减少了对空调的依赖,能够降低能源消耗,减少碳足迹。

第二节　生态民宿设计

一、建筑形态

在生态民宿的设计与建造中,建筑外观和结构直接影响着民宿的整体形象和功能性。例如,由安藤忠雄设计的日本直岛的贝尼斯之家(Benesse House),其建筑外观采用了极简主义风格,使用混凝土和玻璃材料,与周围的自然环境形成对比,同时通过大面的玻璃窗将自然景观引入室内。建筑结构巧妙地融入了地形之中,部分建筑甚至位于地下,以减少对自然环境的干扰。挪威的Juvet景观酒店由多个独立的木制小屋组成,外观采用木材和玻璃,与周围的森林和河流环境相融合。采用钢结构支撑,以适应复杂的地形,同时保持建筑的轻盈感。我国的莫干山裸心谷的建筑外观采用了当地的石材和木材,与周围的自然环境相协调;同时使用了大量的玻璃元素,以增强室内外的视觉联系。结构上采用了传统的榫卯结构,不仅具有文化特色,而且具有很好的抗震性能。

以往成功的实践案例为生态民宿的建筑形态设计提供了经验指导。此处对生态民宿建筑形态的设计的要点进行了如下总结。

(一)建筑外观

1. 材料选择

(1)本土材料

优先选择当地的自然材料,如木材、石材、竹子等。例如,在云南的生态民宿中,可以采用当地的红土砖和木材,不仅减少运输成本,而且能够与周围的自然环境相融合,增强建筑的地域特色。

(2)再生材料

使用再生或可回收材料,如再生金属、玻璃,以及低挥发性有机化合物(VOC)的涂料等,提高室内空气质量,减少对环境的不利影响。

2. 色彩与纹理

(1)自然色彩

采用与自然环境相协调的色彩,如泥土色、绿色等,使建筑与周围环境融为一体。例如依托森林资源的民宿,便可采用绿色和棕色调,使建筑与周围的树木和土壤融为一体,减少视觉冲击。

（2）纹理设计

利用材料的自然纹理，如木材的年轮、石材的自然裂纹等。例如，使用未经处理的木材外墙，其自然的纹理和颜色变化能够增加建筑的质感，同时也展现出自然材料的原始美。

3. 形态与线条

（1）有机形态

建筑外观可以采用流畅、有机的形态，模仿自然界中的形态，如模仿山丘的屋顶线条，或者模仿树枝的支撑结构，使建筑更加和谐地融入自然环境。

（2）简洁的线条

尽可能采用直线或简单的几何形状，减少不必要的装饰，有利于减少建筑的视觉冲击，使其更加和谐地融入自然环境，同时减少材料的使用和浪费。

4. 屋顶设计

（1）绿色屋顶

在屋顶上种植本地植物，不仅可以提供额外的保温层，减少能源消耗，还能增加生物多样性，提供鸟类和其他野生动物的栖息地。

（2）坡屋顶

根据当地的气候特点，设计适合的屋顶坡度，以利于雨水的排放和阳光的照射。例如，在多雨地区设计有足够坡度的屋顶，以利于雨水快速排放，减少积水和潜在的水害。

（二）建筑结构

1. 结构系统

（1）框架结构

结合不同的结构系统，如在底层使用钢筋混凝土以提高承载力，在上层使用钢结构以减轻重量，提高建筑的整体性能。另外，木框架结构具有轻质和高强度的特点，适合于地震多发地区，能够提供良好的抗震性能。

（2）模块化设计

采用模块化的设计方法可以增加空间灵活性，能够满足游客对空间的不同需求。并且这种设计能够快速完成建造，且易于扩展或改造。

2. 环境互动

（1）被动式设计

利用建筑结构本身来调节室内温度和光线，如设置南北通透的窗户以促进自然通风，或在屋顶设置天窗以引入自然光线。

（2）结构与景观的融合

建筑结构应与周围的景观相融合。如设置大面落地窗、露台等，使室内空间与外部景观直接相连，增强空间的开放感。

3. 可持续性

（1）耐久性材料

选择耐久性强的材料，如不锈钢或特殊涂层的钢材，以减少民宿建筑的维护成本和延长使用寿命。

（2）结构的可回收性

设计时考虑建筑结构的可回收性，以减少建筑拆除时对环境的不利影响。

二、景观节点

生态民宿景观节点的设计不只是对自然美的简单复制，而是对自然、文化和人的需求的深刻理解和融合。设计时，我们应遵循整体性、需求性和文化性原则，通过因地制宜的科学规划，因材施策的地域元素统筹，以及融入人的精神需求、视觉审美和生态环境的具体方法，创造出既生态又具有地域特色的景观节点。例如，通过远山近林的框景设计，我们可以营造出与自然情感共鸣的空间；而通过精心选择和布局植物，我们可以营造出生态一体化的民宿景观氛围。这些设计策略和方法，不仅能够提升民宿的生态价值，也能够增强游客的体验感和满意度。

（一）设计要点

1. 空间有序，四时有景

生态民宿的景观节点设计应注意整体空间的把握，比如可以通过设计不同的乔木、灌木及地被植物把纵向空间分割成不同的层次，同时在横向空间设计中通过花木、小品、道路等元素的不同组合，使横向空间的景观更加自然、美观。例如，位于河南济源王屋山麓的狭长河谷，保存了完整的自然生态与农业聚落。设计结合空置的宅基地与阶梯的田园纹理，以四栋荒废的三合院农宅作为设计的起点，通过形态的围合与完善、复制与变形、延展与转折，将内向型的合院开展为与溪谷山形对话的线形序列空间，沿着等高线向南北两侧的地景延展。

"四时有景"则是要求在对生态民宿的景观节点进行设计时，不仅要考虑一个季节的需求，还应从春夏秋冬四个季节来具体分析，确保每个季节都不至于出现毫无生机的残败景象。在植物物种的选择上，要考虑到春夏秋冬季节花木的多样与变化，做到一年四时各有景致。例如，南京市六合区竹镇镇大泉村，被誉为中国最美休闲乡村，村内的各家民宿的景观特色与整个村庄形成统一，春有花，夏有景，秋有果，冬有绿，四时之景各不相同，真正做到了四时有景赏，四季花常开。

2. 功能合理，造景合宜

生态民宿的景观节点设计不仅要满足基本的使用需求，还要与当地自然环境和文化背景相协调，营造出既有实用性又有美感的空间。以地处乡村的生态民宿为例，其景观节点要考虑多种功能的需要，如谷物的晾晒空间、家禽家畜的活动空间等。这些功能区域的设置，不仅满足了乡村生活的实际需求，也为游客提供了体验乡村生活的机会。

有了对功能的具体考究之后，才可以依据功能设计出适合的美的形式。如栽植中等乔木不仅提供了乘凉的场所，还可以作为晾晒粮食的支架，甚至用来扯晾衣绳。再如根据民宿庭院的面积，可以选择栽植适量的果树（如柿树、桃树、梨树等），或开垦一小块菜地等，不仅增添了乡村气息，还能够依此设置采摘、烹饪等体验性活动，增加经济效益。

（二）设计方法

1. 因地制宜规划民宿景观节点

生态民宿的景观设计需要根据具体的地理位置和环境特征进行科学规划。这包括对独栋式、分散式和围合式空间布局的合理运用。独栋式空间布局适用于集中用地的情形，需要将建筑与周边环境相结合，实现自然融入。分散式空间布局则适用于地形复杂的区域，需要从地形地貌出发，设计小聚居环境，满足团队小聚和家庭亲友小聚的需求。围合式空间布局则集合了前两者的优势，需要将地形条件与空间布局结合起来，搭建由近及远的空间变换层次。例如，"长白寻青"是一处隐匿在森林中的度假民宿，其设计充分展现寒地建筑理念，将建筑融入山林，仅作为自然本身的一部分而存在，让久居闹市的人们走出喧嚣，走进青山溪流，回归生活本身。

2. 因材施策统筹景观在地元素

在生态民宿的景观设计中，应综合地域元素，传承地域建筑风貌，遵循"就地取材，因材施策"的原则。这包括重视区域传统建筑元素符号，运用传统材料，以及营造乡村情景。例如，在沂蒙山区的民宿设计中，室内设计充分提取了当地的民俗文化元素，如使用红嫂剪纸艺术制作窗花、挂饰，床头背景墙上绘制具有沂蒙特色的乡村生活场景。同时，民宿的建造方式也应体现生态和原始的特点。如拾取山涧里的卵石做墙基，砍伐主人承包的山林中的竹材作为围栏。这些设计不仅体现了地域特色，也展现了对传统文化的尊重和传承。

3. 善用植物营造民宿景观氛围

植物是民宿生态设计中重要的组成部分，乡土植物如葫芦、丝瓜、葡萄藤等，其与景观设计的结合,是生活与艺术深度融合的产物。这包括重视植物类型选择,把握植物景观的配置,以及确保植物形成季节景观。例如,由白岛营造设计工作室设计的吉安结庐半间精品民宿项目中,设计团队完全保留了原有的树林,把它作为内院的核心景观,并且尽量少地去对树林的地面进行干预。在景观植物的选择上,使用了很多乡土植物,使得景观和建筑一样保留在地性。这样的设计不仅增强了民宿的生态适应性,也提升了景观的艺术性和观赏性。

三、空间营造

(一)公共空间

在生态民宿的公共空间营造中,可以采用当地传统建筑技术,如夯土墙或石墙。这些技术采用的材料不仅环保,还能提供良好的热质量,具有保温隔热效果。同时,公共空间的设计中还应融入当地文化符号,如使用当地艺术品作为装饰,或在空间布局中体现地方特色。此外,公共空间还应尽可能地利用自然光和通风,减少对人工照明和空调的依赖;同时通过设置绿色屋顶或垂直花园来增加绿化面积,提升生态价值。

(二)室内空间

室内空间的营造可使用当地能获得的或者经过认证的环保建材,如竹材、再生木材、FSC认证的木材,以及低VOC(挥发性有机化合物)的油漆和涂料等,这些材料不仅减少了运输过程中的碳排放,还能呈现自然美感、确保室内空气质量良好。在装饰方面,可以采用当地的手工艺品和传统图案,以展现地域文化,为游客提供真实的文化体验。

(三)庭院空间

生态民宿庭院空间营造应具备本土性,体现在对本土生态系统的保护和对传统文化的展现,应采用本土植物,这些植物不仅适应当地气候,而且有助于维持生物多样性。庭院中的水景设计,如小型池塘或雨水收集系统,应与当地的水资源管理实践相一致,以实现水资源的可持续利用。庭院中的硬景观元素,如石凳和路径,应采用当地的石材和传统工艺,如鹅卵石、水磨石等,这些元素不仅耐用,而且能够呈现当地的故事和历史。通过这样的设计,庭院能够成为一个展示当地生态和文化的真实空间,为游客提供一个与自然和谐共处的场所。

四、材料选择

在生态民宿的设计和建造中,正确的材料选择与替换对于减少碳足迹至关重要,是决定建筑生态与否的最重要因素。此处列举几种具有特色的可再生材料和新型环保材料,它们在生态民宿中的应用可以显著提升建筑的环保性能。

(一)竹子

竹子是一种理想的生态建筑材料,以其快速生长和高强度而闻名。它不仅是一种可再生资源,还能在砍伐后迅速重新生长,对环境影响小。竹子的强度与某些钢材相媲美,使其成为承重结构和装饰的理想选择。在生态民宿中,竹子可用于构建柱子、梁、屋顶框架,甚至地板和天花板;同时也可用于制作家具和景观设计元素,如屏风和围栏,为游客提供一种自然而现代的住宿体验。

(二)羊毛

羊毛作为一种天然、可再生的绝缘材料,不仅具有良好的隔热性能,还能调节室内湿度,营造舒适的居住环境。它的吸音效果有助于创造安静的室内空间;同时作为一种可生物降解的材料,羊毛对环境的影响极小。在生态民宿中,羊毛可以用于墙壁和屋顶的绝缘,减少能源消耗;也可以用于制作吸音板和家具,如地毯和挂毯,增加室内的温馨感和舒适度。

(三)稻草捆

稻草捆作为一种农业副产品,其使用有助于减少农业废物,并且具有良好的隔热和隔音性能。作为一种可再生资源,稻草捆的利用不仅环保,还能提供一种传统与现代相结合的建筑解决方案。在生态民宿中,稻草捆可用于建造墙壁和屋顶,提供自然的隔热和隔音效果;同时也可用于户外座椅和装饰墙,增加民宿的生态特色和乡村风情。

(四)大麻混凝土

大麻混凝土是一种由大麻纤维和石灰混合而成的复合材料,以其卓越的隔热性能和碳封存能力而受到青睐。这种材料不仅能够减少能源消耗,还能在其生命周期中吸收和储存二氧化碳,对抗全球变暖。在生态民宿中,大麻混凝土可以用于墙壁和屋顶的填充材料,提供持久的隔热效果;同时其自然的外观和质感为建筑增添了一种独特的美学价值。大麻混凝土的耐久性和低维护需求也使其成为生态建筑的长期可持续解决方案。

第三节　生态民宿建造流程

一、生态民宿的规划与设计

生态民宿的规划与设计阶段是整个项目的起点。在这个阶段，设计团队需要综合考虑建筑的能源效率、材料的可持续性、水资源管理、废物处理以及对当地生态系统的影响。设计应注重使用当地材料和可再生材料，以减少运输过程中的碳排放。优化自然采光和通风，减少对人工照明和空调的依赖；同时采用绿色建筑技术，如绿色屋顶和太阳能光伏板，以提高能源自给能力。设计还应考虑到建筑的生命周期，包括建造、运营和最终的拆除或改造，以最小化环境影响。此外，设计还应遵循当地的建筑规范和绿色建筑标准，确保项目的可行性和合规性。

在这一阶段，我们首先需要确定生态民宿的建设目标和原则，这些原则通常包括减少环境影响、提高能源效率和使用可持续材料。场地分析是规划阶段的重要组成部分，它涉及对选址的气候、地形、植被和野生动物的详细研究，以确保民宿的设计能够与自然环境和谐共存。设计方案应考虑到建筑的美观性与实用性，同时采用绿色建材和节能技术以减少对环境的影响。功能布局应合理规划，以满足游客的需求，同时减少资源的浪费。景观设计则需要结合当地的自然情况，创造出既美观又环保的户外空间。

二、生态民宿的环境影响评估

环境影响评估（EIA）是预测项目开发环境后果的过程，对于生态民宿项目尤为重要。EIA的目的是识别、预测和评估项目可能产生的环境影响，并提出减轻这些影响的措施。这一过程包括对项目地点的生态系统、土壤、水质、空气和噪声水平的评估，以及对野生动植物栖息地和生长地的潜在影响。EIA报告将为决策者提供科学依据，帮助他们理解项目的生态影响，并据此提供审查意见。对于生态影响型和生态污染型项目，国家规定必须进行EIA，以确保项目的开发不会对环境造成不可逆转的损害。EIA过程中，应邀请环境专家、当地社区代表和相关利益者参与，确保评估的全面性和公正性。

三、生态民宿的招标与施工

在招标与施工阶段，生态民宿的目标是确保民宿项目符合绿色建筑的要求。首先，需要明确招标的具体目标和要求，包括招标规模、范围、期限等。同时，确认项目的具体需求，如房屋面积、设施设备、服务标准等，编制详细的招标文件并公开发布，招标文件中应明确绿色建筑的要求。其次，有意参与投标的企业或个人按照招标文件要求提交投标申请，由招标单位对申请的投标人进行资格审查。再次，符合资格的投标人在规定的截止日期之前提交完整的投标文件，包括技术方案、商务方案、项目预算等。接着，对提交的投标文件进行公开开标，由专家评审团对投标文件进行评审后确定中标人。最后，中标人与招标单位签订有关合同，明确合作细则、项目要求、双方责任等。合同中鼓励增设绿色条款，以确保施工单位在进行施工时能够遵守绿色建筑标准。

建造过程可参考《绿色建筑和绿色建材政府采购基本要求（试行）》的规定，如在施工过程中要优先使用绿色建材，减少建筑垃圾，控制施工噪声和粉尘，并采取措施保护施工现场周围的环境。施工过程中，应定期进行环境监测，确保施工活动不会对周围的自然环境造成不利影响。此外，对施工过程进行严格的质量控制，确保工程质量符合绿色建筑标准，确保项目成功。

四、生态民宿的组织验收

生态民宿的组织验收是确保项目质量符合预期的重要环节。这是一个多方面的过程，涉及施工单位、监理单位和设计单位的合作。施工单位需要出具自评报告，评估施工过程中的绿色建筑实施情况。监理单位则出具验收评估报告，对工程质量进行评估。设计单位出具验收评价意见，确保设计意图得到实现。在验收过程中，验收标准可以参考相关文件，如湖北省黄石市住房和城乡建设局2024年发布的《市住建局关于实施绿色建筑设计与工程验收的通知》。如果验收过程中发现未达标的情况，建设单位需要督促责任单位进行整改，以确保项目的最终质量。

五、生态民宿的运行维护

生态民宿的运行维护关乎其可持续性与效能的高低与否。这包括建筑安全、设备系统的维护、物业管理、建筑维护、智慧化运维和升级改造，具体可参考《绿色建筑运行维护技术规范》（GB/T 51356—2019）和地方标准，如《辽宁省绿色建筑运行维护技术规范》。运行维护应注重能源和水资源的高效利用，定期检查和维护绿色技术设施，如太阳能系统和雨水收集系统，以及采用智慧化技术进行能源管理和监控，确保生态民宿的持续性能和环境效益。此外，还应定期对建筑进行能源审计，评估其能源效率，并根据审计结果进行必要的升级和改造。物业管理应采用绿色清洁和维护方法，减少化学品的使用，保护环境和游客的健康。

第四节 生态民宿设计与建造的保障条件

生态民宿的设计与建造是一项综合性的系统工程，它关系到环境保护、文化传承和社区发展等多个层面。因此，这一项目的成功实施需要多方利益相关者如政府部门、行业协会、当地社区和民宿企业的通力合作和协同推进。只有当这些利益相关者各自发挥所长，相互配合，才能确保生态民宿设计与建造的每一个环节得以顺利进行。

一、政府部门加强政策引导与监督管理

政府部门在推动生态民宿发展中扮演着核心角色。根据文化和旅游部等7部门2018年发布的《关于促进乡村旅游可持续发展的指导意见》，政府鼓励发展绿色旅游，强调生态保护和可持续发展的重要性。政府部门可通过制定优惠政策，如减免税收、提供财政补贴和绿色信贷支持，激励投资者和经营者参与生态民宿项目。同时，政府应加强监督管理，确保生态类建设项目符合《绿色建筑评价标准》（GB/T 50378—2019）等国家标准，通过环境影响评估（EIA）来预防和减少对环境的负面影响。此外，政府还可通过公共宣传和教育活动，提高公众对生态旅游的认识，为生态民宿创造更大的市场需求。

二、行业协会推动标准实施与资源共享

行业协会在制定生态民宿行业标准和提升服务质量方面发挥着重要作用。例如，中国旅游协会民宿客栈与精品酒店分会积极推动《旅游民宿基本要求与评价》（LB/T 065—2019）的实施，该标准规定了旅游民宿的经营条件、服务要求和等级划分。行业协会可通过组织研讨会、培训课程和展览等，促进会员之间的信息交流和资源共享，帮助会员学习最新的设计理念和运营策略，提升整个行业的服务质量和竞争力。此外，行业协会还应鼓励优质生态民宿品牌分享其在设计、运营管理和市场开拓等方面的成熟经验，例如通过"生态民宿设计大赛"等活动，提升整个行业的创新能力和竞争力。

三、当地社区促进居民参与与业态融合

当地社区在生态民宿的发展中具有不可替代的作用。社区可以通过参与项目的规划和决策过程,确保生态民宿项目符合当地的发展需求和文化特色。以"阿者科计划"为例,该项目最核心的就是全民参与、人人受益的原则。古村落的保护主体和受益主体都确定为本村村民,权利与义务统一,村民享受旅游分红的同时自发保护村落景观。该项目形成了一种特殊的社区参与现象,外部力量与内部动力交融,激发阿者科社区参与主体的活力。此外,社区还可以拓展共享农业、手工制造和特色文化体验等综合业态,将这些活动与民宿服务相结合,为游客提供独特的体验。例如,民宿可以利用其生态优势,提供采摘体验,让游客参与当地的农业活动,或者在庭院经济中种植蔬菜和瓜果,既增加了民宿的吸引力,也为当地居民创造了额外的收入。

四、民宿企业保障低碳经营与绿色服务

民宿企业在实现低碳经营和提供绿色服务方面承担着直接责任。根据《中国绿色旅游饭店标准》(2019年),民宿企业被鼓励采取节能减排措施,包括使用节能设备、优化能源管理、减少废物产生和提高资源回收利用率。例如,生态民宿可尝试通过获得"绿色旅游饭店"认证,展示其对环境保护的承诺和实践。此外,生态民宿企业还可以通过提供绿色服务,如使用有机食材、提供自行车租赁服务、设置垃圾分类和回收系统等,来提升游客的环保体验。这些措施不仅有助于减少对环境的影响,还能提高民宿的市场竞争力和品牌形象。

【本章小结】

本章深入探讨了生态民宿的设计与建造,从理论到实践,从政策到标准,全面剖析了生态民宿的设计与建造的全过程。

在生态民宿设计与建造的依据中,我们学习了国家及地方政策、行业标准的重要性,了解了相关理论,以及如何适应区域资源条件和借鉴国内外成功经验,这都为生态民宿的设计与建造提供了明确的指导和规范。我们还探讨了生态民宿设计的具体要素,包括建筑形态、景观节点、空间营造和材料选择。这些要素不仅关系到民宿的美观性和功能性,还直接影响其生态性能和可持续性。生态民宿的建造流程从规划与设计开始,从环境影响评估、招标与施工,到组织验收和运行维护,每个阶段都有其关键活动和注意事项。这一流程强调了生态民宿建设的系统性和复杂性,以及在每个环节中实现生态

可持续性的重要性。最后，我们讨论了生态民宿设计与建造的保障条件，包括政府部门的政策引导、行业协会的标准实施、当地社区的居民参与以及民宿企业的低碳经营。这些保障条件为生态民宿的成功设计与建造提供了必要的支持和动力。

通过本章的学习，我们不仅掌握了生态民宿设计与建造的理论和实践知识，还理解了生态民宿作为传达文化、情感与生态理念的平台的重要性。这些知识为我们在生态民宿领域的进一步探索和实践打下了坚实的基础。

【本章思考与练习】

1. 请列举三个生态民宿设计与建造过程中需要考虑的政策或标准，并说明它们如何影响设计与建造决策。

2. 举例说明空间营造和材料选择在生态民宿设计与建造过程中的重要性。

3. 概述生态民宿从规划与设计到运行维护的完整流程，指出每个阶段的关键活动和注意事项。

4. 分析在生态民宿的设计与建造过程中，各保障条件如何落地以确保项目的成功。

第四章　生态民宿的可持续建设

【本章导读】

洱海是中国云南省大理白族自治州的一个著名风景区，其旅游业的快速发展，使得周边的民宿业也迅速兴起。然而，部分民宿在建设时过度开发和无序规划，在经营过程中将污水直接排入洱海，从而导致了对洱海生态环境的破坏。从2017年开始，大理市政府为了保护洱海的生态环境，开始了一系列的整治行动，包括关停和拆迁位于洱海流域水生态保护区核心区的民宿，也因此使得许多民宿业主遭受了巨大的经济损失，一些业主的营收损失达到了200万~400万元人民币，洱海周边的居民和从业人员也受到了不同程度的影响。由此可见，生态民宿建造的完成并非生态民宿建设的终点。投入运营后的生态民宿，在后续的生产经营中仍会面临诸多挑战，这就需要通过可持续建设对生态民宿进行持续的关注与调整，以确保其可持续发展。本章将深入探讨生态民宿可持续建设的重要意义、生态民宿可持续建设的策略、生态民宿实施可持续建设的保障措施等，以助力生态民宿实现与区域经济、社会、文化与环境等方面协调可持续发展。

【本章知识结构】

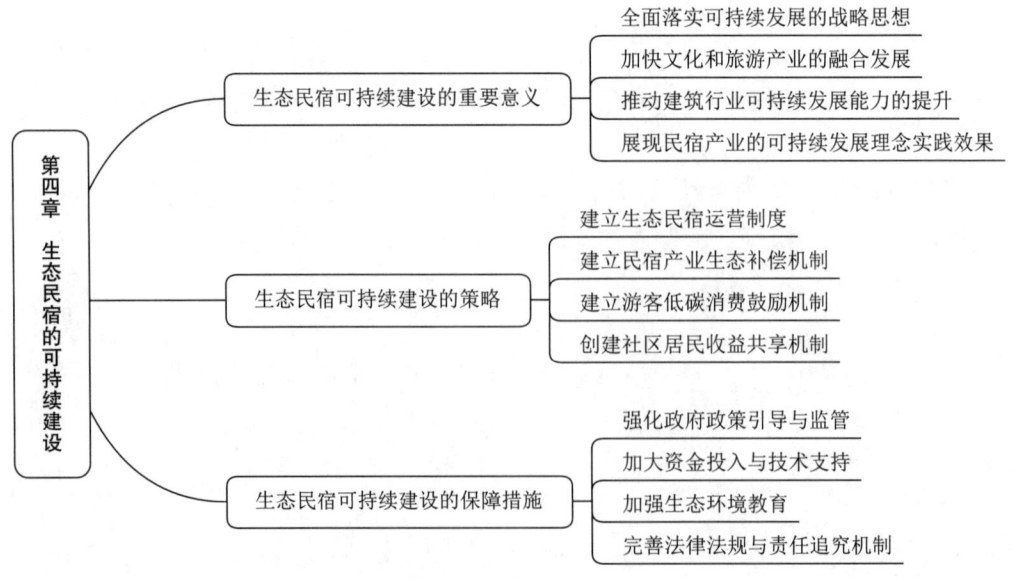

【学习要点】

1. 生态民宿可持续建设的重要意义。
2. 生态民宿可持续建设的策略。
3. 生态民宿可持续建设的保障措施。

第一节 生态民宿可持续建设的重要意义

生态民宿的可持续建设是指在生态民宿整个生命周期内，包括规划、建造、运营、管理和维护等各个阶段，持续进行的一系列建设、改造和更新活动，并确保这些活动在取得经济效益的同时，始终符合可持续发展的原则。不谋万世者，不足谋一时。生态民宿的可持续建设不仅关乎经营者的当下利益，更着眼于社会的长远发展。其重要意义体现在如下几个方面。

一、全面落实可持续发展的战略思想

当今世界，可持续发展已成为全球共识。生态民宿可持续建设思想的落地不仅能促进所在地经济、社会、文化与环境的可持续发展，而且还可以保障自身的健康、持续发展。具体如下。

（一）生态民宿的可持续建设能促进所在地经济的可持续发展

1. 引入环保技术从而降低运营成本

环保技术的引入能够显著提高能源效率，进而降低生态民宿的运营成本，增加生态民宿的利润空间。例如，EPS馒头屋以其高效的被动式节能设计而闻名，其采用了先进的EPS（Expanded Polystyrene Foam，膨胀聚苯乙烯泡沫）材料，这种材料在冬季能够有效阻挡冷空气入侵，夏季则能防止热量过度积累，确保室内恒温舒适，大幅度降低空调采暖或祛热的费用。因此，尽管技术的运用会导致生态民宿的基础投资增加，但长期来看，这些投资在未来能够通过降低运营成本而为生态民宿带来持续的经济回报。

2. 提供就业机会从而提高居民收入

生态民宿的可持续建设强调促进当地人员就业，这包括优先雇用当地居民参与生态民宿的建造和运营等。因此，当地居民不仅能够得到如建筑、保洁、服务、餐饮等多样化的就业机会，也可采取土地、钱、房屋入股等灵活的方式参与到生态民宿的建设中来，根据民宿运营的效益获取分红。以广西壮族自治区北海市一民宿村为例，村内以民宿为原点，形成了商业业态闭环，在满足游客住宿需求的同时，村民还能从事餐饮加工、特产销售、商品超市、导游等工作，不仅直接带动了就业，提高了当地居民的收入，也促进了当地的经济发展。

3. 凸显生态特色从而提升民宿附加值

生态民宿的可持续建设是一种以生态为基础的建设方式，这能够成为生态民宿的一大卖点。如生态民宿可以利用当地的自然资源提供如徒步、观鸟、潜水等生态旅游活动，这不仅能够吸引游客入住生态民宿，还能够实现生态产品价值，提升生态产品溢价。较为典型的案例是浙江省丽水市大均乡的宿叶民宿，对绿水青山"明码标价"，靠山、水和空气涨价了 500 元。这家民宿在房价一栏中标明了生态产品价值，这个价值参考的是当地 GEP（生态系统生产总值）的核算报告。入住的客人们普遍表示认同，并愿意支付生态溢价。而展示房价的小黑板，也一度成为一处颇具人气的"网红"打卡地。

（二）生态民宿的可持续建设能促进所在地社会的可持续发展

1. 生态民宿的可持续建设有助于增强社区凝聚力

生态民宿运营常常与当地社区紧密合作，社区成员可以参与到民宿的决策过程中，这样不仅能够确保项目符合生态原则和当地的发展需求，还能够增强社区的凝聚力和自治能力。在这一方面，西安市长安区抱龙村的民宿集群是一个较为成功的范例。其在西安建筑科技大学团队的帮扶下，强调内生性村民自治，鼓励全体村民共同参与建设。例如，村庄主路防护墙的设计就来源于村民的想法，在驻村规划师的帮助与指导下，村民们叠砌小青瓦作为龙鳞，立放鹅卵石形成龙脊，又依据村里原有的景观，将龙头建在土地庙旁，把大杨树作为龙尾。从此，抱龙村真正有了"龙"，这道墙也成为民宿集群的一大亮点，吸引了众多游客。

2. 生态民宿的可持续建设有助于减少社会冲突

在一些地区，传统的旅游发展模式可能会因为过度开发而导致当地居民生活环境恶化，从而引发居民与开发者之间的矛盾。如泰国北柳府的帕侬沙拉堪区（Phanom Sarakham）的当地居民和环保组织因当地企业造成的环境问题组织了抗议活动，促使企业采取了更为环保的运营方式，社会冲突才得以缓解。生态民宿的可持续建设强调与自然环境和谐共存，可以通过限制游客数量、减少建设规模等方式，减少对环境的冲击，从而降低社会冲突的风险。

3. 生态民宿的可持续建设有助于提升当地居民的幸福感

一方面，生态民宿的可持续建设理念能够带动当地居民改变生活习惯，提升居住地的整体环境质量，这不仅能为游客提供更好的旅游体验，也能够改善当地居民的居住环境。另一方面，生态民宿的个性化和特色化要求挖掘和融入当地的历史、文化和民俗，这不仅为乡村文化提供了展示的平台，还可以促进文化的传承和发展，通过文化自信的增强和归属感的增加，进一步提升当地居民的幸福感。

（三）生态民宿的可持续建设能促进所在地文化的可持续发展

1. 通过展示当地文化促进地方文化传承

生态民宿所在地的文化资源，不仅能够较好地体现当地生态民宿的独特性，也是生态民宿区别于其他空间最富魅力的标识。例如，浙江省龙泉市溪头村的古窑里民宿将民宿和非物质文化遗产龙泉青瓷相结合，成为传承地域文化的重要窗口。其民宿主人是青瓷文化的传承人，他不仅提供餐饮和住宿服务，还提供青瓷烧制体验，吸引了众多国内外游客。这种深度的文化体验不仅让游客感受到青瓷文化的魅力，也促进了青瓷文化的传承和发展。

2. 通过吸收特色文化增强文化多样性

生态民宿的可持续建设鼓励文化多样性的保护，能够通过展示不同地区的特色文化，融合多样性文化，促进当地文化可持续发展。位于南昌市的星图帐篷客栈就较好地展示了如何将不同的文化融入民宿设计中，例如，客栈中的"且听文脉"房间设计灵感来源于南昌的名胜古迹——滕王阁，其他特色主题的房间设计灵感分别来源于万寿宫、八一广场、南昌神话故事等，为游客提供了多元的文化体验。

3. 通过持续的文化教育提升公众认知

生态民宿的可持续建设中，越来越注重文化教育活动的融入。通过宣传关于文化保护和可持续发展的知识、提供相应的体验活动来对游客和当地居民进行文化教育，从而提高公众对文化的认知和对文化传承的重视，激发游客的文化认同。例如，浙江省丽水市吊坛村的"云野听语"民宿不仅修建了读书吧、画室、茶室、艺术酒吧、艾灸房、艺术家工作室、乡土作坊、中草药种植区等场所，开设了具有本地特色的古琴演奏、手工制茶等教学课程，还依托山地特色，增加了农业观光、农事体验等活动，让入住的游客亲身体验当地文化的魅力，提升了公众对地方文化的认知与尊重。

（四）生态民宿的可持续建设能促进所在地环境的可持续改善

1. 通过维持生物多样性来保护当地生态系统

生态民宿多位于自然环境优美、生物多样性丰富、生态保护良好的地区，其可持续建设要求在建造与持续的运营中注重与周围自然环境的和谐共生。在澳大利亚，袋鼠岛以其众多的野生动物和自然风光而闻名，被誉为"没有围栏的动物园"。岛上的袋熊民宿以袋熊为主题，不仅为游客提供了与野生动物近距离接触的机会，也促进了当地对袋熊等野生动物的保护工作。该民宿的存在不仅维持了当地的生物多样性，也在一定程度上促进了当地环境的可持续改善。

2.通过持续的环境整治来提升区域环境质量

环境整治不仅包括垃圾和污水处理，还包括提升基础设施和公共服务设施水平，确保生活垃圾规范处理、污水达标排放等。为贯彻生态优先原则，生态民宿的可持续建设要求时刻注意环境整治，以符合国家的环保要求。例如，安徽省合肥市巢湖市半汤街道的三瓜公社在建设过程中十分注重环境的整治，不仅保护乡村原有的田林农湖系统，还对荒地、山地、林地进行修整保护，修复水系，提升了区域环境质量。因其在生态旅游和环境整治方面的成功，2017年，三瓜公社被评为安徽省首批特色小镇第一名。

3.通过有效的能源管理来降低能源消耗

民宿在建造与运营的过程中都会产生大量的能源消耗，也会因此导致当地不可再生能源的减少，而生态民宿可以通过能源管理有效避免这一问题。例如，绍兴市新昌县东茗乡金山村的乡熙绿建民居民宿项目便是以太阳能为核心动力，将热泵系统与光伏储能技术跨界融合，打造了"光伏发电＋储能蓄电＋中央热水＋全屋地暖＋中央空调＋能源管理"六维一体的能源使用场景。该项目不仅通过"光伏发电＋储能"解决了房屋用能问题，还在烹饪、采暖、空调、照明、热水供应等诸多方面实现了以电能作为唯一终端使用能源，而无须消耗化石燃料等传统能源。

二、加快文化和旅游产业的融合发展

生态民宿的可持续建设能够加快文化和旅游产业的融合发展。具体如下。

（一）生态民宿的可持续建设能够促进生态教育与旅游产品的结合

生态民宿的可持续建设通过不断发掘并提供与自然亲密接触的机会，让游客在享受旅游服务的同时，还能获得生态教育的体验，以此推动文化和旅游产业的融合发展。一方面，生态民宿为游客提供了一种全新的旅游体验，让游客在享受住宿服务的同时，也能亲身体验和学习如何节约能源和保护生态环境，不断增强其对生态保护重要性的认识。例如，江苏省盐城市亭湖区黄尖镇黄尖村七组的"大地乡居·鹤影里"项目，其毗邻丹顶鹤国家级珍禽自然保护区，地理区位条件优越。项目以此摸索出了以点带面的本地乡村振兴之路，针对亲子家庭市场提供融入珍稀鸟类知识教育的旅游体验。

另一方面，生态民宿的可持续建设不仅能提高生态教育的价值，也能够提升旅游产品的价值和吸引力。例如，北斗溪镇以《第五批中国传统村落名录》中的茅坡村为依托，集中打造了新劳动教育特色课程，营造出集生态农耕、花瑶民俗、拓展体验、助学支教为一体的整体研学氛围，体现出文化和旅游产业的深度契合。

（二）生态民宿的可持续建设能够丰富当地文化和旅游产品类型

生态民宿的可持续建设要不断挖掘当地特色文化，同时要时刻关注当下不断变化的消费者需求与兴趣，因势利导地开发符合市场需求的文化和旅游产品。这不仅能够丰富游客的旅行体验，还能有效促进区域文化和旅游产业的深度融合与共同发展。位于绍兴市上虞区岭南乡青山村的"三个月亮"主题村落，在原先民宿产业的基础上，将美食、美物、美宿相结合，形成城乡融合、文旅融合、产业融合发展的新生态。其中月亮谷营地项目激活了当地闲置林地 15 000 平方米，投资 300 余万元，开发了帐篷酒店、房车营地、茶园迷宫等乡村文旅新业态，创造性地丰富了当地的文旅产品类型，也成了当地乡村振兴、产业兴旺的创新典型。

（三）生态民宿的可持续建设能够强化社会责任与文化传承

生态民宿的可持续建设秉承生态优先的原则，呼吁民宿企业、旅游组织、游客等重视社会责任，不着眼于短期经济利益，要关注文化传承和可持续发展，响应国家"推进文化和旅游深度融合发展，把文化旅游业培育成为支柱产业"的号召。其中文化遗产作为民族精神和文化认同的重要载体，对其保护与传承尤为重要。例如，在浙江省丽水市松阳县，众多民宿业主积极响应"拯救老屋"的号召，在保持历史建筑外观、风貌等的基础上，采用本地原生态的环保建筑材料改造古民居，使传统和现代相生相融。越来越多的民宿业主积极响应文化传承的号召，在生态民宿的建设中不断加强文化元素，这不仅体现出其高度的社会责任感，也能够为文化和旅游业的长期健康发展做出实际的贡献。

三、推动生态民宿建筑行业可持续发展能力的提升

生态民宿的可持续建设所应用的绿色建造方式、旧建筑改造技术、环保技术等在一定程度上能够推动建筑行业可持续发展能力的提升。具体如下。

（一）生态民宿的可持续建设有助于建筑行业在民宿领域普及绿色建造方式

生态民宿的可持续建设要求生态民宿建造、运营过程中以生态环保为主导思想，这为建筑行业在民宿领域的实践提供了新方向，同时也符合国家现行的政策导向。2024年8月，中共中央、国务院在《关于加快经济社会发展全面绿色转型的意见》中指出，要推广绿色建造方式，优先选用绿色建材，深化扬尘污染综合治理，推动建筑光伏一体

化建设，发展清洁低碳供暖。可以预见，在政策要求与生态民宿可持续建设理念的指导下，未来生态民宿建设项目中对绿色建造方式的应用可能转变为硬性要求，建筑行业中，特别是在民宿建筑领域，绿色建造方式的普及将成为大势所趋。

（二）生态民宿的可持续建设有助于推动建筑行业的绿色转型

国家政策积极推动绿色建材的使用，并鼓励超低能耗建筑和低碳建筑的规模化发展，同时也在推进既有建筑的节能改造。例如，国家发展改革委和国家能源局在2022年发布的《关于完善能源绿色低碳转型体制机制和政策措施的意见》中明确提出了鼓励建筑光伏一体化应用，并支持利用太阳能、地热能和生物质能等可再生能源建设建筑供能系统。这些政策为生态民宿的可持续建设提供了指导和支持，使得生态民宿的可持续建设不仅符合可持续发展的要求，而且在一定程度上代表了建筑行业在民宿领域对国家政策的积极响应和实践，对建筑行业的绿色转型具有一定的示范效应。

（三）生态民宿的可持续建设有助于强化对传统建筑的保护和活化利用

2024年，住房和城乡建设部办公厅与国家发展改革委办公厅联合印发的《历史文化名城和街区等保护提升项目建设指南（试行）》明确指出，对于历史建筑和传统风貌建筑的保护修缮与活化利用，应保持其原有的外观形象、色彩和结构。这一政策不仅强调了对文化遗产的保护，也为建筑行业的可持续发展指明了方向，即在保护中寻求发展，在发展中实现保护。

旧建筑改造再利用也是生态民宿可持续建设的重要方式之一。例如"原舍平湖"民宿，该民宿利用白鹭湖畔的废弃公房进行改造，遵循"四原"方针，即保持"原址、原尺度、原地貌、原材质"，在保留原有建筑风貌的同时，进行了适应性改造，使之转变为具有现代功能的民宿空间。"原舍平湖"项目的成功之处便在于其保留了原有的山水格局与村落空间，维持了原有环境的场所感，体现了对历史建筑和传统风貌建筑的保护修缮和活化利用。

四、展现民宿产业的可持续发展理念实践效果

生态民宿的可持续建设能够展现民宿产业的可持续发展理念实践效果。具体如下。

（一）生态民宿的运营模式体现了民宿行业可持续发展的基本要求

生态民宿在运营中始终秉持绿色可持续发展的目标，旨在资源节约和环境友好，引进智能化高新技术，应用绿色营销手段，全面致力于提高环保意识，开发利用绿色项

目、能源、产品。其运营模式不尽相同而又殊途同归，体现出了民宿行业可持续发展的基本要求。

其中，资源节约型与环境友好型民宿所采用的"双型"民宿运营模式较为注重闲置资源的高效整合再利用，以最小的资源投入获取最大化的利益；同时该型民宿也注重人与自然资源、生态环境的友好联系。"三权分立"合作模式是指房东和管家（村民）、村集体或合作社、乡村民宿运营公司共同合作，解决房屋租赁问题，即民宿房屋所有权归村民，承包权归村集体或合作社，运营管理权归运营商，实行利益共享，实现共同建设。"村民+村集体或合作社+运营商+x"的多元合作模式是在以原有利益相关者为主体的基础上，逐渐加入了政府与相关扶贫机构、金融机构等相关利益主体，通过打造乡村利益共同体，盘活农村闲置资源，转化当地闲散劳动力，让参与的各利益相关者通过共享共治，形成"共生"发展的模式。这些运营模式的底层逻辑无一例外都是民宿行业可持续发展的基本要求的具象化体现。

（二）生态民宿的主题反映了民宿行业可持续发展的设计趋势

生态民宿的可持续建设围绕可持续发展原则，主题不断进行更新和升华，这使得民宿不再局限于是一个提供住宿的场所，而是成了传播环保理念、保护文化遗产、促进地方经济发展等的重要平台。生态民宿可持续建设中所呈现出的主题，在一定程度上是民宿行业可持续发展要求下的产物，能够反映出民宿行业在此要求下未来的设计趋势。

当下的许多生态民宿会通过"原生态"一类的关键词来对自身进行定位，其特点便是尽量不采用传统建筑材料，而更倾向于使用本地的、可再生的或回收的材料。这体现了生态民宿可持续建设中对资源循环利用和减少废物排放的关注，符合"循环经济"和"零废物"的可持续发展目标，也反映出环保建材未来将会成为民宿行业的主要建筑材料。还有一些生态民宿以"零碳""零能耗"为主要卖点，其主题大多是采用了大量的可再生能源或能源管理技术，呼应了生态民宿可持续建设中对能源和环境责任的要求，也体现了民宿行业中对"可再生能源"和"清洁能源"的利用趋势。另外还有大量文化主题的生态民宿，其设计常常融入当地的自然景观、文化遗产和手工艺传统以彰显独特性，这也是生态民宿可持续建设中对文化和旅游产业可持续发展的呼吁，反映了未来民宿行业的设计趋势必将顺应文化传承与创新的要求。

（三）生态民宿的数字化转型体现了民宿行业整体的数字化建设进程

对运营效率与管理水平的高标准、严要求，不仅是生态民宿可持续建设的内容，也是整个民宿行业的目标。得益于数字技术的不断发展，生态民宿才得以解决可持续建设中出现的效率低下问题和管理难题，其数字化转型也是整个民宿行业数字化建设进程的缩影。

生态民宿一般远离城市中心，为减弱空间距离带来的营销劣势，越来越多的民宿业主选择使用新媒体进行宣传，借助 OTA 平台和线上预订渠道进行客房销售，数字化营销成为当前一种主流的营销方式，也反映了民宿行业在拓宽销售渠道和提升营销效果方面正在进行积极的尝试。同样也有部分生态民宿通过微信等社交平台建立私域流量池，采用会员制度，实现区域内多家民宿、餐饮、娱乐企业的结算互通和积分互通。这为生态民宿远距离保持客户黏性起到了降本增效的作用，也在一定程度上显示了民宿行业在客户关系管理上可能将趋向于私域流量的构建，以数字化转型来实现可持续发展中对提升运营效率与质量的要求。

第二节 生态民宿可持续建设的策略

生态民宿的可持续建设不仅可以满足当代人的生产经营需要，而且还可以为后代人的持续生产经营打下坚实的基础。生态民宿可持续建设策略如何体现，关键在于构建一套既符合生态保护原则又能促进地区经济效益、社会效益和环境效益综合性提升的策略体系。这一体系可以由生态民宿运营制度、民宿产业生态补偿机制、游客低碳消费鼓励机制和社区居民收益共享机制四部分构成，它们能有效实现生态民宿可持续建设。

一、建立生态民宿运营制度

（一）建立生态民宿运营制度的必要性

制度通常指为了实现特定目的而制定的一系列规则、规范和行为模式，一旦出台必须是组织内成员共同遵守。生态民宿建设完成进入运营阶段后，首先必须建立一套系统、完整的经营管理制度，这些制度必须符合国家和各级地方政府发布的法律法规和政策、标准的要求。生态民宿大部分位于生态保护区或生态环境优良的地区，在生产经营活动中破坏环境的事件屡有发生，因此将践行生态保护、宣传生态文明作为制度体系中的首要制度是必要的。另外，建立生态民宿运营制度能够确保在民宿的运营过程中减少对环境的破坏，有效利用资源，降低能耗，符合绿色经济的发展需求。

建立生态民宿运营制度还可以保障生态民宿在生产经营中规范市场行为，提升市场竞争力。现代消费者对于旅游住宿的选择越来越倾向于多元化和个性化，绿色、环保类的主题民宿尤其受到更多的关注。然而民宿管理制度和服务制度的实际落实情况，直接影响顾客入住民宿后的体验。为此,顾客在入住前会通过多种渠道了解这些情况。因此,制定和执行生态民宿运营制度,对吸引更多的消费者群体十分必要。

(二)建立生态民宿运营制度的举措

1. 设立生态环保的制度体系

生态环保的制度体系由下列四方面组成。首先,制定能源管理制度,包括节能措施和能源使用措施,这有助于减少能源消耗并降低运营成本。其次,建立水资源管理制度,通过节水措施和水质监控来保护和合理利用水资源。再次,制定废物管理制度,推行废物分类、减量和回收,这有助于减少环境的负担。最后,设立环境教育项目,通过教育员工和顾客关于生态保护的重要性,提高他们的环保意识。

2. 编制标准操作程序(SOP)

标准操作程序是为确保民宿运营的各个环节符合环保和服务质量标准而制定的一系列操作规程,实现民宿生态运营中各项操作的一致性和可追溯性,范围应涵盖民宿的日常运营,如客房服务、餐饮服务、客户接待、投诉处理等。例如,四川省九寨沟一家名为"藏家乐"的民宿,其编制的标准操作程序包含了垃圾分类处理、客房清洁使用环保清洁剂、餐饮服务减少一次性用品的使用等操作规定。这些标准操作程序帮助民宿在提供服务的同时,减少了对环境的负面影响,并提高了客人的满意度。

3. 健全生态民宿监管机制

健全生态民宿监管机制是指建立一套监督和管理体系,确保生态民宿运营制度得到有效执行,并及时纠正违规行为。在广西壮族自治区桂林市阳朔县,当地政府和旅游部门共同建立了一个生态民宿监管机制,对生态民宿进行定期检查,确保它们遵守当地的环保法规和旅游标准。例如,其中的"漓江人家"民宿因为违规排污被当地监管部门发现,随后被责令整改,并在整改期间接受了严格的监督,直到符合环保要求。这种生态民宿监管机制有助于保护当地的自然景观和水资源,同时也提升了生态民宿的整体服务质量。

二、建立民宿产业生态补偿机制

(一)建立民宿产业生态补偿机制的必要性

民宿产业生态补偿机制是指通过财政补贴、税收优惠、市场交易等经济手段,对那些在经营过程中采取了有效生态保护措施、对环境恢复做出贡献的民宿业主进行奖励或经济补偿,以减轻旅游活动对生态系统的负面影响的一种措施。生态补偿机制能够为保护和恢复自然环境提供资金和政策支持。根据联合国环境规划署（UNEP）的报告，旅游业作为全球最大的产业之一，对环境的影响日益显著。民宿产业作为旅游住宿接待企业的一员，其在发展中难免出现对生态系统的破坏。因此，要调动民宿业主在生产经营中保护环境，适当的补偿十分必要。例如，哥斯达黎加政府实施的支付生态系统服务的计划（PES），其中包括对森林保护的补偿。民宿业主和旅游公司被鼓励参与保护项目，可以以此换取生态认证的证书和市场推广的优先权。

世界旅游联盟在《2024年可持续旅游社区韧性发展新路径报告——执行摘要》中指出，社区参与是可持续旅游的核心原则之一。生态补偿机制能够确保当地社区从旅游发展中获得直接的经济利益，增强他们对环境保护的参与和支持。通过这种方式，可以提高社区的生活质量，同时保护和维护当地的文化遗产和自然环境。在尼泊尔，以社区为基础的旅游项目通过提供生态旅游服务，如徒步旅行和家庭住宿，使当地社区能够直接从旅游收入中受益。同时这些项目还包括环境保护和文化遗产保护的元素，确保旅游活动与当地社区的利益和环境目标相一致。这种方式对社区积极参与环境保护是有利的。

另外，联合国政府间气候变化专门委员会（IPCC）在其2021年的气候评估报告中指出，旅游业对全球温室气体排放的贡献不容忽视。生态补偿机制可以鼓励民宿产业采取适应和缓解气候变化的措施，如植树造林、能源效率提升和低碳旅游产品开发。这些措施有助于减少旅游业的碳足迹，展现行业对全球气候变化应对的责任感。例如，挪威的一些生态民宿通过参与碳补偿项目，或投资于可再生能源项目和森林保护项目，以抵消其运营中的碳排放。这些项目不仅有助于减少全球温室气体排放，还增强了民宿的绿色品牌形象。

（二）建立民宿产业生态补偿机制的举措

1. 制定民宿产业生态补偿标准

制定生态补偿标准是确保补偿机制公平性和有效性的关键。根据2019年世界自然保护联盟（IUCN）在 *Guidelines for Implementing Payment for Ecosystem Services* 中的建议，补偿标准应基于生态系统服务的价值，包括碳储存、水源涵养、生物多样性保护等。这些标准应通过科学研究和社区参与来确定，以确保补偿金额能够真实反映生态服务的价值，并激励民宿业主采取可持续的生产经营活动。例如，在澳大利亚大堡礁附近，政府和旅游经营者合作制定了一项生态补偿计划，要求旅游经营者为每位游客支付一定的费用，用于珊瑚礁的保护和恢复。

2. 设立民宿产业生态补偿基金

设立生态补偿基金是实现财务可持续性供给的重要步骤。根据联合国开发计划署

（UNDP）2020年在 *Community-Based Adaptation* 中的内容，这些基金可以由政府、私营部门和国际组织共同资助，用于支持生态保护项目和补偿受影响的社区。基金的管理应透明，确保资金的有效使用，并接受公众监督。例如，肯尼亚的一个名为"社区生态补偿基金"的项目便是由当地政府、旅游企业和国际环保组织共同资助的。这个基金支持当地社区开展生态保护项目，如植树和水资源管理，并为参与项目的社区成员提供直接的经济补偿。

3.建设民宿产业生态补偿项目

建设生态补偿项目是生态补偿机制的核心内容，这些项目应包括生态恢复、生物多样性保护、可持续资源管理和环境教育等方面。项目的设计和实施应与当地社区紧密合作，确保项目符合当地的需求和条件，并能够带来实际的环境和社会效益。在秘鲁的亚马孙地区，一个名为"生态服务支付"的项目就是用来鼓励民宿和旅游企业投资于当地的森林保护的。这些项目包括建立保护区、实施可持续森林管理和提供环境教育，旨在保护亚马孙雨林的生态多样性和碳储存功能。

4.开展民宿产业生态补偿机制评估

对民宿产业生态补偿机制的监测和评估是确保生态补偿机制有效性的关键环节。根据国际生态补偿工作组（IPBES）2019年在 *Global Assessment Report on Biodiversity and Ecosystem Services* 中的建议，监测和评估应包括生态服务的提供、补偿资金的使用效果以及项目的社会经济效益等方面。这些信息可以用来调整和优化补偿机制，确保其长期的有效性和可持续性。如哥斯达黎加政府建立的生态补偿监测系统，该系统定期评估生态补偿项目的效果，包括森林覆盖率的变化、生物多样性的保护情况和社区经济的发展。这些评估结果被用来调整补偿标准和资金分配，以提高补偿机制的效率和公平性。

三、建立游客低碳消费鼓励机制

（一）建立游客低碳消费鼓励机制的必要性

游客低碳消费鼓励机制是指运用一系列政策、措施和激励手段，引导和鼓励游客在旅游活动中选择低碳、环保的消费方式。旅游业是全球温室气体排放的重要来源之一，根据世界旅游组织（UNWTO）2023年的数据，旅游业的碳排放量占全球总排放量约8%。这一比例还会随着旅游市场的扩大而增加。因此，减少旅游碳足迹是全球环境保护的紧迫任务。低碳消费鼓励机制可以通过引导游客选择低碳旅游产品和服务，减少旅游活动对大气环境的影响。例如，瑞典的哥德堡市推出了"绿色旅行"计划，该计划鼓励游客和当地居民使用低碳交通方式，如自行车和公共交通，以减少城市的碳排放。该计划还通过提供自行车租赁服务和公共交通优惠，成功地提高了低碳出行的比例。

另外，低碳消费鼓励机制不仅有助于减少旅游业对环境的负面影响，而且还可以满足游客对环保旅游体验的需求。在肯尼亚，通过推广生态旅游和低碳旅游活动，如野生动物观察和徒步旅行，旅游业为当地社区创造了收入，同时还保护了自然环境和野生动物。这种模式不仅提高了旅游业的可持续性，还增强了旅游目的地的吸引力。

根据全球气候变化协议，如《巴黎协定》，要求各国减少温室气体排放，以限制全球气温上升。旅游业作为全球经济的重要组成部分，需要采取行动以响应这些国际协议。低碳消费鼓励机制可以帮助旅游业实现减排目标，同时为游客提供环保旅游选择。例如，智利政府推出了"绿色旅游"计划，旨在减少旅游业的碳排放。该计划包括了一系列的措施，如推广可再生能源在旅游住宿中的应用，以及鼓励游客选择低碳旅游活动等。

（二）建立游客低碳消费鼓励机制的举措

1. 主动提供低碳旅游信息

提供低碳旅游信息是鼓励游客做出环保选择的基础。根据世界旅游组织（UNWTO）2023年在 Sustainable Tourism and the SDGs 中的报告，透明的信息和教育可以显著提高游客的环保意识和行为。这包括提供关于低碳旅游选项的信息，如步行、骑行、公共交通和低碳住宿选择。在丹麦哥本哈根，市政府推出了"绿色旅游指南"，提供关于城市内可持续旅游活动和交通方式的信息。该指南鼓励游客使用自行车和公共交通，减少碳足迹，同时享受城市文化和自然景点。

2. 优先实施低碳旅游认证

低碳旅游认证项目可以提高游客对环保旅游选项的认识，并激励旅游企业提供更可持续的服务。根据2023年内全球可持续旅游委员会（GSTC）在 Sustainable Tourism Certification 中的发现，认证项目有助于确保旅游服务的环保标准得到满足。在加拿大不列颠哥伦比亚省，"绿色旅游"认证项目就被用来评估和认证旅游企业的可持续性实践，包括能源效率、废物管理和生态保护，认证后企业便可获得低碳标识，从而吸引寻求环保旅游体验的游客。

3. 积极开展低碳旅游营销

有效的低碳旅游营销活动可以提高游客对低碳旅游选项的认识，并激发他们的兴趣。根据旅游营销协会（TMA）2022年在 Marketing Sustainable Tourism 中介绍的经验，结合环保信息和目的地特色的营销策略可以显著增加旅游产品的吸引力。较为典型的如新西兰，其通过"TIAKI——照顾新西兰"的营销活动，鼓励游客在旅行中采取可持续行为，如保护自然环境和文化遗产。该活动通过广告、社交媒体和旅游经营者的合作，成功地提高了旅游者的环保意识。

四、创建社区居民收益共享机制

（一）创建社区居民收益共享机制的必要性

社区参与是旅游可持续发展的核心要素之一。中国旅游研究院 2023 年的研究证明，社区参与能够增强旅游项目的接受度和成功概率。通过让社区居民参与决策过程，可以提高他们对旅游项目的认同感和支持度，从而促进项目的顺利实施和长期发展。在我国云南省的大理白族自治州，当地政府通过实施"旅游扶贫"项目，鼓励社区居民参与旅游服务，如家庭旅馆和手工艺品销售，使他们成为旅游发展的直接受益者。这种参与不仅增强了社区对旅游项目的支持，还有助于保护和传承当地的民族文化。

社区居民收益共享机制讲究社会经济公平。社会经济公平是实现旅游目的地长期稳定发展的关键。联合国开发计划署（UNDP）在其 2023 年的报告 *Inclusive Growth* 里提出，公平的收入分配是减少贫困和实现社会经济公平的关键。建立收益共享机制，可以确保旅游收益在社区成员之间公平分配，特别是对于边缘群体和弱势群体。例如，四川省的九寨沟景区将部分旅游收入分配给当地居民，特别是那些因旅游开发而失去土地的农民。这种政策不仅提高了当地居民的生活水平，还增强了他们对旅游发展的认同感。

另外，文化遗产和环境均是旅游目的地的重要资产。联合国教科文组织（UNESCO）2023 年在 *Culture and Sustainable Development* 报告中指出，社区居民是文化遗产和环境的守护者。社区居民对当地的文化遗产和环境有着深厚的情感和责任感，通过建立收益共享机制，可以鼓励他们积极参与文化遗产保护和环境管理，确保旅游活动的可持续性。故创建社区居民收益共享机制是必要的。

（二）创建社区居民收益共享机制的举措

1. 制定收益分配政策

公平的收益分配政策是确保社区居民共享旅游发展成果的基础。制定合理的收益分配政策，可以增强社区居民的获得感和幸福感。在制定政策时应考虑社区居民的投入、当地经济发展水平和旅游项目的性质，确保收益分配的公平性和透明性。在广西壮族自治区的阳朔县，当地政府实施了"旅游反哺农业"政策，将旅游收入的一部分用于支持当地农业发展，特别是帮助小农户提高收入。这种收益分配政策通过确保农民从旅游发展中获得直接经济利益，从而促进了农业与旅游业的融合发展。

2.建立社区基金

社区基金是实现社区居民收益共享的重要工具。社区基金可以为社区居民提供创业支持、教育资助和医疗援助，增强社区的自我发展能力。建立的基金应由社区居民参与管理，确保资金使用的合理性和有效性。例如，云南省的香格里拉市，当地政府和旅游企业共同设立了"香格里拉社区发展基金"，将旅游收入的一部分用于支持当地社区的基础设施建设和文化保护项目。这种基金的设立，不仅提高了社区居民的生活水平，还促进了当地文化的传承和发展。

3.提供社区参与平台

提供社区参与平台是确保社区居民在旅游发展中发挥作用的有效途径。建立社区参与平台，可以增强社区居民的参与意识和能力，提高旅游项目的社区适应性。这些平台可以包括社区会议、工作坊和咨询委员会等，让社区居民在旅游规划和管理中发挥作用。如浙江省的西塘古镇，当地政府建立了"西塘社区旅游发展委员会"，让社区居民参与旅游规划和决策过程。这种参与不仅增强了社区居民的归属感，还提高了旅游项目的社区支持度和成功率。

4.开展社区培训和能力建设

社区培训和能力建设是提高社区居民参与旅游发展能力的重要措施。通过提供旅游服务、文化保护和环境保护等方面的培训，可以提高社区居民的专业技能和自我发展能力。这些培训应根据社区居民的需求和旅游项目的特点进行设计和实施。如四川省的九寨沟县，当地政府开展了"旅游服务技能培训"项目，为社区居民提供酒店管理、导游服务和文化表演等方面的培训。这种培训不仅提高了社区居民的就业机会，还增强了他们对旅游发展的贡献。

第三节　生态民宿可持续建设的保障措施

一、强化政府政策引导与监管

政府可以通过政策制定及实施来规范行业发展，推动环境保护，提供必要的资金支持和技术支持，引导企业生产行为和消费者市场行为等，故政策引导对于生态民宿的可持续建设至关重要。而政府监管则可以确保政策执行到位，防止滥用和欺诈行为，保护消费者权益，维护市场秩序。因此，政府政策引导与监管都是确保生态民宿可持续发展的有效措施，必须高度重视。

（一）制定政策与法规

政策与法规的发布有助于引导市场行为。一方面，政府可以通过出台如税收优惠、财政补贴、绿色信贷等政策，激励生态民宿的发展。另一方面，严格的环境保护法规和建筑标准也有助于规范生态民宿的建设和运营。例如，2022年我国出台了《关于促进乡村民宿高质量发展的指导意见》，意见中指出要加强政策扶持，包括财政资金支持、金融支持、土地政策支持等，促进乡村民宿的发展。又如，2024年5月欧盟修订的《建筑能效指令》（EPBD）要求成员国提高建筑能效标准，包括生态民宿在内的所有建筑都必须符合更高的能效要求，这对新建建筑起到了警示作用。

（二）加强监督与执行

政策的有效实施离不开监督和执行制度来保障。在生态民宿行业中，缺乏有效监督可能会导致不公平竞争和市场混乱。少数投机的经营者会因为缺乏环保意识而采取不可持续发展的经营模式，从而在成本上获得不正当竞争的优势。

（三）明确处罚措施

处罚措施的明确化对于强化法规的威慑力起到助推作用。法规的执行效力在很大程度上依赖于违法成本的设置，当违法成本高于守法成本时，法规的遵守率会显著提高。因此，明确的处罚措施可以有效地阻止潜在的违法行为。此外，明确的处罚措施还有助于提升整个生态民宿行业的自律水平，当生态民宿业主知道违反规定会受到严厉处罚时，他们会更加遵纪守法，从而提升整个行业的服务质量和管理水平。

二、加大资金投入与技术支持

资金投入和技术支持是确保生态民宿可持续建设的两大要素。一方面，生态民宿的可持续建设需要前期的规划、设计、建设以及后期的运营和维护，这些环节都需要充足的资金支持。资金的投入可以确保使用高质量的环保材料、先进的节能技术和专业的运营团队，使得生态民宿能够高质量地持续建设。另一方面，技术支持有助于提升生态民宿的可持续性。应用绿色建筑技术、可再生能源技术、水资源管理等技术，可以显著提高生态民宿的环境友好性。此外，技术支持还包括对生态民宿经营者和员工的培训，提升他们的环保意识和专业技能。

（一）财政补贴与激励机制

通过财政补贴可以降低生态民宿可持续建设的实施成本，同时激励生态民宿经营者遵守可持续建设和运营的制度和标准。政府可以设立专项基金，为符合可持续建设标准的生态民宿提供启动资金、运营补贴或税收减免。另外，对那些采用绿色建筑材料、节能技术、废物回收系统的民宿给予额外奖励，以促进生态友好型生态民宿实践的普及。

（二）技术支持与数字化赋能

现代技术能够显著提高生态民宿可持续建设的效率和质量，同时减少资源消耗。政府可以推动数字化平台的建设，如在线预订系统、智能能源管理系统等，以提高生态民宿的可访问性和能源效率。同时，推广使用可再生能源和节能技术，如太阳能、风能等，减少生态民宿可持续建设中产生的碳足迹。

（三）人才培养与专业发展

培养具备专业知识和技能的人才，能够有效支撑生态民宿可持续建设的高质量发展。政府可与教育机构进行合作，开设相关的课程和培训项目，如生态旅游管理、绿色建筑、环境科学等；或者为生态民宿的相关从业者提供在职培训和职业发展机会，鼓励其提升技能，从而为生态民宿行业培养专业性人才。

三、加强生态环境教育

生态环境教育是指通过各种教育活动和方法，向公众传授关于自然环境和生态保护的知识，培养他们对环境的理解和保护意识，以及参与环境保护行动的能力。这种教育旨在提高个人和社会对环境问题的认识，鼓励人们采取环保行动。生态民宿可持续建设的有效实施需要公众的理解和支持。一方面，公众对环保政策的认知和接受程度直接影响政策的成功执行，通过教育和宣传活动，公众可以提高对生态民宿可持续建设相关政策的理解和支持，从而促进政策的顺利实施。另一方面，受过生态环境教育的个体更有可能参与环保活动，增强公众的环境社会责任感。在生态民宿的可持续建设中，这意味着游客和当地居民将更加积极地参与保护当地环境和文化遗产的行动。

（一）设立环保教育项目

环保教育项目旨在提高公众对生态保护的认识和参与度，这对于生态民宿的可持续建设至关重要。通过教育，公众能够理解生态民宿的价值和其对环境的积极影响，从而更愿意支持和参与可持续旅游。生态民宿可以与当地学校合作，开发以生态保护和可持续发展为主题的课程，让学生从小培养环保意识。另外，生态民宿还可以组织生态旅游活动等实地体验类项目，让游客在享受自然风光的同时，了解生态保护的重要性，从而更加支持生态民宿的可持续建设。例如，灵山岛生态研学项目通过亲身体验和实践活动，让学生深入了解生态系统的奥秘，提高生态和环保意识。

（二）利用社交媒体宣传环保信息

社交媒体是传播环保信息和提升公众环保意识的有效平台。通过社交媒体，可以迅速传播生态民宿的可持续建设实践工作，吸引更多人的关注和参与。生态民宿可以利用内容营销，在社交媒体上发布关于生态民宿的环保故事和成功案例，提高公众对生态民宿的认识，通过在线问答、环保挑战等形式，鼓励公众参与环保行动，增强其环保责任感；或者与环保领域的 KOL 合作，利用他们的影响力推广生态民宿的可持续建设理念。

（三）完善生态旅游环境教育体系

要完善生态旅游环境教育体系，就要推进生态文明教育进景区、进学校、进社区、进企事业单位，培育全民绿色低碳意识。这可以通过完善生态旅游环境教育载体建设来实现，如在景区内设置解说牌、专题折页、路边展示、解说步道、体验设施、小型教育场馆等；在学校内利用研学实践基地、生态环境宣传教育基地等，为学生提供课外活动场所；在社区内利用广播、电视、网络等载体，采用文艺表演等通俗易懂的形式宣传和普及生态文明知识；在企事业单位内将生态文明教育纳入职工教育、培训计划等。

四、完善法律法规与责任追究机制

法律法规能够规范生态民宿的建设和约束生态民宿的运营行为，责任追究机制能够强化生态民宿业主和相关责任人的环保责任意识。完善法律法规和责任追究机制有助于解决生态民宿发展与生态环境保护之间的矛盾，保障生态民宿的可持续建设不牺牲环境。要做好这点，需完成以下几方面工作。

（一）完善相关法律法规

法律法规的完善能够确保生态民宿可持续建设中生态保护原则的贯彻实施，规范生态民宿市场秩序和经营行为，并为生态民宿提供政策支持和保障。例如，2024 年崇明区司法局、文化和旅游局、农业农村委等部门联合出台的《崇明区乡村民宿依法经营指引》就是一个很好的范例，这是上海市首个针对民宿行业的经营指引。该指引有效融合了法律法规、监管要点与经营主体的需求，围绕经营主体的全生命周期，针对乡村民宿的常见问题，做出了针对性解决。崇明区生态民宿众多，这种政策提前介入对规范生态民宿的可持续建设和运营起到约束作用。

（二）建立责任追究机制

建立责任追究机制是保障生态民宿可持续建设的又一重要措施。2018年5月，党和国家领导人在全国生态环境保护大会上的讲话中指出："对那些不顾生态环境盲目决策、造成严重后果的人，必须追究其责任，而且应该终身追责。对破坏生态环境的行为不能手软，不能下不为例。要下大力气抓住破坏生态环境的反面典型，释放出严加惩处的强烈信号。对任何地方、任何时候、任何人，凡是需要追责的，必须一追到底。"这意味着对于违反生态保护法规的行为，如在生态红线范围内违法新建民宿项目，依法追究责任，情节严重的，追究刑事责任。这样的机制可以提高决策者和经营者对生态环境保护的重视，防止因短期利益而损害生态环境的行为，确保生态民宿的发展不会以牺牲环境为代价。

（三）加强执法力度

这包括对民宿经营主体经营资质、登记信息、证照公示等方面信息进行全覆盖检查，引导民宿经营主体自觉亮证、亮照经营。通过利用网络交易平台对生态民宿登记注册情况进行筛查、组织开展现场检查、进行书面审查等方式，对生态民宿行业进行适当引导。此外，规范市场秩序、完善信用体系、加强对乡村民宿经营者的信用评估和管理等措施，也可以确保生态民宿的可持续建设及其将相关活动约束在法律法规的框架内，及时发现和纠正违法行为，保护生态环境。

【本章小结】

本章深入剖析了生态民宿可持续建设的内涵、策略与保障措施，凸显了其在实现经济、社会、文化与环境协调发展中的重要战略意义。生态民宿作为旅游业与生态环境保护的交汇点，其可持续建设不仅是对自然环境的尊重和保护，更是对地区可持续发展目标的积极贡献。

首先，生态民宿的可持续建设全面落实了可持续发展的战略思想，通过促进所在地经济、社会、文化与环境的协调性，保障了生态民宿的健康和持续发展。生态民宿的可持续建设同样也加快了文化和旅游产业的融合发展，通过促进生态教育与旅游产品的结合、丰富当地文化和旅游产品类型，以及强化社会责任与文化传承，展现了民宿产业的可持续发展理念实践成果。

其次，本章探讨了生态民宿可持续建设的策略，包括建立生态民宿运营制度、建立民宿产业生态补偿机制、建立游客低碳消费鼓励机制和创建社区居民收益共享机制。这些策略旨在构建一个既符合生态保护原则又能促进地区经济效益、社会效益和环境效益综合性提升的体系。

最后，本章讨论了生态民宿可持续建设的保障措施，包括强化政府政策引导与监管、加大资金投入与技术支持、加强生态环境教育，以及完善法律法规与责任追究机制。这些措施为生态民宿的可持续建设奠定了坚实的政策和法律基础。

综上所述，生态民宿的可持续建设不仅是对自然环境的保护，更是对可持续发展战略的积极响应。它通过促进绿色经济增长、社会和谐、文化传承和环境保护，为实现地区的长期繁荣稳定提供了有力支撑，具有深远的战略意义。

【本章思考与练习】

1. 请分析生态民宿在推动文化和旅游产业融合发展中的作用，并举例说明如何通过生态民宿的运营实践来加快这一融合过程。

2. 探讨建立游客低碳消费鼓励机制对于生态民宿可持续建设的重要性，并提出至少三项具体措施。

3. 讨论政府在生态民宿可持续建设中的角色及其可能采取的政策引导与监管措施。

第五章　生态民宿建设经典案例选编

【本章导读】

"他山之石，可以攻玉。"本章编者查阅了国内外一些经典的生态民宿建设案例，认为有许多值得借鉴和学习的地方。现精选出意大利 Valentinerhof 民宿和我国的土司大营星空民宿，与读者共同来剖析这些民宿的设计与建设之道。

【本章知识结构】

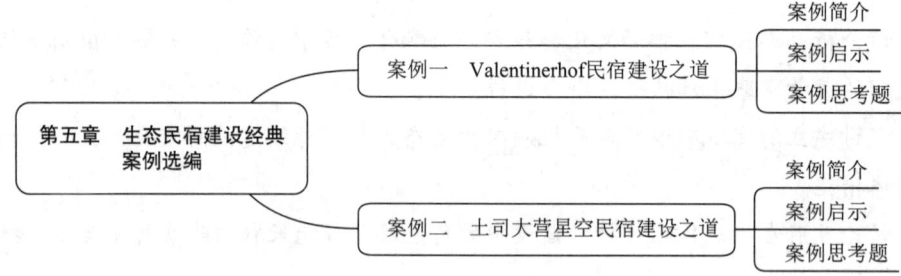

【学习要点】

1. Valentinerhof 民宿的区位环境、设计理念与建造流程及案例启示。
2. 土司大营星空民宿的区位环境、设计理念与建造流程及案例启示。

案例一　Valentinerhof 民宿建设之道

一、案例简介

（一）区位环境

Valentinerhof 民宿位于意大利北部 Kastelruth 村庄里，在阿尔卑斯山南麓海拔约 1200 米的山谷之中。这里的高海拔位置赋予了它清新的空气和凉爽的气候，是避暑和冬季运动的理想之地。民宿毗邻欧洲海拔最高的高山草甸 Seiser Alm，能够观赏到属于阿尔卑斯山脉的 Dolomites 山景。Dolomites 地区凭借其卓越的自然美景和生物多样性，于 2009 年被联合国教科文组织列为世界自然遗产地。这片山脉以其锯齿状的山峰和独特的地质结构而闻名，不仅拥有峰丛、峰针、岩墙等国际地貌学研究中标志性的景观类型，还兼具冰川侵蚀作用下形成的冰川地貌，以及以岩溶为特征的喀斯特地貌。如此良好的区位环境奠定了 Valentinerhof 民宿建设品质生态民宿的基础。

（二）Valentinerhof 民宿的设计与建造

1. 设计理念

Valentinerhof 民宿的设计理念深刻体现了人与自然和谐共生的原则，很好地展现了生态体验性、居住舒适性、美学观赏性、文化传承性、可持续发展性等特征（见图 5-1）。通过精心布局，民宿的每个空间都巧妙地引入了周围的山峦景观，强调了建筑与自然环境的融合。山脉的壮丽景色与民宿的每个角落相得益彰，营造出一种无处不在的自然氛围。其中，位于西南侧的新建筑顺应自然地势，与地面融为一体，同时沿袭了露天舞台的特点。

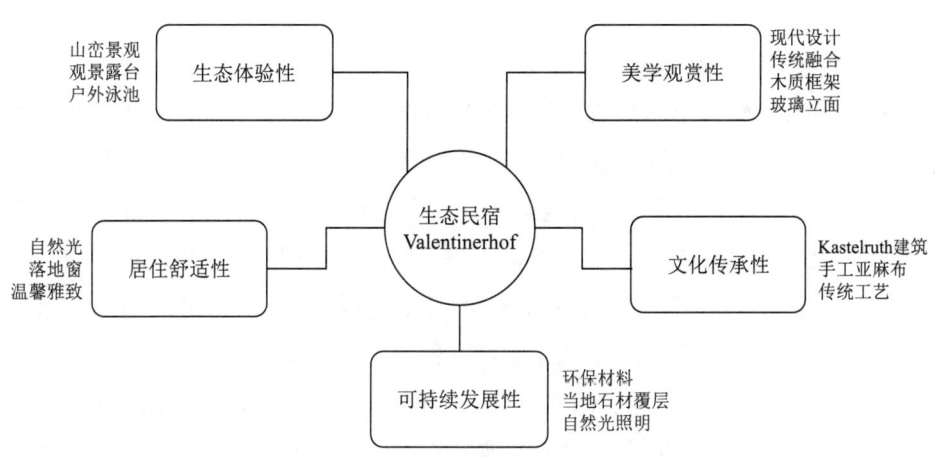

图 5-1　Valentinerhof 民宿的设计理念

（1）融入 Kastelruth 传统风格的建筑形态

整个民宿以"阶梯式"架构为核心特色，阳光下天然石头覆层和木质框架的投影落到酒店的落地窗上，也倒映在泳池里、湖里和海景里。这一设计灵感源自 Kastelruth 地区的传统建筑风格，如 Heuharpfen 双层农场、Futterhaus 农舍和 Paarhof 双配农场的布局。设计团队 noa* 建筑事务所在保留传统元素的同时，将现代设计理念自然融入其中，使得民宿既保留了当地的文化底蕴，又展现出了独特的现代气息。通过"阶梯式"架构，民宿巧妙地利用 Bolzano 盆地中的山丘地形，将建筑分为两个朝向南部山谷的小体块，这样不仅凸显了宽广盆地与壮观山脉的强烈对比，而且还创造了开阔的视野，让住客能够全方位地沉浸于 Schlern 山的壮丽景色之中。此外，不规则的木质框架将周围景观以不同长度的木条连接和封闭起来，为顾客营造了一种与自然和谐共存的空间体验。在山脉景观柔软的剪影间，地面成了主要的聚居点。分散的木质结构组成了建筑的外立面，并中和了由坚硬混凝土建筑所带来的冰冷感。

（2）精心构筑景观节点的独特创意

该民宿注重景观节点的打造并表现出精湛的建造工艺，全景图和山的轮廓边界以及水元素构成了景观视野的主要观赏点。大厅中有一面墙几乎全部由透明的玻璃构成，形成了一个巨大的观景窗，将山谷和雪山的绝美风光一览无余地呈现在顾客眼前。而民宿内的泳池更是被誉为"世界上最美如画的泳池"。作为民宿的标志性景观，泳池模糊了室内外的界限，让顾客能够最大限度地拥抱自然，体验自然之美，享受身心放松的幸福体验。在这里，顾客可以一边畅游于清澈的水中，一边欣赏着周围的山川美景，感受大自然的无限魅力。此外，民宿还精心设计了一个独特的"观景露台"，进一步提升了景观节点的丰富性和体验感。这个露台采用开放式设计，四周被郁郁葱葱的绿植和鲜花环绕，中央则摆放着舒适的座椅和茶几，为顾客提供了一个绝佳的观景点和休闲场所。

（3）注重空间营造的温馨与舒适

Valentinerhof 民宿注重自然资源与传统建筑布局的融合。大堂和新客房的玻璃立面强调了室内与室外、酒店与景观的对话，拉近了空间与自然环境的关系。几乎所有套房都以正方平面形式呈现，巨大的落地窗让自然光能够最大限度地进入室内，照亮了房间中包括浴室在内的所有空间。大床朝向山谷景观，恰好摆放在室内与室外空间的交界处，让客人在清晨醒来时就能沐浴在自然光线下，感受大自然的亲近。舒适的家具、特别定制的锥形吊灯、锥形落地灯、落地书架，给顾客家一般的感觉。

同时，民宿还设有休息区、酒吧等公共空间，为住客提供了舒适的休闲环境。其中，纯白色调的走廊，有 40 个半注水的玻璃装置从楼梯顶部悬挂下来，灯光透过水和玻璃分裂成色谱，像是彩虹的碎片投射在墙壁、地板与天花板上，形成新老建筑间以及房间和健身区间的景观连接载体。这里的楼梯则构成了民宿空间里别致的雕塑景观。休息区被布置得温馨而雅致，柔软的沙发、舒适的座椅以及柔和的灯光，合成了一个放松身心的绝佳场所。民宿的酒吧设计同样注重自然元素的融入，木质的吧台、复古的灯具以及精心挑选的装饰品，都让人感受到一种温馨而亲切的氛围。此外，民宿还特别设计了一个位于健身区 1.5 米以下的空间，即与室外的天然湖处在同一水平面上的草药桑拿房，让客人可以在享受桑拿的同时欣赏到户外风景及其倒映在宁静湖面的影像，形成镜面对称之感，增加了景观的多样性和画面感。

（4）兼顾传统工艺与环保建材的合理搭配

在材料选择上，设计团队坚持使用传统的木材、玻璃、亚麻布以及石头覆层等，这些材料不仅环保、耐用，而且能够传达出温馨和浪漫的氛围。例如，客房内的日式床垫、将房间露台轻微分离的隔布，都是由长达90年历史的传统亚麻布手工编织而成，这些不仅体现了对传统工艺的尊重，而且为住客提供了舒适的睡眠体验。设计团队还为民宿的外墙装饰选用了当地特有的石材进行覆层处理，这些石材坚固耐用，减少了对化学建材的依赖，同时能与周围的环境完美融合，展现出一种质朴而自然的美。

2. 建造流程

Valentinerhof民宿的建造升级始于2011年，当时noa*建筑事务所受邀对原有酒店进行翻修与改造规划。在最初的规划中，noa*建筑事务所全新设计并增加了14间宽敞套房，使场地面积扩增至1100平方米；同时规划了全新的健身区域以及带有酒吧和餐厅的新大堂。在规划确定后，设计团队利用3D和4D软件进行空间组合的深入探索，并借助三维可视化技术对表面和材料进行创新性的重组与细节优化。他们根据民宿的定位和目标客群，设计了独特的建筑形态、景观节点和空间营造方案。同时，他们还注重细节的处理，如家具、照明、室内装饰等，确保每一处都符合民宿的整体风格。2017年，Valentinerhof民宿再次委托noa*建筑事务所进行第二次扩建，扩建的主题是为对面的Schlern山峰提供一座安静的舞台和观众。整个工程在当年完成，为酒店增加了一座西南侧楼和一座可以连接所有现有建筑结构的主楼。

在施工阶段，设计团队与民宿业主精心选择了施工队伍并全程参与，确保施工质量符合设计要求。在施工过程中，特别注意保留和强调山景，通过落地玻璃门和大床的布局，让每位客人都能在醒来时欣赏到壮丽的山谷和雪山景色。民宿投入运营后，设计团队仍继续关注其运营情况，他们定期与民宿所属的家族运营管理团队进行沟通与交流，并提供专业的维护建议和服务。

3. 品牌影响力

Valentinerhof民宿在改建后不久，便荣获了"欧洲最佳睡眠酒店设计奖"（2012年）。10多年来，Valentinerhof民宿凭借其独树一帜的设计理念和精湛的建造工艺，持续在国际舞台上获得广泛关注与高度评价。全球众多媒体对Valentinerhof民宿进行了广泛报道，这些报道显著提升了民宿的知名度，吸引了众多顾客的目光。特别是ArchDaily等专业建筑和设计平台的报道，进一步巩固了其作为设计典范的地位。随着品牌影响力的逐步扩大，Valentinerhof民宿吸引了越来越多的顾客前来体验其独特的住宿环境。如今，Valentinerhof民宿不仅成为意大利乃至全球民宿行业的领军品牌，还为行业树立了新的服务和设计标准，为顾客提供了美好的住宿体验。

二、案例启示

（一）精准定位与市场需求相结合是该民宿成功的关键

Valentinerhof 民宿拥有得天独厚的自然景观资源。设计者充分利用这一优势，将民宿定位为高端精品民宿，吸引了大量追求高品质住宿体验的顾客。同时，民宿在设计与服务上都充分考虑了顾客的需求，如提供个性化的服务、打造独特的景观节点等，从而赢得了顾客的高度评价。

（二）文化传承与创新并重是该民宿成功的亮点

该民宿在保留 Kastelruth 地区传统建筑风格的基础上，巧妙地将现代设计理念融入其中，创造了一个既传统又现代的空间环境。这种文化传承与创新并重的做法，不仅让顾客能够感受到当地的历史与文化，还能让他们享受到现代生活的便捷与舒适。

（三）可持续发展理念是该民宿成功的指导思想

该民宿在材料选择上注重环保和耐用性，如使用传统的木材、玻璃、亚麻布以及石头覆层等，减少了对环境的压力。同时，民宿还注重节能减排，如利用自然光采光、采用节能设备等，降低了能源消耗，实现了绿色生产。这种可持续发展理念的践行，不仅符合当今社会的绿色发展趋势，也为民宿的生态化持续发展提供了保障。

三、案例思考题

1. 如何融合当地建筑风格与传统工艺等文化元素，实现生态民宿设计中的创新与文化传承？
2. Valentinerhof 民宿如何通过景观设计和空间布局提升入住客人的住宿体验？
3. 在生态民宿建设过程中，如何实现材料成本与环保要求的平衡？

案例二　土司大营星空民宿建设之道

一、案例简介

（一）区位环境

万马归朝土司大营星空民宿坐落于湖南省湘西土家族苗族自治州永顺县境内。永顺县于2020年成为湖南省首批全域旅游示范区，2021年获得中国最美乡村百佳县等荣誉称号。该民宿居于国家AAAA级旅游景区（2016年获评）老司城景区万马归朝景点的核心区域内，该区域2022年被评为湖南省五星级乡村旅游区（点）。民宿毗邻湖南省首个世界文化遗产湖南老司城遗址（2015年，包括湖南老司城在内的土司遗址被评为世界文化遗产）（见图5-2）。老司城遗址是中国规模最大、保存最完整、历史最悠久的古代土司城市遗址，是西南民族地区保存最为完整的军事性城堡，还是中国南方民族地区最具典型的古文化遗存。

图5-2　老司城景区
（图片来源：由永顺土司文化旅游发展集团有限公司提供并授权使用）

土司大营星空民宿地处武陵山脉与雪峰山脉交界处。在这里，雄伟的武陵山脉塑造出层峦叠嶂的地形，峻岭连绵起伏，而民宿正对着如同万马奔腾般的十万大山。周边植被丰茂，拥有50余处大小不一的景点。因位于山顶，民宿享有充足的阳光、清新的空气和宜人的景色，顾客可以在清晨观赏日出和云海，傍晚时分欣赏绚烂的晚霞（见

图5-3)。该地区经常出现云海景象，特别是在雨后的晴朗天气中，云海翻涌，宛如人间仙境。如此良好的生态环境，加之迷人的自然景观和世界遗产级的人文景观，这里的民宿一定能给顾客提供以自然生态和人文生态为特色的体现当地生产生活方式的旅游活动。

图5-3 当地的日出、云海景观
（图片来源：由永顺土司文化旅游发展集团有限公司提供并授权使用）

（二）土司大营星空民宿的设计与建造

1. 设计理念

（1）尊重自然生态，融合现代居住理念

土司大营星空民宿的设计理念体现了对自然生态的尊重与保护。设计团队以巧妙的手法，使民宿与周边自然环境浑然一体，既完整保留了山巅的原始风貌，又运用现代建筑技术，达成了与自然界的和谐共存（见图5-4）。民宿设计将野奢浪漫的定位与低碳环保的理念相结合，体现了住宿体验的亲自然性。

在建筑结构上，设计团队在"土王行宫""宣慰使帐"等特色客房中采用了PVC篷布结合钢结构的预制建筑形式，确保了建筑结构的坚固与持久，同时极大地减轻了对地表的干预。另外，还融合了现代审美元素与土家族传统文化元素，将这些帐篷式客房建造成为既富有民族风情又不失时尚感的居住空间。宾客置身帐篷之内，可通过透明的篷顶，直接观赏璀璨星空，沉浸于大自然的静谧与奇幻之中。

图 5-4 老司城土司大营度假区
（图片来源：由永顺土司文化旅游发展集团有限公司提供并授权使用）

还有，民宿的木制客房全部选用天然原木构建，完好保留了木材的原始质感与自然纹理。在客房内部则配备完善的现代化设施，其中排水系统特别采用了生态雨水收集与循环利用技术，有效地减少了水资源的消耗；照明系统则全面选用了节能灯具，大大降低了能源消耗及光污染。这些都体现了民宿对环保理念的全面践行。

（2）关注人居体验，提升顾客幸福感

整个土司大营将野奢木屋、房车、帐篷、高铁营房、游轮等多种形态的住宿设施错落有致地散布于山顶四周，与自然环境和谐共生。每间民宿均享有独立门户与大小不等的观景台，让顾客能从多角度观赏万马归朝的壮丽景观。顾客在享受现代居住舒适性的同时，也能深深沉浸于大自然的怀抱，寻找心灵的回归。

土司大营度假区以"彭氏土司安营扎寨"为历史背景，集旅游观光、休闲度假、特色娱乐及农文旅融合于一身。土司大营星空民宿与土司大营度假区的其他项目完美融合，精致的木屋与营帐隐匿于葱郁之中，与连绵不绝、气势恢宏的"土司兵阵"岩石群相映成趣。民宿顾客在房门口就可以参与并体验各类主题篝火晚会、土家族传统舞蹈表演及非遗文化展示等活动，深入领略土家文化的独特韵味与深厚底蕴。此外，贴心的管家服务，使亲子、情侣、家庭、团队等不同类型的顾客都能在这里找到归属感。

（3）承载文化记忆，促进文化传承

民宿所在区域因曾是彪悍的土家士兵所驻扎的兵营，而得名土司大营。在民宿的设计与建造过程中，经营者与设计团队精心复刻了土司时期的官衔文化，通过多样化的房型设置，使顾客在住宿体验中能够穿越时空，亲身感受土司时代的等级秩序与生活风貌（见图 5-5）。从尊贵奢华的"土王行宫"到质朴简约的"峒主帐"，每一种房型都精准对应土司时期的不同官衔与地位，全方位展现了土司文化的丰富性和多样性。

民宿内各房型的命名均严格遵循当年土司官衔，并依据官衔的高低，精心规划了房型的奢华程度与简约风格，涵盖了宣慰使（从三品）、宣抚使（从四品）、招讨使（从五品）、长官使（正六品）、土土州（从六品）以及峒主等各级土司官职。这样的设计理念，让顾客在享受现代居住设施的同时，也能深刻体会到历史的沉淀，从而强化了文化的传承与人文的交流互动。

此外，二层土家民族特色建筑翼南别院，是专门为纪念土家族抗倭民族英雄彭翼南而建的。大厅内精心布置了彭翼南的生平简介、描绘其王江泾大捷的抗倭名战墙壁画、象征其家族荣耀的"子孙永享"牌坊，以及寓意深远的"彭氏六德"土家草木画。这让顾客在饱赏如画风光的同时，还可了解更多土家族人文故事，产生爱国爱家的情怀。

图 5-5　土司大营星空民宿山巅俯瞰图
（图片来源：由永顺土司文化旅游发展集团有限公司提供并授权使用）

（4）植入历史故事，活化住宿设施

整个营地依山势而建，从山脚的停车场起始，顺着山腰向山顶延伸，从开放空间逐步过渡到私密区域。这样的布局不仅顺应了地形，也反映了土司时期严格的等级制度（见图 5-6）。在土司时代，生活和住房的等级划分极为明确，这种等级制度在星空民宿的建筑形态和布局中得到了体现。地势越高的民宿，其地位和建筑的奢华程度也越高，以此来彰显土王至高无上的尊严。例如，在"岩子土大堡"山巅的"土王行宫"是最为豪华的民宿，建筑面积达 110 平方米，其帐篷结构不仅提供了宽敞的使用空间，还配备了完善的设施，营造了绝佳的视觉享受。而次一级的"宣慰使帐"则是由较为豪华的帐篷构成，室内和观景台总面积约 50 平方米，帐篷内部包括屏风、客厅、主卧和次卧等部分，确保了居住的舒适性和私密性。相比之下，"长官使帐"则采用了野奢木屋的设计，钢木结构的房屋下部由钢架支撑，上部则是木屋，屋顶呈"人"字形，既具有防风功能，又巧妙地融入自然环境之中（见图 5-7）。

图 5-6 土司大营星空民宿山巅俯瞰图
（图片来源：由永顺土司文化旅游发展集团有限公司提供并授权使用）

土王行宫

宣慰使帐

宣抚使帐

长官使帐 1.8 米房型
（野奢木屋）

图 5-7 土司大营星空民宿部分房型
（图片来源：由永顺土司文化旅游发展集团有限公司提供并授权使用）

2. 建造流程

土司大营星空民宿建设可以分为如下两个阶段：

第一阶段：土司大营星空民宿及其度假区的初步建设

土司大营星空民宿作为土司大营度假区的重要组成部分，从一开始就选址在武陵山脉的山巅位置。设计团队在最初的概念设计上就重点考虑了土司文化和当地自然环境，创新设计了民宿的整体风格和功能布局。从详细设计到具体建造，整个土司大营度假区内最终形成了 96 个特色房间。土司大营于 2021 年初正式开园，并由湘西福义岔文化旅游开发有限公司负责后续的建设和管理。

第二阶段：配套设施的完善和娱乐项目的升级

土司大营度假区内民宿及其主体建筑建设完成后，设计团队与经营者还规划了包括交通设施在内的配套设施，以方便游客。如永顺县老司城万马归朝农村公路改造工程，为游客提供了更便捷的交通。周边的娱乐项目也进一步升级，2022 年土司大营度假区游乐园开始试营业，引入了悬崖秋千、彩虹滑道等游乐项目。2024 年，作为第三届湘西州旅游发展大会的重点建设项目，土司大营度假区总投资 1570 万元，建造了游客接待中心和非遗展示中心。这些建设项目不仅增强了土司大营度假区的整体接待能力，也为到访土司大营星空民宿的游客提供了多样化的体验。

3. 品牌影响力

由于自然风光、土司文化和便利交通的三重加持，土司大营星空民宿刚营业不久，就成为旅游市场关注的热点。通过抖音等社交媒体平台，土司大营依赖于独特的土司文化和自然风光，获得了广泛的品牌推广。不止如此，土司大营星空民宿还带动了湘西州和永顺县的知名度的提升，为当地旅游业的发展做出了拉动性贡献。2024 年 11 月，土司大营星空民宿协同接待了土家族舍巴节的近千名嘉宾参加当地的旅游展会活动，获得了大量的曝光与引流机会。

二、案例启示

该民宿这一成功案例，验证了生态旅游与文化遗产保护之间相辅相成、相得益彰的紧密关系。民宿在规划与建设过程中，需要深刻把握生态旅游的精髓，即尊重自然、保护生态，并在此基础上创新性地融入在地文化元素，使传统文化得以在新的时代背景下焕发新生。这种融合并非简单的复制或堆砌，而是通过精心的设计和巧妙的布局，将传统文化的独特魅力与现代居住体验完美结合，为顾客打造既具有深厚文化底蕴又能享受自然之美的住宿环境。

更为重要的是，该民宿的成功实践，不仅丰富了旅游产品的内涵，提升了其吸引力，更为文化遗产的保护和传承开辟了一条新的途径。文化遗产并非孤立存在的，而是可以与现代生活、与旅游业发展紧密结合，成为推动地方经济、促进文化交流的重要力量。

三、案例思考题

1. 案例中的民宿是如何通过建筑设计（如结构、形态、装饰等）来体现和传达土家族土司文化的？

2. 案例中的民宿在设计过程中是如何将土家族的传统文化元素与现代审美标准相结合的？

3. 生态民宿在空间布局上应如何平衡私密性与开放性的关系，即既能保证顾客的住宿舒适度和安全性，又能让顾客充分体验当地自然与文化之美？

【本章小结】

本章通过分析意大利 Valentinerhof 民宿和中国土司大营星空民宿两个案例，在一定程度上展示了生态民宿独有的设计与建设之道。Valentinerhof 民宿以其天独厚的自然环境和融合传统与现代的设计理念，打造了高端精品住宿体验，强调人与自然的和谐共生；同时通过精心的景观节点设计和舒适的居住空间营造，提升了顾客的住宿体验。土司大营星空民宿则依托于丰富的自然景观和深厚的历史文化，将现代居住理念与土家族传统文化相结合，通过独特的建筑结构和房型设计，让顾客在享受自然美景的同时，体验土司文化的魅力，促进了文化遗产的传承与保护，同时也带动了当地旅游业的发展。这两个案例都强调了精准定位、文化传承与创新、可持续发展的重要性，为生态民宿建设提供了宝贵的启示。

【本章思考与练习】

1. 对比意大利 Valentinerhof 民宿和我国土司大营星空民宿在设计理念、建设实践、运营管理等方面的异同。

2. 假设你要设计一家生态民宿，参考 Valentinerhof 民宿和土司大营星空民宿的创新点，你会如何将其生态环保、文化融合、提升游客体验等方面的创新理念融入你的设计中？请具体阐述你的设计思路。

下篇

生态民宿营销方法与精选案例

第六章　生态民宿营销基础理论与基本方法

【本章导读】

生态民宿营销是推动生态民宿行业可持续发展的关键力量。在众多住宿产品选择中，生态民宿面临着酒店、传统民宿等大量竞争产品。同时，伴随着消费者的消费观念升级，大众对住宿的要求不再局限于简单的"有床可睡"，而是追求个性化、差异化的住宿体验，他们希望民宿产品能展示出独特主题、文化内涵和当地特色。这要求生态民宿经营者掌握有效的营销理论和方法，更好地挖掘和展示自身的特色，精准地满足消费者的个性化需求，从而在激烈的市场竞争中脱颖而出。本章将引导大家深入了解生态民宿营销的基础理论与基本方法，从而为生态民宿的市场推广和可持续发展提供有力支持。

【本章知识结构】

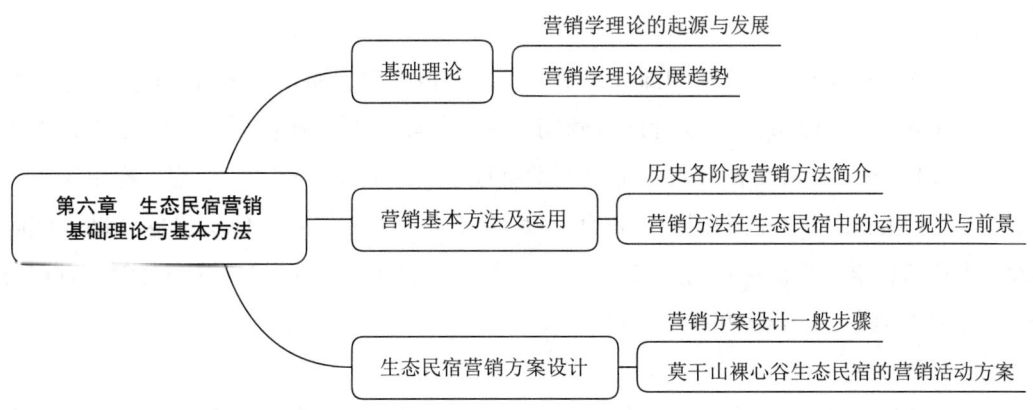

【学习要点】

1. 生态民宿营销的基础理论背景、代表人物及核心内容。
2. 生态民宿营销的基本方法及运用成效、前景。
3. 生态民宿营销方案设计的步骤。
4. 生态民宿营销方案设计的案例分析及经验总结。

第一节　基础理论

生态民宿营销并非孤立的活动，其理论构建需依托营销的基础理论。只有深入了解营销的发展历程及核心理念，才能更好地运用生态民宿营销的系列方法。在生态民宿营销实践中，需要根据不同的营销理论，结合市场发展现状来选择合适的营销方法，以实现生态民宿的市场推广、客流量增加、客户满意度提升等营销目标，从而推动生态民宿行业的可持续发展。

一、营销学理论的起源与发展

（一）近代营销理论（1840—1945年）

1. 理论背景

营销理论的起源可以追溯到19世纪的美国，美国的工业革命带来了大规模的生产，这一阶段的市场产品数量大幅增加，市场状态亦逐渐从卖方市场向买方市场转变，企业开始面临产品销售的压力，需要寻找更有效的销售方式，这促使了近代营销理论的产生。

1902年—1905年，美国的部分大学（如密歇根大学、加州大学伯克利分校等）开始开设市场营销相关课程，这标志着营销作为一门学科开始初步形成。1905年，克罗伊西（W.E.Kreusi）在美国宾夕法尼亚大学讲授了"产品市场营销"课程，提出了"市场营销"（Marketing）这个词。1937年，美国市场营销协会（AMA）成立。进入该阶段，市场营销学的理论体系已经初步建立，但其研究只限于产品销售这一范围，着重研究产品的推销术、广告术和推销策略。

2. 代表人物

19世纪处于营销理论的初步发展阶段，这一阶段的企业界人士和经济学家的观点对营销理论的发展起到了推动作用。

赫杰特齐（J.E.Hegertg）——1912年，美国哈佛大学出版的赫杰特齐编写的世界上第一本Marketing的教科书，标志着市场营销学作为一门独立学科的诞生。

肖（A.W.Shaw）——1912年，肖在《经济学》杂志上发表了题为"关于市场分配的若干问题"的论文，强调了以市场为导向的经营观念，助力营销学理论趋向明朗。

约翰·洛克菲勒——其建立的标准石油托拉斯所采用的将勘探、生产、运输、精炼、销售纳入一个公司体系的做法，是对提高交易效率、降低成本的一种探索，对后来营销理论中关于流通效率和交易成本的思考有一定的启发。

3. 基本内容

（1）推销理论

推销理论的起源可以追溯到19世纪末至20世纪初的美国，当时美国正处于从农业社会向工业社会的转型期，商品经济逐渐发展，企业面临着如何将产品销售出去以获取利润的问题。推销理论的核心内容是以顾客需求为出发点，通过建立与顾客之间的信任关系，精准地向顾客传递产品价值，积极且有效地处理顾客提出的各种异议，敏锐地捕捉购买信号并利用适当的促销策略，在合适的时机促成顾客的购买行为。

（2）USP（Unique Selling Proposition）理论

USP理论起源于20世纪的美国，由当时的美国Ted Bates广告公司董事长罗瑟·瑞夫斯首创。彼时美国处于经济恢复初期，电视广告盛行，瑞夫斯意识到广告要得到消费者认同，不能仅凭主观填充内容，于是提出了这一理论。USP理论的核心内容在于强调向消费者传达独特的销售主张，一是主张具备明确的利益承诺，即指出产品能为消费者带来的实际利益；二是主张突出独特性，即竞争对手所未提或无法提出的独特性；三是主张强而有力，能精准击中消费者的关注点，有强大的吸引力与说服力以影响购买决策。

（二）近现代营销理论（1945—1970年）

1. 理论背景

第二次世界大战结束后，世界经济逐步从战争创伤中恢复并进入快速发展阶段。各国政府和企业纷纷采取措施促进经济增长，市场活力逐渐恢复，消费者购买力显著增强。随着经济的复苏和人民生活水平的提高，市场需求不断扩大，消费者对产品的需求不只限于基本生活必需品，还更加注重生活质量和个性化需求，他们不再满足于简单的物质享受，而是追求更多的精神享受和个性化体验，这包括更多样化和高质量的产品和服务。这种消费观念的转变促使企业必须更加关注消费者的心理需求和行为模式，因此推动了市场营销理论的发展。

这一阶段，学者们开始从多个角度探讨市场营销的本质和规律，提出了许多新的理论和观点，市场营销学的理论体系得到了进一步的发展和完善。学者们不仅关注产品的销售策略，还开始进行市场调研、消费者行为分析、品牌管理等多个方面的内容，这为企业制定更加科学、有效的营销策略提供了理论支持。其中，最具代表性的是4P理论和市场细分理论。

2. 代表人物

杰罗姆·麦卡锡（E. Jerome McCarthy）——他在1960年出版的著作《基础市场营销》中首次提出了著名的4P营销组合理论，即产品（Product）、价格（Price）、渠道（Place）和促销（Promotion）。这一理论成为市场营销学的核心概念之一，广泛应用于企业的营销实践中。

温德尔·史密斯（Wendell R. Smith）——他在1956年提出了"市场细分"的概念，认为企业应该根据消费者的需求差异将市场划分为不同的细分市场，并针对每个细分市场制定专门的营销策略。这一理论为企业提供了更加精准的市场定位方法，有助于提高市场占有率。

西奥多尔·莱维特（Theodore Levitt）——他提出了"营销近视症"的概念，指出企业往往过于关注自己的产品而忽视了消费者的需求变化。他认为，企业应该以消费者为中心，不断调整产品和服务以适应市场需求的变化。

菲利普·科特勒（Philip Kotler）——他被称为"现代营销学之父"。他提出了"优秀的企业满足需求及杰出的企业创造市场"的观点，并将市场营销从推销、广告和市场研究扩展到更广泛的沟通和交流过程，使市场营销成为一门系统化的学科。同时其在1967年出版的《营销管理》成为营销学的经典教材。

西德尼·莱维——他在1959年首次提出了"品牌形象"的概念。他强调品牌不仅是一种标识，更是一种复杂的象征，其通过广告和营销活动建立独特的品牌形象，可以增强消费者的忠诚度和品牌价值。

3. 基本内容

（1）4P营销理论

4P营销理论的主要内容是指产品（Product）、价格（Price）、渠道（Place）、促销（Promotion）。企业需要综合考虑这四个要素，从而制定营销策略。产品方面，要注重产品的研发、设计和质量；价格方面，要根据产品成本、市场需求和竞争情况制定合理的价格；渠道方面，要建立高效的销售渠道，确保产品能够顺利到达消费者手中；促销方面，要通过广告、促销活动、公共关系等手段，提高产品的知名度和销售量。

（2）市场细分理论

该理论最早由美国营销学家温德尔·史密斯在1956年提出，后经菲利浦·科特勒进一步发展和完善。该理论包括细分市场（Segmentation）、目标市场（Targeting）和市场定位（Positioning）三个步骤。具体而言，市场细分理论是指企业根据消费者的需求差异将整个市场划分为若干个具有相似需求的子市场的过程。通过对这些子市场的深入研究，企业可以更好地了解目标客户的需求特点，从而制定出更具针对性的产品和服务方案。市场细分理论有助于企业发现新的市场机会，提高市场竞争力。

（3）绿色营销理论

随着环境保护意识的增强，绿色营销逐渐成为一种新的趋势。绿色营销理论强调企业在产品设计、生产、销售等各个环节都要考虑到环境保护的因素，通过提供环保型产品和服务来实现经济效益和社会效益的双重目标。绿色营销理论有助于提升企业的品牌形象和社会责任感。

（4）品牌形象理论

由大卫·奥格威在20世纪50年代末60年代初提出，认为消费者购买时看重的是产品实质与心理利益之和，当产品实质化利益难以凸显时，应注重通过品牌形象化的方式赢得消费者心理和选择上的青睐。

（三）现代营销理论（1970—2012年）

1. 理论背景

随着科技的快速发展，信息技术、通信技术等不断得到应用，市场环境变得更加复杂多变。互联网的普及和移动设备的广泛应用使得信息传播速度加快，消费者获取信息的渠道更加多样化，同时消费者的需求更加多样化、个性化，其对产品的品质、品牌、服务等方面的要求也越来越高。这种需求的变化促使企业必须更加注重产品质量的提高和品牌形象的塑造。同时，全球化趋势的不断加强，使企业面临着来自全球各地的竞争。跨国公司的兴起使得市场竞争更加激烈，企业必须在全球范围内寻找新的市场机会和竞争优势。这要求企业必须具备跨文化沟通能力和全球视野，以更好地适应不同国家和地区的市场需求和文化差异。在这一背景下，传统的营销理念和策略逐渐显示出其局限性，无法有效应对新的市场挑战。

因此，现代营销理论应运而生，其强调以消费者为中心，注重与顾客建立长期关系，以及通过多种传播手段的整合来提升品牌影响力。这一阶段的学者主要是进一步探究消费者的行为模式，探索消费者购买决策、购买动机和品牌忠诚度的形成机制，并深入分析了如何通过客户关系管理（CRM）系统来收集和分析客户数据，以便更好地了解和满足客户需求等。

2. 代表人物

进入现代营销阶段，营销理论不断丰富和发展，许多具有影响力的人物和理论竞相涌现。

阿尔·里斯（Al Ries）和杰克·特鲁塔（Jack Trout）——其提出了定位理论（Positioning Theory），强调企业要在消费者心目中建立独特的品牌形象和定位。定位理论得到了学术界的广泛认可，该理论被誉为"有史以来对美国营销影响最大的观念"。在美国营销学会评选有史以来对美国营销影响最大的观念时，定位理论位列榜首。同时,竞争战略之父迈克尔·波特将定位理论引入其战略研究中,开创了竞争战略的新领域。

巴巴拉·本德·杰克逊(Barbara Bund Jackson)——其提出了关系营销理论,强调了企业与顾客、供应商、分销商等利益相关者之间建立长期稳定关系的重要性。该理论的提出使对市场营销理论的研究迈上了一个新的台阶,拓展了市场营销的视角。巴巴拉·本德·杰克逊认为,市场营销不仅仅是关于产品或服务的交换,更是关于建立和维护人与人之间的关系。

唐·舒尔茨(Don E. Schultz)——其被称为美国整合营销传播理论的鼻祖,与斯坦利·田纳本(Stanley I. Tannenbaum)和罗伯特·劳特朋(Robert F. Lauterborn)合作,于1992年出版了《整合营销传播》一书。这本书是第一本关于整合营销传播的著述,也是该领域最具权威性的经典著作。整合营销传播理论得到了企业界和营销理论界的广泛认同,并吸引了大批学者在此基础上进行进一步的研究和探索。

劳特朋(Robert F. Lauterborn)——其于1990年在其《4P退休4C登场》专文中首次提出了以顾客为中心的4C理论,即顾客(Consumer)、成本(Cost)、方便(Convenience)和沟通(Communication)。这一理论的提出是为了应对市场环境的变化,特别是消费者需求日益多样化和个性化的趋势。

3. 基本内容

(1)定位理论

定位理论的核心思想是通过在消费者心智中占据一个独特位置,使品牌在竞争中脱颖而出。其本质包含三大要素:一是定位不仅仅是关于产品本身,还关于如何在消费者的心智中建立独特的品牌形象。这意味着企业需要通过营销策略,让消费者将品牌与特定属性、特征或利益联系起来。二是消费者的心智是有限的,他们只能记住有限数量的品牌信息,品牌需要在消费者的心智阶梯中占据一个位置,这个位置通常是基于品牌的独特性或与竞争对手的差异化。三是成为某个领域的"第一"是在消费者心智中占据位置的最有效方法,因为人们往往倾向于记住第一个进入心智的品牌。

(2)关系营销理论

关系营销理论发源于北欧的诺丁服务营销学派(Nordic Services Marketing)和产业营销学派(Industrial Marketing and Purchasing)。巴巴拉·本德·杰克逊于1985年首次提出"关系营销"的概念。关系营销是指通过建立和维护长期的、相互有益的客户关系,以满足客户需求为核心,以提高客户忠诚度和满意度为目标的一种市场营销战略,其核心在于消费者与企业间有一种连续性的关系,其指导思想是怎样使用户成为自己长期的顾客,并共同谋求长远战略发展。进入20世纪90年代后,随着企业组织结构向网络化的转变、战略营销联盟等企业合作形式的推广以及计算机信息技术迅速普及等因素的影响，关系营销吸引了众多学者的研究兴趣，学派纷呈。

（3）整合营销传播理论（IMC）

整合营销传播理论自20世纪80年代末被提出以来，经历了多个发展阶段。最初，该理论主要关注如何通过各种传播活动创造一个统一的组织形象。随着市场竞争的加剧和消费者行为的变化，该理论逐渐演变为一种围绕标杆体系的战略计划方法，涉及更广泛的领域和更复杂的内容。具体而言，整合营销传播理论是指将与企业市场营销有关的一切传播活动一元化的过程。它包括广告、促销、公关、直销、CI、包装、新闻媒体等一切传播活动，并使企业能够将统一的传播资讯传达给消费者。其核心思想是"用一个声音说话"，即营销传播的一元化策略。进入21世纪后，随着互联网和数字媒体的兴起，整合营销传播理论逐渐融入了数字营销的概念，强调目标市场的重要性和传播效果的衡量与评估。

（4）品牌营销理论

品牌营销理论有一个不断发展和完善的过程，它随着市场环境和消费者需求的变化而不断演进。在现代品牌营销理论阶段（20世纪80年代末至90年代），主要以品牌资产理论的提出为标志。企业需要紧跟时代步伐，不断创新和优化品牌营销策略，以适应市场变化和提升品牌竞争力。品牌营销主要是以品牌输出作为核心内容的营销，围绕品牌开展各种营销活动，使企业品牌被更多消费者接受、认同和信任。

（5）文化营销理论

20世纪80年代出现的企业文化研究热潮，推出了一种崭新的理论观点，即把企业价值观作为核心的文化理念，并将其确定为影响企业发展的决定性因素。由此不难看出，文化营销的思想在市场营销理论中已初露端倪。然而，国外营销学界并未就文化营销在此基础上作进一步的研究与探讨，只是将研究重点集中于跨文化的营销研究，阐述文化的区域性对营销的影响。在国内，文化营销理论自20世纪70年代传入我国后，经过多年的教学与科研推进，结合中国的市场营销实践，中国的文化营销理论逐步建立并完善起来。自张志华在1995年首次提出"文化营销"概念至今，已有大量相关论文和专著问世。

（6）新媒体营销理论

新媒体营销理论的起源可以追溯到20世纪90年代，当时互联网开始普及并逐渐商业化。随着互联网技术的发展，企业开始意识到在线市场的巨大潜力，并尝试通过建立官方网站来展示企业形象和产品信息，从而开启了新媒体营销的初步探索。

Web1.0时代：在这个阶段（主要集中在20世纪90年代至2000年初），新媒体营销主要通过公司网站搭建在线形象和提供基本介绍，包括公司简介、产品介绍和联系方式等。这一时期的新媒体营销相对简单，主要是单向的信息传递。

Web2.0时代：大约从2004年起，随着社交媒体的兴起，人们开始能够自由地在网上分享和交流信息。企业开始意识到社交媒体对于品牌宣传和营销的巨大潜力，投入更多资源用于社交媒体平台的建设和运营。同时，在线广告也开始兴起，企业通过搜索引擎进行关键词广告投放以获取更多曝光率。

Web3.0时代：利用大数据、人工智能等技术实现个性化推荐和智能化服务，新媒体营销变得更加精准和智能化。社交媒体成为重要的营销平台，其强大的社交属性和传播力被企业充分利用，进行品牌推广和同用户互动。企业可以根据用户的行为、兴趣和偏好等数据，为用户提供个性化的内容和推荐，提高营销效果。

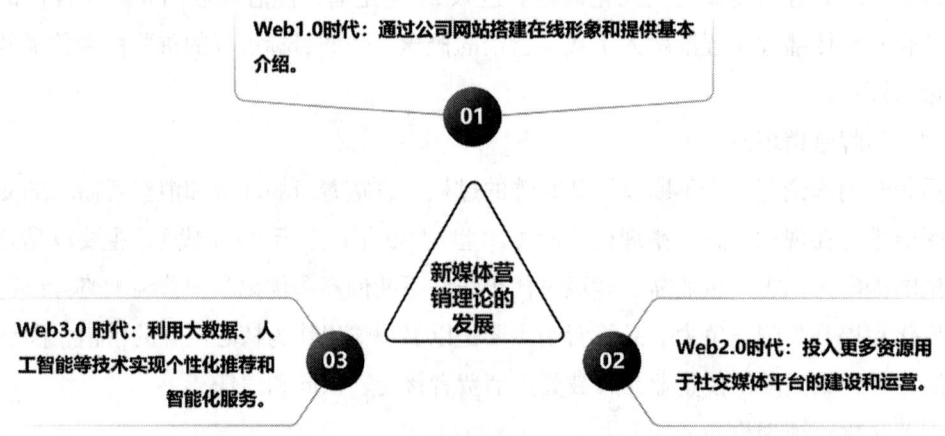

图6-1 新媒体营销理论的发展历程

（7）数字营销理论

数字营销理论的起源可以追溯到20世纪90年代初，当时互联网开始成为商业活动和营销活动的渠道。随着互联网技术的发展，电子商务、网络广告、社交媒体营销等新兴领域不断涌现，数字营销理论也应运而生。这种理论的核心在于将消费者视为"网络节点"，并利用数字渠道进行信息传播和品牌推广。发展至今，现代数字营销理论的核心在于利用数字技术，对营销活动进行数据分析、精准定位、个性化推荐等，提高营销效果和效率。例如，企业通过大数据分析，了解消费者的需求和行为，制定针对性的营销策略。

（8）体验营销理论

体验营销理论的提出和发展是一个不断适应市场变化和技术进步的过程。它强调了消费者参与主动性的重要性，以及企业在各个方面都要注意到市场营销的影响。该理论最早由美国的B.Joseph Pine II 和James H.Gilmore于1998年提出。2001年，波恩特·H.施密特的《体验式营销》首次系统地从战略角度区分了体验式营销与传统营销，并指出体验战术工具由交流、信誉、产品、品牌、环境、网络和人组成。2004年，施密特的

《顾客体验管理——实施体验经济的工具》进一步阐述了体验式营销改变经济发展状态的作用，强调了顾客体验管理的重要性。

（9）4C 营销理论

4C 营销理论全称为"顾客（Customer）、成本（Cost）、便利（Convenience）和沟通（Communication）"营销理论，是由美国营销专家劳特朋教授于 1990 年提出的。这一理论的提出标志着市场营销理念从传统的产品导向转向了以消费者为中心的新阶段。在这一时期，随着市场竞争的加剧和媒介传播速度的提升，传统的 4P 理论（产品、价格、渠道、促销）逐渐显示出其局限性，无法有效指导企业在激烈竞争的市场环境中取得成功。因此，劳特朋教授提出了 4C 理论，强调企业应首先考虑消费者的需求和愿望，然后才是降低消费者的购买成本，提高购买的便利性，并通过有效的双向沟通与消费者建立长期的关系。

（10）4R 营销理论

4R 营销理论全称为"关联（Relevance）、反应（Reaction）、关系（Relationship）和回报（Reward）"营销理论，是由美国整合营销传播理论的鼻祖唐·舒尔茨（Don E. Schultz）在 4C 营销理论的基础上提出的新营销理论。

（四）新时代营销理论（2012 年至今）

随着人工智能、大数据等技术的快速发展，一些新的营销理论和方法不断涌现，如菲利普·科特勒等近现代营销先驱们在新时代营销理论的发展中仍起到很大的推动作用，是新时代营销理论具有广泛影响力的代表人物。

1. 代表人物

菲利普·科特勒——科特勒在《科特勒营销新论》中提出"全方位营销"的概念，强调公司应将创业资源的安排、供应链的管理和客户关系的管理等整合在一起，以换取市场上的更大成功。他认为，互联网技术是整合这些资源的最佳工具，使得市场营销必须成为商业活动的中心，重点必须放在客户身上。再者，科特勒在新时代营销阶段着重提出体验营销理论的重要价值，他指出，未来的经济是体验经济，消费者追求的是品牌所带来的整体体验，而不仅仅是单一的产品功能或优势。因此，企业在进行品牌建设时需要注重创造有价值的体验，与消费者建立情感连接。

唐·舒尔茨（Don E. Schultz）——2017 年，舒尔茨提出了 PAR 理论，即平台与模式（Platforms and Patterns）、技术带来的灵活性（Agility and Actions）和相关性与响应（Relevance and Response）。这一理论强调大数据将成为营销的基础，企业要适应快速的变革，实时预测未来发展方向，并提出解决方案满足消费者需求。PAR 理论为 AI 时代的营销提供了新的框架和思路。

Kim Kadlek——Kadlek 提出了营销策略的新 4P 理论，包括意义（Purpose）、参与（Presence）、接近（Proximity）和合作（Partnership），强调了增强现实技术和社会化媒体的重要性。

2. 基本内容

（1）全方位营销理论

科特勒在其著作《科特勒营销新论》中提出了"全方位营销"的动态概念，这一理论是在新旧经济并存的背景下产生的。全方位营销理论强调企业应在业务和营销思维上做出重大转变，以适应数字经济时代的发展。全方位营销理论的核心是以个别客户的需求为起点，整合企业的全面关系网络，通过掌握客户占有率、客户忠诚度和客户终生价值来达到获利性的增长。这种理论要求企业不仅关注产品本身，还要关注客户价值、企业的核心能力和合作网络，通过资料库管理、可联结协力厂商的价值链整合等手段，实现企业的长期发展。

（2）AI 营销理论

AI 营销理论的起源可以追溯到人工智能概念的提出，但进入新时代营销阶段以后，AI 技术对市场营销的影响日渐增加，主要呈现出三个特征：一是 AI 技术普及到各种设备和产品中，成为人类生活的一部分；二是 AI 技术深刻影响销售规则和客户互动流程；三是 AI 不仅为营销研究提供了新的工具，还开始处理人类的任务，比如在营销研究中的内容分析等方面得到应用。

（3）大数据营销理论

在新时代营销阶段，大数据营销进入快速发展时期。大数据营销理论的核心主要包括数据采集与整合、数据分析与挖掘、深度分析、预测分析等内容。基于大数据营销理论，企业不仅能够收集和分析海量的结构化数据，还能处理非结构化数据，如文本、图片、音频、视频等。人工智能、机器学习等技术与大数据的结合，使得营销决策更加智能化和自动化。企业可以根据用户的实时行为和偏好，进行实时的营销活动策划和执行，大大提高了营销效果和效率。同时，大数据营销的应用场景也不断拓展，除了广告投放和个性化推荐，还应用于市场趋势分析、客户满意度调查、销售预测等多个领域。

（4）区块链营销理论

区块链技术最早可追溯到 2008 年中本聪发表的《比特币：一种点对点式的电子现金系统》论文。比特币的出现让人们开始关注到区块链这种去中心化、不可篡改的分布式账本技术。随着区块链技术的不断发展和应用场景的拓展，其在营销领域的应用潜力逐渐被挖掘，进而催生了区块链营销理论。可利用区块链技术提高营销活动的透明度和信任度，保护消费者的隐私和权益。例如，企业可以利用区块链技术追踪产品的生产过程和供应链信息，提高产品的可信度和安全性。

（5）新 4P 理论

新 4P 理论是在传统 4P 理论基础上，随着市场环境的变化而发展起来的。传统 4P 理论在市场环境变化后逐渐显现出局限性，消费者行为和期望更复杂，营销渠道也发生改变。新 4P 理论包括人员、流程、项目和绩效。人员强调企业与消费者、员工互动的重要性；流程聚焦企业营销活动的全流程优化；项目是指系统性的营销活动；绩效关注营销活动的效果评估。在数字营销时代，新 4P 理论进一步深化和拓展。其强调通过大数据和人工智能更精准地了解消费者，利用数字化工具优化流程，将数字营销手段融入项目，且有更丰富的数据来源和利用工具评估绩效。未来，新 4P 理论还会持续发展，在人员体验、流程技术、项目创新和绩效评估等方面结合新趋势，推动营销活动与时俱进。

二、营销学理论发展趋势

（一）新时代营销学理论出现的背景

1. 技术进步与数字化发展

技术进步与数字化发展从技术端推动新时代营销学理论的出现。一是互联网的普及与升级。高速宽带网络、4G 以及后来的 5G 网络的广泛覆盖，使得信息传播速度极快，消费者能够随时随地获取各种产品和服务的信息。这为企业营销提供了新的渠道和方式，例如基于移动端的营销活动、短视频营销等变得越来越重要。二是大数据、人工智能（AI）以及区块链技术的兴起。企业可以收集和分析海量的消费者数据，包括行为数据、偏好数据、交易数据等，从而更精准地了解消费者的需求、行为模式和购买意向。人工智能技术则能够基于这些数据进行智能推荐、预测消费者行为、帮助企业制定更精准的营销策略、提高营销效率和效果。例如，电商平台根据用户的浏览历史和购买记录进行个性化商品推荐。三是社交媒体平台的蓬勃发展。Facebook、X、Instagram、微信、微博等社交媒体平台拥有庞大的用户群体，用户在这些平台上分享生活、交流观点、关注品牌。企业可以利用社交媒体平台进行品牌推广、与消费者互动、开展口碑营销等，增强品牌影响力和用户黏性。

2. 消费者行为与需求变化

消费者行为与需求变化则从需求端促进新时代营销学理论的出现。一是消费升级。随着人们生活水平的提高，消费者对产品和服务的品质、体验、个性化等方面的要求越来越高。他们不再仅仅满足于基本的功能需求，更注重产品所带来的情感价值、文化价值和社交价值。因此，企业需要不断创新营销方式，提供更优质、更个性化的产品和服务，以满足消费者升级的需求。二是信息获取方式的改变。互联网和移动设备的普及使消费者能够轻松获取大量的产品信息和评价，消费者的决策过程变得更加理性和复杂。他们在购买前会广泛比较不同品牌的产品和服务，对企业的营销信息也更加敏感和挑剔。这就要求企业提供真实、有价值的营销内容，建立良好的品牌信誉。三是消费者的个性化需求增强。消费者越来越追求个性化的产品和服务，希望能够根据自己的需求和喜好定制产品。企业需要借助先进的技术手段，如3D打印、智能制造等，实现产品的个性化定制；同时通过精准营销满足不同消费者的个性化需求。

3. 市场竞争加剧

市场竞争加剧则从市场端促进新时代营销学理论的出现。一是全球化竞争加剧。经济全球化的趋势不断加深，企业面临来自全球各地的竞争对手。国际市场的开放使得企业需要在全球范围内拓展业务，营销活动也需要更加国际化和多元化。企业不仅要与本土企业竞争，还要与跨国公司竞争，这促使企业不断创新营销理论和方法，提高自身的竞争力。二是行业竞争多元化。随着技术的不断创新和市场的不断变化，行业边界逐渐模糊，不同行业的企业之间的竞争也日益激烈。例如，互联网企业开始涉足金融、零售等传统行业，传统行业也在积极拥抱互联网技术进行数字化转型。这种多元化的竞争格局要求企业具备更灵活的营销思维和创新能力，以应对不同类型的竞争对手。

4. 政策与法律环境变化

政策与法律环境变化是影响市场营销的重要宏观环境要素之一，为新时代营销学理论的发展奠定基础。一是数据隐私性与安全法律法规加强。随着消费者对个人数据隐私的关注度不断提高，各国政府纷纷出台相关的法律法规，加强对企业数据收集、存储和使用的监管。例如欧盟的《通用数据保护条例》（GDPR）、中国的《中华人民共和国网络安全法》等，这些法律法规要求企业在进行营销活动时必须合法合规地处理消费者数据，保护消费者的隐私和权益。这对企业的营销数据管理和营销策略制定产生了重要影响。二是广告监管政策的变化。政府对广告宣传的监管力度不断加强，对虚假广告、误导性广告等违法广告进行严厉打击。同时，对广告内容、形式、发布渠道等方面也提出了更加严格的要求。企业在进行广告营销时需要更加注重广告的真实性、合法性和社会责任，避免因违反广告法律法规而受到处罚。

5. 社会与文化环境变迁

社会与文化环境影响着消费者的价值观，从而塑造他们的消费观念。近年来，社会与文化环境变迁也对新时代营销学理论的发展提出了新的要求。具体而言，一是社会与文化环境变迁使环保与可持续发展意识增强。消费者对环境保护和可持续发展的关注度越来越高，更倾向于购买环保、绿色、可持续的产品和服务。企业在营销活动中需要强调产品的环保属性和自身的社会责任，以满足消费者的需求，同时提升企业的社会形象。例如，一些企业推出可回收材料制成的产品，宣传自己的节能减排措施等。二是文化多元化与亚文化兴起。社会的文化多元化趋势明显，不同地区、不同民族、不同年龄群体之间的文化差异较大。同时各种亚文化群体不断涌现，如二次元文化、电竞文化等。企业需要深入了解不同文化背景和亚文化群体的需求和特点，制定针对性的营销策略，以更好地满足这些群体的需求。

（二）未来趋势

新时代营销学理论在学术研究领域的发展演变是一个复杂且多维的过程，它不仅受到经济环境、技术进步的影响，还与社会文化和消费者行为的变化密切相关。以下是结合现阶段的营销学理论研究的学术生态及未来发展，对新时代营销学理论在学术研究领域发展趋势的研判。

1. 更加重视以消费者为中心的深度研究

一是关于个性化营销研究的深化。随着大数据、人工智能等技术的发展，企业获取消费者个体数据的能力不断增强。未来，关于如何更精准地挖掘消费者的个性化需求、偏好以及行为模式，并基于此推出高度定制化的营销策略将是研究的重点。例如，通过对消费者的线上浏览行为、购买历史、社交互动等多源数据的分析，实现产品或服务的个性化推荐、定制化生产以及个性化的营销沟通。

二是关于消费者体验与情感研究的加强。消费者在购买过程中不仅仅关注产品或服务的功能属性，还更注重购买和使用过程中的体验以及情感满足。学术研究将进一步探索消费者体验的构成要素、影响因素以及如何通过营销手段创造独特且积极的消费体验，以提高消费者的满意度、忠诚度和口碑传播。比如，研究不同的营销场景（如线上购物、线下实体店、沉浸式体验店等）对消费者情感和体验的影响差异，以及如何优化这些场景以提升消费者的参与度和情感共鸣。

2. 更加关注技术与营销的融合创新研究

一是人工智能与机器学习在营销中的应用研究。人工智能和机器学习技术将在营销决策、客户关系管理、市场预测等方面发挥越来越重要的作用。学术研究将聚焦于如何利用这些技术提高营销效率和效果，例如通过智能算法进行精准广告投放、价格优化、销售预测等。同时，也会探讨如何解决技术应用过程中可能出现的问题，如算法偏见、数据隐私保护失败等。

二是区块链技术对营销的影响研究。区块链技术的去中心化、不可篡改和透明性等特点，为解决营销中的信任问题、数据安全问题以及供应链管理等提供了新的思路。未来的研究可能涉及区块链技术在产品溯源、防伪认证、营销渠道管理、消费者数据保护等方面的应用模式和效果评估，以及如何构建基于区块链的营销生态系统。

三是虚拟现实（VR）、增强现实（AR）和元宇宙在营销中的应用探索。这些新兴技术为消费者提供了全新的体验方式，也为营销带来了新的机遇。学术研究将关注如何利用 VR、AR 和元宇宙技术创造沉浸式的营销场景，提升消费者的参与度和互动性，以及如何评估这些技术在品牌建设、产品推广等方面的有效性。例如，研究虚拟试衣、虚拟展厅等应用对消费者购买决策的影响。

3. 更加关注全渠道营销与渠道融合研究

一是全渠道营销策略的优化研究。消费者的购物行为越来越跨渠道，他们可能在不同的渠道（如线上电商平台、线下实体店、社交媒体、移动应用等）之间切换进行信息搜索、产品比较和购买决策。因此，如何整合不同渠道的资源，制定协同一致的全渠道营销策略，以提供无缝的购物体验，将是未来研究的重要方向。这包括渠道间的信息传递、库存管理、价格策略、促销活动的协同等方面的研究。

二是线上线下渠道融合的模式与机制研究。线上线下渠道的融合不仅仅是渠道的叠加，更是商业模式和运营机制的创新。学术研究将深入探讨线上线下渠道融合的模式、路径和机制，如线上线下融合的新零售模式、O2O 商业模式的优化、实体店的数字化转型等，以及这些模式对企业营销绩效和消费者行为的影响。

4. 更加重视可持续营销与社会责任研究

一是可持续发展理念下的营销战略研究。随着消费者对环境和社会问题的关注度不断提高，企业的可持续发展能力成为影响消费者购买决策的重要因素。未来的研究将关注企业如何将可持续发展理念融入营销战略，包括绿色产品的开发、绿色营销渠道的建设、可持续品牌形象的塑造等。例如，研究企业如何通过可持续营销战略提升品牌竞争力、获得消费者的认可和支持。

二是企业社会责任与营销绩效的关系研究。企业履行社会责任不仅是道德要求，也可能对企业的营销绩效产生积极影响。学术研究将进一步探讨企业社会责任行为与营销绩效之间的关系，包括社会责任对品牌声誉、消费者忠诚度、市场份额等方面的影响机制，以及如何通过有效的社会责任营销活动提升企业的综合绩效。

5. 更加关注营销数据的分析与应用研究

一是大数据分析方法的创新与应用。随着数据量的不断增长，如何开发更先进的大数据分析方法和技术，以挖掘数据中的潜在信息和价值，将是营销学研究的重要方向。这包括数据挖掘、机器学习、深度学习等技术在营销数据中的应用，以及如何提高数据分析的准确性、时效性和可解释性。

二是营销数据的伦理与隐私研究。在数据驱动的营销时代，数据的收集、使用和共享涉及消费者的隐私和伦理问题。学术研究将关注如何在充分利用营销数据的同时，保护消费者的隐私和权益，建立健全的数据伦理规范和监管机制。例如，研究数据隐私保护技术、数据使用的道德准则、数据监管政策对企业营销活动的影响等。

第二节 营销基本方法及运用

一、历史各阶段营销方法简介

(一)近代营销方法简介

在推销理论和 USP 理论的指导下,近代营销主要涉及以下营销方法,即广告宣传法、促销活动法及人员推销法。

1. 广告宣传法

(1) 广告宣传法的核心内容

广告宣传法主要指通过各种媒介渠道向消费者传达产品的特点和优势,吸引消费者的注意力,激发其购买欲望。一方面,在推销理论的指导下,广告主要以简单直接的方式呈现产品信息,突出产品的实用性和性价比。另一方面,在 USP 理论的影响下,广告着重强调产品独特的销售主张,突出产品的独特性和差异性。

(2) 广告宣传法的成效

在近代,广告宣传法对于企业提升知名度、拓展市场起到了关键作用。通过报纸、杂志、海报等多种媒介进行广告传播,能够快速地将产品或服务信息传递给广大消费者。例如,中国近代的一些民族企业,通过在报纸上刊登广告,让更多的人了解到其产品的特点和优势,从而吸引了大量客户。例如亚浦耳电器厂,在广告中突出其产品"出品最早,货色最佳,中国首创""国货老牌,省电耐用"等特点,使消费者对其品牌有了深刻的印象,产品销量也随之增加。广告宣传还能帮助企业树立良好的品牌形象,增强消费者对企业的信任度。当企业的广告宣传长期、稳定且真实地传达企业的价值观和产品信息时,消费者会逐渐认可并信赖该企业,为企业的长期发展奠定基础。然而,近代的广告宣传也存在一定的局限性。由于当时的广告监管制度不完善,部分广告存在夸大宣传、虚假宣传等问题,这在一定程度上影响了消费者对广告的信任度。此外,广告宣传的成本较高,对于一些小型企业来说,可能难以承担长期的广告费用,这也限制了广告宣传法的广泛应用。

2. 促销活动法

(1) 促销活动法的核心内容

促销活动法主要是以价格优惠、赠品等方式刺激消费者购买产品,提高产品的销售量。一方面,在推销理论的指导下,强调通过促销活动快速销售产品,缓解产品供应过剩的压力。另一方面,在 USP 理论的指导下,要求促销活动突出产品的独特价值,让消费者感受到购买该产品能获得独特的利益。

(2) 促销活动法的成效

促销活动在近代商业中有效地刺激了消费者的购买欲望,提高了产品的销售量。例如,商家采用买赠、打折、满减等促销方式,让消费者感觉到自己获得了实惠,从而更愿意购买商品。这种方法对于清理库存、回笼资金也具有重要意义。在一些特殊的节日或店庆等时期,商家开展促销活动,能够吸引大量消费者前来购买,快速地将库存商品销售出去,同时也为企业带来了资金的回笼,有助于企业的资金周转。另外,促销活动还可以增强消费者对企业的关注度和忠诚度。当消费者在促销活动中获得了满意的购物体验后,他们会更愿意关注该企业的产品和活动,并且在未来的购买中更倾向于选择该企业的产品,从而提高了消费者的忠诚度。但是,过度依赖促销活动也可能会对企业的品牌形象产生一定的负面影响。如果企业频繁地进行促销活动,消费者可能会认为该企业的产品价格不稳定,或者产品本身的价值不高,只是通过促销来吸引消费者购买。这样会降低消费者对企业产品的信任度和认可度,不利于企业的长期发展。此外,促销活动的策划和执行需要一定的成本和精力,如果企业没有做好充分的准备,可能会导致促销活动的效果不佳,甚至出现亏损的情况。

3. 人员推销法

(1) 人员推销法的核心内容

人员推销法强调雇用销售人员直接与消费者进行面对面的沟通和交流,解答消费者的疑问,促成交易。一方面,推销理论指导下的人员推销注重销售人员的产品知识和销售技巧,强调通过说服消费者购买产品。另一方面,USP 理论要求销售人员在推销过程中突出产品的独特销售主张,让消费者认识到产品的独特价值。

(2) 人员推销法的成效

人员推销法在近代能够与消费者进行直接的沟通和交流,更好地了解消费者的需求,从而提高销售的成功率。推销人员可以根据消费者的反馈,及时调整销售策略和产品介绍,满足消费者的个性化需求。例如,保险行业的销售人员通过与客户面对面的交流,了解客户的家庭状况、经济状况等信息,为客户推荐适合的保险产品,这种个性化的服务能够提高客户的购买意愿。人员推销还可以建立长期的客户关系。推销人员通过与客户的多次接触和沟通,逐渐建立起信任关系,客户在未来有相关需求时,会更愿意选择与熟悉的推销人员合作,这为企业的长期发展提供了稳定的客户资源。然而,人员推销法的成本较高,企业需要招聘、培训大量的推销人员,这需要投入大量的人力、物力和财力。而且,推销人员的素质和能力参差不齐,如果推销人员的专业知识不足、沟通能力不强，可能会影响销售效果，甚至给企业带来负面影响。此外，人员推销的覆盖面相对较窄，推销人员的时间和精力有限，无法同时与大量的潜在客户进行沟通和交流，这也限制了企业市场的拓展速度。

（二）近现代营销方法简介

在近现代营销理论的指导下，近现代营销主要涉及以下营销方法，即4P营销方法、STP营销方法、绿色营销方法及品牌营销方法。

1. 4P营销方法

（1）4P营销方法的核心内容

4P营销方法由产品（Product）、价格（Price）、渠道（Place）、促销（Promotion）四个要素组成。产品注重满足消费者需求、具备独特卖点和竞争优势，价格要综合考虑成本、市场需求和竞争状况，渠道要确保产品顺利到达消费者手中，促销则通过各种手段提高产品知名度和销售量。

（2）4P营销方法的成效

4P营销方法为企业提供了全面的营销框架，从产品、价格、渠道和促销四个方面进行规划，有助于企业满足不同消费者的需求，提高市场占有率。产品方面，企业不断创新产品以满足不同消费者的需求，提升竞争力。价格策略灵活运用可吸引不同层次消费者，扩大市场份额。多元化销售渠道拓展了产品的市场覆盖范围。促销活动有效刺激消费者的购买欲望，增加产品销量。然而该方法主要关注企业内部营销要素，可能忽视外部环境变化和消费者动态需求。在竞争激烈、需求多样化的市场中，较难满足个性化需求及应对竞争挑战。

2. STP营销方法

（1）STP营销方法的核心内容

STP营销方法包括市场细分（Segmentation）、目标市场选择（Targeting）、市场定位（Positioning）三个步骤。首先通过市场细分，将市场划分为若干个细分市场；然后选择一个或几个具有吸引力的目标市场；最后针对目标市场的需求和竞争状况，确定企业产品或服务在市场中的独特定位。

（2）STP营销方法的成效

STP营销方法帮助企业进行市场细分、选择目标市场和定位，使企业能够更精准地满足特定消费者群体的需求，提高营销效率。通过市场细分，企业深入了解不同消费者群体的需求，有针对性地开发产品和制定营销策略。目标市场选择使企业集中资源，提高营销效率和效果。明确的市场定位有助于树立独特的品牌形象，与竞争对手区分开来。然而市场细分需要大量调研和数据分析，成本较高，对中小企业来说可能难以承担。细分标准和方法可能存在主观性，易导致市场定位不准确。

3. 绿色营销方法

（1）绿色营销方法的核心内容

绿色营销方法强调企业在生产经营过程中注重环境保护，减少对环境的负面影响，提供环保、节能、无污染的产品或服务，满足消费者对绿色消费的需求。企业可以进行绿色广告宣传，强调产品的环保特点和企业的环保责任；举办绿色促销活动，如以旧换新、环保积分等；参与环保公益活动，提高企业的社会形象。例如，华为公司进行绿色广告宣传，强调其产品的节能特点和企业的环保责任；举办以旧换新活动，回收旧手机，减少电子垃圾的产生。

（2）绿色营销方法的成效

绿色营销方法顺应了环保趋势，满足了消费者对环保产品的需求，同时提升了企业的社会形象，增强了企业的社会责任感，促进企业的可持续发展，降低经营风险。然而绿色营销方法的投入成本高，包括环保产品研发、生产和推广。消费者对绿色产品认知和接受程度有限，市场需求受限。

4. 品牌营销方法

（1）品牌营销方法的核心内容

品牌营销方法主要包括品牌建设、培养品牌忠诚度、进行品牌延伸三个方面。品牌营销方法的核心要点在于明确品牌定位、深入了解目标受众、塑造独特品牌形象、传递清晰价值主张以及运用多元化营销渠道。例如苹果公司，精准定位高端科技与时尚设计，深入洞察消费者对创新和品质的追求，塑造简洁时尚的品牌形象，通过广告、公关、体验店等多种渠道传递其"Think Different"的价值主张，从而成为全球极具影响力的品牌。

（2）品牌营销方法的成效

品牌营销方法通过塑造强大的品牌，提高了品牌知名度、美誉度和忠诚度，为企业带来了长期的竞争优势。但是品牌建设需长期投入和积累，成本高，中小企业可能面临压力。而且易受竞争对手模仿和攻击，需不断创新以维护品牌竞争力。

（三）现代营销方法简介

在现代营销理论的指导下，现代营销主要涉及以下营销方法，即关系营销方法、整合营销方法、文化营销方法、新媒体营销方法、数字营销方法、体验营销方法、4C营销方法及4R营销方法等。

1. 关系营销方法

（1）关系营销方法的核心内容

关系营销强调与顾客、供应商、分销商、竞争者、政府机构及其他公众建立、保持和加强长期的良好关系，其重点在于通过双向沟通和合作，以满足各方的利益需求，而不仅仅是关注一次性的交易。例如，小米以用户需求为导向，借助社交媒体、线上线下活动等加强与用户、合作伙伴的沟通与互动，通过举办新品发布会、粉丝节等活动，增强用户的参与感和归属感。同时，小米亦注重产品和服务的优化，以优质的产品和高效的售后提升用户满意度，建立起稳固的用户关系网络。

（2）关系营销方法的成效

关系营销方法强调通过与客户、供应商、合作伙伴等建立良好关系，企业能够提高客户忠诚度，获得稳定的业务来源。例如，亚马逊通过优质的客户服务和个性化推荐，与客户建立了紧密的关系，客户忠诚度极高。还如，瑞幸咖啡与供应商建立长期合作关系，确保咖啡豆的品质稳定；同时通过会员制度和社区活动与客户互动，增强客户黏性。但是建立和维护关系需要投入大量的时间和资源，对于一些小型企业来说可能负担较重。而且，关系的稳定性也受到外部因素的影响，如市场竞争、客户需求变化等。

2. 整合营销方法

（1）整合营销方法的核心内容

整合营销的核心是将各种营销工具和手段进行系统化结合，以达到最佳的营销传播效果。这要求企业以消费者为核心，统一协调使用广告、促销、公关、直销、CI（企业形象识别）等传播方式，传递一致的品牌形象和信息。例如，汇源沙棘品牌积极响应国家政策，在新疆布尔津布局沙棘产业。2023年，其通过系列整合营销动作，达成声量、销量、流量"合一"的营销成果。其携手国际沙棘协会，承办年会，展示发展成果，并在年会期间于CCTV-1开播品牌故事片《3000公里的约定》，发布沙棘系列新品。该项目还通过央视及地方媒体科普沙棘知识，引发共鸣，获得国际沙棘协会认可，扩大了品牌在沙棘行业的地位和影响力。

（2）整合营销方法的成效

整合营销主要通过整合多种营销渠道和手段，实现传播的协同效应，提高品牌知名度和影响力。例如，可口可乐通过广告、促销、公关、数字营销等多种方式，打造了全球知名的品牌形象。还如，苹果公司在新品发布时，整合线上线下渠道，进行广告宣传、举办发布会、开展体验活动等，全方位推广新产品。但是，整合营销需要企业具备较强的协调和管理能力，涉及多个部门和渠道的合作，容易出现沟通不畅、执行不到位等问题。同时，整合营销的成本较高，需要企业有足够的资金支持。

3. 文化营销方法

（1）文化营销方法的核心内容

文化营销是将企业文化、品牌文化与消费者的文化需求相结合，通过文化的感染和共鸣来吸引消费者。它强调挖掘和塑造品牌的文化内涵，使品牌具有独特的价值观和个性。例如，可口可乐通过传播"快乐"文化，让消费者在购买和饮用产品时联想到快乐、分享等情感。此外，文化营销需要注重文化的适应性和融合性。企业需要了解目标市场的文化背景，将品牌文化与当地文化相融合，以减少文化冲突，增强品牌的接受度。例如，肯德基在中国市场推出中式早餐，融入中国饮食文化元素。

（2）文化营销方法的成效

文化营销强调挖掘和传递品牌的文化内涵，引发消费者的情感共鸣，提升品牌的认同感和价值感。例如，故宫文创将传统文化与现代设计相结合，吸引了大量消费者。还如，无印良品以简约、自然的品牌文化吸引了追求品质生活的消费者，其产品设计和店铺环境都体现了这种文化理念。但是，文化营销需要对目标市场的文化有深入了解，否则可能会出现文化冲突或不被接受的情况。而且，文化营销的效果难以量化评估，企业难以确定投入产出比。

4. 新媒体营销方法

（1）新媒体营销方法的核心内容

新媒体营销以新媒体平台（如社交媒体、短视频平台、移动互联网应用等）为主要营销渠道，利用其互动性、精准性和传播迅速的特点。新媒体营销能够精准定位目标受众，通过大数据分析等技术了解用户的兴趣、行为和需求，从而实现个性化的营销信息推送。例如，抖音根据用户的浏览历史推荐相关的产品视频。同时，新媒体营销需要注重用户参与和内容共创，鼓励用户参与品牌活动，如分享、评论、创作与品牌相关的内容，形成口碑传播。还如，小红书上用户自发分享的产品使用笔记，成为品牌推广的重要力量。

（2）新媒体营销方法的成效

新媒体营销方法主要是利用社交媒体、短视频等新媒体平台，实现精准营销和快速传播，扩大品牌的影响力。例如，抖音上的品牌推广和网红营销，能够迅速吸引大量年轻消费者。完美日记通过在小红书等平台上的美妆博主推荐，快速崛起成为知名国货美妆品牌。但是，新媒体平台的变化非常快速，企业需要不断学习和适应新的平台规则和技术，否则可能会被市场淘汰。同时，新媒体营销的竞争激烈，企业需要投入大量的时间和精力来制作优质内容，吸引消费者关注。

5. 数字营销方法

（1）数字营销方法的核心内容

数字营销是以数字技术为基础，利用数据驱动的营销决策。通过收集和分析大量的数字数据（如网站流量数据、用户行为数据、购买数据等），企业能够深入了解消费者的行为模式和偏好，从而制定精准的营销策略。例如，电商网站通过分析用户的浏览路径和购买转化率，优化产品推荐算法。同时，数字营销强调多渠道数字营销整合，包括搜索引擎营销、电子邮件营销、移动营销、数字广告等多种渠道，以实现全方位的营销覆盖。例如，企业通过搜索引擎优化公司（SEO）提高网站在搜索引擎中的排名，同时结合电子邮件营销向潜在客户发送产品信息，以及在移动应用中推送个性化广告。

（2）数字营销方法的成效

数字营销主要是基于数据分析进行精准营销，提高营销效率和投资回报率。例如，百度的搜索引擎营销和大数据分析，能够为企业提供精准的广告投放服务。阿里巴巴通过大数据分析消费者行为，为商家提供个性化的营销建议，提高销售转化率。但是，实施数字营销需要企业具备一定的技术能力和数据分析能力，否则可能无法充分发挥其优势。而且，数字营销也面临着数据安全和隐私保护等问题，企业需要加强管理。

6. 体验营销方法

（1）体验营销方法的核心内容

体验营销的核心是让消费者在购买和使用产品或服务的过程中，获得难忘的体验。这种体验可以是感官体验（视觉、听觉、触觉、嗅觉、味觉）、情感体验（快乐、悲伤、兴奋、感动等）、思考体验（启发消费者思考、创意激发）、行动体验（促使消费者参与行动）和关联体验（让消费者与品牌、产品建立关联）中的一种或多种组合。例如，星巴克通过营造舒适的店内环境、提供优质的咖啡香气和口感，让消费者获得愉悦的感官体验。此外，体验营销强调消费者的主动参与，通过设计各种体验活动，引导消费者积极参与，从而使消费者在体验过程中更好地理解和接受产品或服务的价值。例如，苹果零售店设置体验区，让消费者自由试用产品，感受产品的功能和操作体验。

（2）体验营销方法的成效

体验营销方法运用中注重为消费者创造独特的消费体验，增强消费者对品牌的记忆和好感度。例如，迪士尼乐园通过打造沉浸式的娱乐体验，吸引了全球游客。宜家通过打造样板间和提供自助购物体验，让消费者更好地感受产品的实用性和品质。但是，体验营销的设计和实施需要较高的成本和专业知识，对于一些企业来说可能难以实现。而且，体验营销的效果难以标准化评估，企业难以确定最佳的体验营销策略。

7. 4C 营销方法

（1）4C 营销方法的核心内容

4C 营销以顾客（Customer）、成本（Cost）、便利（Convenience）和沟通（Communication）为核心要素。与传统的 4P 营销相比，4C 营销更加注重从消费者的角度出发考虑问题。消费者要素强调要了解消费者的需求和欲望，而不是仅仅关注产品本身。例如，企业需要通过市场调研了解消费者真正需要的功能和特性，而不是盲目地推送产品。成本要素不仅包括消费者购买产品的货币成本，还包括时间成本、精力成本等。企业需要考虑如何降低消费者的综合成本。便利要素要求企业从消费者购买的便利性角度出发，优化销售渠道和购买流程。沟通要素强调企业与消费者之间的双向沟通，及时了解消费者的反馈并作出回应。

（2）4C 营销方法的成效

4C 营销方法的运用强调以消费者为中心，关注消费者的需求、成本、便利性和沟通，提高消费者的满意度和忠诚度。例如，小米公司以高性价比的产品和优质的客户服务，赢得了大量消费者的认可。海底捞以顾客需求为导向，提供个性化的服务和优质的用餐体验，成为餐饮行业的标杆。但是，4C 营销方法需要企业对消费者进行深入的调研和分析，这需要投入大量的时间和资源。而且，4C 营销方法强调以消费者为中心，可能会忽视企业的自身利益和发展需求。

8. 4R 营销方法

（1）4R 营销方法的核心内容

4R 营销方法以关联（Relevance）、反应（Reaction）、关系（Relationship）和回报（Reward）为核心要素。"关联"是指企业与顾客建立紧密的关系，包括产品关联、情感关联等。企业需要将自己的产品和服务与顾客的需求、兴趣和生活方式紧密相连。例如，运动品牌与健身爱好者建立关联，通过推出适合健身场景的产品和相关健身内容来吸引顾客。"反应"强调企业要对市场变化和顾客需求的变化做出快速反应。企业需要建立灵敏的市场监测机制，及时调整产品策略、价格策略、渠道策略等。"关系"注重与顾客建立长期稳定的关系，这与关系营销有相似之处。"回报"则是企业在实施 4R 营销过程中，通过顾客的忠诚度和购买行为获得利润回报，同时也让顾客获得产品或服务带来的价值回报。

（2）4R 营销方法的成效

4R 营销方法强调关联、反应、关系和回报，实现企业与消费者的双赢。例如，耐克通过与消费者建立情感关联，快速响应市场需求，不断推出创新产品，保持了品牌的竞争力。华为通过技术创新和优质的产品服务，与消费者建立了紧密的关系，同时快速适应市场变化，不断提升品牌价值。但是，4R 营销方法需要企业具备较强的市场洞察力和反应能力,对于一些企业来说可能难以实现。而且,4R营销方法的实施需要企业与消费者进行长期的互动和合作,这需要企业有足够的耐心和资源投入。

(四)新时代营销方法简介

在新时代营销理论的指导下,新时代营销主要涉及以下营销方法,即全方位营销方法、AI营销方法、大数据营销方法及区块链营销方法。

1. 全方位营销方法

(1) 全方位营销方法的核心内容

全方位营销强调将企业的营销活动与内外部环境进行全面整合,涉及产品、价格、渠道、促销等传统营销要素,同时涵盖顾客、合作伙伴、员工等多个利益相关者。它要求企业从整体上把握营销活动,打破部门之间的壁垒,使营销工作渗透到企业运营的各个环节。例如,企业的产品研发部门、生产部门、销售部门以及售后服务部门等都围绕统一的营销目标协同工作,确保顾客在各个接触点都能获得一致的体验。同时,该方法以顾客为中心,关注顾客的整个购买过程,从认知品牌、考虑购买、实际购买到购买后的使用和反馈,企业在每个阶段都要提供有针对性的营销信息和体验。并且注重品牌形象的一致性,在不同的市场、渠道和接触点传达统一的品牌价值观和形象。

(2) 全方位营销方法的成效

全方位营销方法主要通过内部整合和外部合作,实现营销活动的全面覆盖。企业能够打破部门壁垒,提升整体运营效率,同时与合作伙伴共同拓展市场,为消费者提供全过程的优质体验。例如,华为通过整合研发、生产、营销等部门,不断推出创新产品,并与运营商、零售商等合作,打造了强大的品牌影响力。星巴克不仅注重咖啡品质,还通过舒适的店内环境、优质的服务以及与社区的互动,为消费者提供全方位的咖啡体验,从而在全球范围内拥有众多忠实顾客。但是,内部整合和外部合作需要企业具备较强的协调和管理能力,否则容易出现沟通不畅、执行不到位等问题。同时,全过程营销的实施需要大量的资源投入,对于一些小型企业来说可能负担较重。

2. AI营销方法

(1) AI营销方法的核心内容

利用人工智能技术进行精准营销是AI营销的核心。AI营销通过对大量数据的分析和学习,能够精准地识别目标客户群体,预测客户的行为和需求。例如,通过机器学习算法分析用户的浏览历史、购买行为、社交媒体互动等数据,预测用户可能感兴趣的产品,从而实现个性化的营销推荐。同时,AI营销注重自动化和智能化的营销流程。它可以自动执行一些重复性的营销任务,如邮件发送、广告投放优化等,并且能够根据实时数据进行动态调整。同时,AI营销还可以通过自然语言处理技术实现智能客服,为顾客提供 24/7 的即时服务。

（2）AI 营销方法的成效

AI 营销方法强调利用人工智能技术进行精准客户识别和个性化推荐，提高营销效果。同时，营销活动自动化和智能客服的应用，降低了企业成本，提升了服务质量。例如，京东利用 AI 算法分析用户行为，为用户推荐个性化的商品，提高了用户的购买转化率。阿里巴巴的智能客服能够快速回答用户问题，解决用户疑虑，提高了用户满意度。同时，通过 AI 技术进行广告投放优化，实现了更精准的营销。但是，AI 营销方法的应用需要企业具备一定的技术实力和数据基础，否则难以发挥其优势。同时，人工智能的决策可能存在一定的局限性，需要人工干预和监督。

3. 大数据营销方法

（1）大数据营销方法的核心内容

大数据营销的关键在于数据的收集、整合和分析。企业需要收集海量的多维度数据，包括消费者的基本信息、购买行为、浏览历史、社交互动等数据，并且将这些来自不同渠道的数据进行整合。例如，将电商平台数据、线下门店数据、社交媒体数据等整合到一个数据仓库中，形成完整的消费者视图。其中，通过对大数据的深入分析，挖掘有价值的消费者洞察，如消费者的偏好、购买动机、生命周期阶段等，从而为营销决策提供依据。同时，强调数据驱动的营销活动，根据数据分析结果制定精准的营销策略，实现营销资源的优化配置。

（2）大数据营销方法的成效

大数据营销主要是通过收集、整合和分析多维度数据，深入了解消费者需求和购买行为，从而制订精准的营销策略。同时，实时监测营销效果，实现营销资源的优化配置。例如，腾讯通过大数据分析用户的社交行为和兴趣爱好，为广告主提供精准的广告投放服务。滴滴出行利用大数据分析用户出行需求和行为，优化车辆调度和服务质量，提高了用户体验和运营效率。但是，数据收集和分析需要大量的时间和资源，而且数据的准确性和完整性也难以保证。此外，大数据营销也面临着数据安全和隐私保护等问题。

4. 区块链营销方法

（1）区块链营销方法的核心内容

区块链营销的核心是利用区块链技术的去中心化、不可篡改、透明性和安全性等特点来建立信任机制，提升营销活动的可信度和真实性。在广告营销领域，通过区块链营销方法可以解决广告欺诈、数据造假等问题。例如，在广告投放过程中，区块链技术可以记录广告的展示、点击和转化等数据，确保数据的真实性，防止虚假流量。同时，区块链营销注重消费者数据的隐私保护和权益保障。区块链可以让消费者更好地控制自己的数据，选择是否共享数据以及与谁共享数据。同时，为品牌和消费者之间的互动提供更可靠的环境，例如通过区块链技术实现的产品溯源系统，让消费者能够信任产品的质量和来源。

（2）区块链营销方法的成效

区块链营销方法的运用解决了广告欺诈和数据造假问题，保障了消费者数据隐私和权益。同时，产品溯源系统增强了消费者对产品的信任度。例如，食品行业利用区块链技术实现产品溯源，让消费者能够清楚了解食品的生产过程和质量安全。一些奢侈品品牌利用区块链技术进行产品防伪和溯源，确保产品的真实性和品质，提升了品牌价值和消费者信任度。但是，区块链技术的应用还处于初级阶段，技术成熟度和普及度较低。同时，区块链营销的成本较高，对于一些企业来说可能难以承受。而且，消费者对区块链技术的认知和接受程度也有待提高。

二、营销方法在生态民宿中的运用现状与前景

（一）运用现状

1. 新媒体营销方法的广泛应用

与在线旅游平台（OTA）合作，这是目前民宿营销的重要且主流的渠道。例如携程、去哪儿、美团、途家等OTA平台，具有庞大的用户流量和成熟的预订系统，为民宿提供了广泛的曝光机会。民宿经营者通过在这些平台上展示房源信息、图片、价格、住客评价等，吸引潜在客户预订。例如，一些位于热门旅游景点周边的民宿，通过在OTA平台上的精心运营和推广，获得了较高的预订量。

一方面，民宿经营者充分利用微博、微信公众号、抖音、小红书、快手等自媒体平台进行营销。通过发布精美的图片、视频、文字介绍等内容，展示民宿的特色、周边环境、服务项目等，吸引用户的关注。一些具有特色的民宿，如带有独特景观、主题风格或提供特色体验活动的民宿，在自媒体平台上容易引发话题和传播，从而提高知名度。比如，莫干山的一些网红民宿，通过在社交媒体上的宣传，吸引了大量游客前往体验。另一方面，一些专门的民宿预订平台以及民宿自身开发的小程序也逐渐成为重要的营销渠道。这些平台和小程序通常专注于民宿领域，能够提供更精准的用户匹配和更个性化的服务。民宿经营者可以通过在这些平台上的推广，吸引对民宿有特定需求的客户。

2. 近现代营销方法依然备受关注

在生态民宿的营销中，整合营销、关系营销等近现代营销方法仍然发挥着至关重要的作用。现阶段，整合营销帮助生态民宿整合多种渠道和资源，实现全渠道覆盖消费

者，统一品牌形象与信息传达，同时优化资源配置，让生态民宿的推广更加高效全面。一方面，生态民宿充分利用线上渠道进行营销推广，包括官方网站、在线旅游平台、社交媒体等。另一方面，生态民宿也注重线下渠道的营销推广，包括参加旅游展会、举办活动、与当地旅游企业合作等。同时，越来越多的生态民宿注重运用关系营销来开展市场营销，其通过个性化关怀、客户关系网络拓展等方式，提高客户忠诚度和重复购买率，借助口碑传播吸引新客户，使生态民宿在激烈的市场竞争中脱颖而出。例如，现阶段较多生态民宿选择与周边的景区、餐厅、娱乐场所等进行合作，互相推荐，联合营销。例如，生态民宿与景区合作推出套票，或者为住客提供周边餐厅的优惠券等，这种合作方式可以为客户提供更丰富的体验，同时也增加了生态民宿的吸引力。

3. 品牌营销意识逐渐增强

在日益激烈的民宿市场竞争中，品牌营销能够帮助生态民宿明确自身独特的价值定位和特色，从而与其他竞争对手区分开来。通过塑造强大的品牌形象，生态民宿可以向消费者传达其核心价值观，如对生态环境的保护、对当地文化的传承以及提供高品质的服务体验等。这使得消费者在众多选择中能够迅速识别并记住该民宿品牌，从而提高民宿的市场竞争力。例如，松阳桃野民宿通过品牌营销强调其融合自然、艺术与文化的特色，让追求独特体验的消费者一眼就能认出并倾向于选择它。同时品牌营销还有助于建立消费者对生态民宿的信任度和忠诚度。一家具有良好品牌声誉的生态民宿，会让消费者觉得更加可靠和值得信赖。消费者在选择民宿时，往往会优先考虑那些有知名品牌、口碑良好的民宿。通过持续的品牌营销活动，如提供优质的客户服务、举办特色活动、积极与消费者互动等，生态民宿可以不断强化品牌形象，加深消费者对品牌的认知和情感连接。一旦消费者对某个生态民宿品牌产生了信任和喜爱，他们就更有可能成为忠实客户，不仅会多次选择该民宿，还会积极向他人推荐，为民宿带来更多的潜在客户和持续的业务增长。

（二）前景

1. 整合营销方法将在生态民宿营销中占主流

在未来，生态民宿的营销将更加注重多种营销方法的整合应用，以实现全方位、多层次的品牌推广和客户吸引。

一是线上线下融合，营销渠道将被进一步拓展。

在当今数字化时代，线上营销渠道对于生态民宿的推广至关重要。在线旅游平台、社交媒体、民宿预订平台及小程序等为生态民宿提供了广泛的曝光机会，能够吸引来自不同地区的潜在客户。然而，线上营销也存在一定的局限性，如客户对实际体验的感知不足、缺乏面对面的互动等。线下营销则可以弥补这些不足，通过参加旅游展会、与周边商家合作以及口碑营销等方式，让客户更直观地感受生态民宿的特色和优势，增强客户的信任感和忠诚度。目前，越来越多的生态民宿已经认识到线上线下融合的重要性，并开始积极探索有效的融合方式。

二是多种营销方法综合运用，营销成效显著提升。

市场环境不断变化，消费者的需求和行为也在不断演变。更多生态民宿主意识到单一的营销方法难以满足不同客户群体的需求，综合运用多种营销方法可以更好地适应市场变化，提高营销的针对性和有效性。一是助力提高品牌知名度。通过多种渠道和方式进行营销，可以让更多的人了解生态民宿的品牌和特色。不同的营销方法可以覆盖不同的受众群体，扩大品牌的影响力。二是进一步增加客户黏性。多种营销方法可以为客户提供更丰富的体验和价值。例如，主题活动营销可以增加客户的参与度和乐趣，会员制度营销可以提高客户的忠诚度和满意度。

2. 品牌营销方法将在民宿营销中持续深化

随着消费者旅游经验的增加，他们对住宿品质的要求越来越高。品牌往往代表着一定的品质标准和服务承诺，消费者更愿意选择有品牌保障的民宿。品牌营销可以通过展示品牌的历史、荣誉、客人评价等方式来增强消费者对民宿品质的信心。在众多民宿中，品牌是实现其差异化的关键因素。通过品牌营销，民宿可以塑造独特的品牌形象，传达自身的价值观、特色服务和独特体验，使自己在竞争中脱颖而出。成功的品牌营销为民宿的产品线拓展奠定了基础。当民宿品牌在消费者心中树立了良好的形象后，可以更容易地推出新的产品或服务，如特色餐饮、主题活动套餐、周边产品等。此外，对于有扩张计划的民宿来说，品牌营销是实现连锁经营或合作发展的重要手段。一个具有强大品牌影响力的民宿更容易吸引投资者、合作伙伴或加盟商。品牌营销可以传播品牌的经营模式、成功案例等信息，吸引其他地区的民宿加入品牌联盟，共同拓展市场。

3. 关系营销方法将得到更多民宿青睐

现代消费者越来越注重消费过程中的情感体验和互动。关系营销正好满足了这一需求。消费者希望在住宿过程中能够与民宿主和工作人员有良好的沟通，能够感受到被重视。民宿主通过关系营销提供的个性化服务和情感关怀，可以更好地适应消费者需求的变化，提升客人的满意度。关注关系营销有助于提升客户生命周期价值。从客人第一次入住到他们成为忠实客户，甚至将民宿推荐给他人，在这个过程中民宿可以从客人身上获取更多的价值。当客人在民宿中获得了优质的体验并且感受到民宿主的关怀时，他们会更愿意再次选择这家民宿。据统计，忠诚客户的重复购买率远高于新客户的购买率。例如，一位客人因为在民宿享受到了个性化的服务和温馨的氛围，下次出行时，即使有其他新的民宿可供选择，其也会优先考虑曾经入住过的这家，因为熟悉的环境和良好的关系让其觉得更放心。

4. 文化营销在生态民宿中的发展前景广阔

文化营销在生态民宿营销中主要是通过深入挖掘和利用各种文化元素来实现，其为民宿赋予独特的文化内涵和价值，从而吸引更多游客，提升民宿的竞争力和可持续发展能力，推动生态民宿行业向更加个性化、多元化和高品质的方向发展。随着人们生活水平的提高，旅游消费观念也在不断升级，游客不再满足于简单的住宿和观光，更加注重旅游过程中的文化体验和精神享受。文化营销能够满足游客对不同文化的好奇和探索欲望，为他们提供独特而难忘的旅行经历，符合现代旅游市场的发展趋势。再者，生态民宿作为旅游与文化的重要载体，承担着传承和弘扬当地文化的责任。通过文化营销，可以将当地的传统文化、民俗风情等展示给更多的游客，促进文化的传播与交流，增强当地居民对本土文化的认同感和自豪感，同时也有助于保护和传承濒临失传的文化遗产。

5. 新时代营销方法将会受到更多民宿关注

随着科技的不断发展，AI 营销方法、大数据营销方法、区块链营销方法等新时代营销手段将在民宿营销中发挥越来越重要的作用。

一是 AI 营销方法助力提升客户体验和营销效率。如今的消费者期望获得个性化的体验，AI 能够通过分析大量数据，了解客户的偏好、行为模式等，从而为客户提供量身定制的服务和推荐，极大地提升客户体验。一方面，AI 营销方法提高营销精准度。AI 可以快速处理海量数据，精准定位目标客户群体，使营销活动更有针对性，减少资源浪费，提高营销效率。另一方面，AI 营销可以削减人力成本并实现 24 小时服务。AI 智能客服可以实现全天候服务，随时解答客户疑问，满足客户在不同时间的需求，提高客户满意度。

二是大数据营销方法助力深入了解客户需求和市场趋势。首先，海量数据为民宿主提供全面洞察。大数据营销方法可以收集和分析来自多个渠道的大量数据，包括客户基本信息、预订行为、消费习惯、评价反馈等，为民宿提供更全面、深入的客户洞察。再者，大数据营销方法帮助生态民宿实时监测市场变化。通过大数据分析，可以实时监测旅游市场的趋势和变化，如不同季节、节假日的旅游热点变化，竞争对手的动态等，帮助民宿及时调整营销策略。三是大数据营销方法助力民宿实现精准营销决策。基于大数据分析的结果，民宿可以做出更精准的营销决策，提高营销效果和投资回报率。

三是区块链营销方法助力信任机制建立和优化供应链管理。具体而言，一是解决信任问题。在民宿行业中，信任是客户选择民宿的重要影响因素。区块链的去中心化、不可篡改等特点可以确保房源信息、评价反馈、交易记录等数据的真实性和可靠性，建立客户对民宿的信任。二是优化供应链管理。区块链可以实现供应链的全程追溯和管理，提高供应链的透明度和效率，确保食材、用品等物资的质量和安全。三是防止欺诈行为。区块链可以有效防止虚假评价、刷单等欺诈行为，维护市场的公平竞争环境。

第三节 生态民宿营销方案设计

一、营销方案设计一般步骤

（一）开展市场调研

市场调研是生态民宿营销方案设计的基础。通过深入了解市场环境、目标客户群体、竞争对手等方面的情况，为后续的营销决策提供有力依据。

1. 宏观环境分析

在生态民宿市场调研中分析宏观环境至关重要。政治环境中的政策支持或限制会直接影响生态民宿的发展方向与速度，经济环境决定了消费者的消费能力和市场规模，社会环境中的人口结构、价值观和旅游文化等因素影响着目标客户群体的需求和偏好，技术环境则为生态民宿的营销和运营提供新的机遇与挑战。全面了解宏观环境有助于生态民宿更好地把握发展机遇，适应外部变化，制定符合时代趋势的营销策略。具体而言，可以结合 PEST 模型分析生态民宿在现阶段所处的宏观环境。

（1）政治环境（Political）

- 政府对旅游业的政策支持。民宿主需要梳理政府已经或即将可能出台的一系列政策，包括鼓励或影响旅游业发展的相关政策。例如，提供财政补贴、税收优惠等，以促进生态民宿的建设和发展。

- 环保政策。随着环保意识的提高，民宿主需要梳理政府已经或即将可能出台的加强对环境保护的监管政策，积极响应环保政策，通过采用环保措施来提升自身竞争力。

- 土地政策。梳理政府已经或即将出台的土地政策，因为土地政策的变化可能影响生态民宿的建设和扩张。例如，对农村土地的流转政策、旅游用地的规划等，都可能对生态民宿的发展产生影响。

（2）经济环境（Economic）

- 经济增长情况。通过分析经济增长情况来预判民宿客源量，经济的增长会带动旅游业的发展，增加人们的旅游消费能力。这将为生态民宿带来更多的潜在客户。

- 消费者收入水平。消费者收入水平的提高会使他们更愿意选择高品质的旅游住宿体验，生态民宿可以针对中高收入群体推出高端产品和服务。

- 旅游消费趋势。分析当前旅游消费的趋势，如个性化旅游、体验式旅游等的兴起，生态民宿可以根据这些趋势调整营销策略。

（3）社会环境（Social）

• 人口结构变化。如老龄化社会的到来、家庭结构的变化等，可能会影响生态民宿的目标客户群体。例如，服务家庭出游的生态民宿可以设计适合不同年龄段的活动和设施。

• 生活方式和价值观的变化。人们对健康、环保、自然的追求越来越强烈，这与生态民宿的理念相契合。生态民宿可以通过宣传自己的生态特色和健康生活方式来吸引客户。

• 旅游文化的发展。旅游文化的不断发展，使人们对旅游的认知和需求也在不断变化。生态民宿可以结合当地的旅游文化，打造具有特色的旅游产品。

（4）技术环境（Technological）

• 互联网和社交媒体的发展。互联网和社交媒体为生态民宿的营销提供了广阔的平台。生态民宿可以通过在线旅游平台、社交媒体等渠道进行推广，提高品牌知名度。

• 智能化技术的应用。如智能门锁、智能控制系统等智能化技术的应用，可以提高生态民宿的管理效率和客户体验。

• 环保技术的发展。环保技术的不断发展，为生态民宿提供了更多的环保解决方案。例如，太阳能发电、雨水收集系统等环保技术的应用，可以降低生态民宿的能源消耗和对环境的影响。

2. 微观环境分析

分析生态民宿的微观环境能让其清晰地认识到自身在市场中的位置和面临的竞争态势。通过波特五力模型，可以了解现有竞争者、潜在进入者、替代品、供应商和购买者对生态民宿的影响。这有助于生态民宿制定针对性的竞争策略，优化供应链管理，满足客户需求，从而提升自身的市场竞争力和盈利能力。

（1）现有竞争者的威胁

• 竞争对手的数量和实力。分析生态民宿所在地区的竞争对手数量、规模、市场份额等情况，了解竞争对手的优势和劣势，以便制定差异化的营销策略。

• 竞争产品和服务的特点。比较竞争对手的产品和服务，包括房间设施、餐饮服务、体验活动等方面，找出自己的优势和不足，以便进行改进和创新。

• 竞争对手的营销策略。研究竞争对手的营销策略，如价格策略、促销活动、渠道选择等。借鉴成功经验，避免犯同样的错误。

（2）潜在进入者的威胁

• 进入壁垒。分析生态民宿行业的进入壁垒，如资金需求、土地资源、政策法规等。评估潜在进入者的进入难度，以便制定相应的应对策略。

• 潜在进入者的实力和优势。了解潜在进入者的背景、资源和能力。如果潜在进入者具有强大的实力和优势，生态民宿需要提前做好准备，提高自身的竞争力。

（3）替代品的威胁

• 其他住宿形式的竞争。如酒店、度假村、农家乐等其他住宿形式可能成为生态民宿的替代品。分析这些住宿形式的特点和优势，找出生态民宿的独特卖点，以吸引客户。

• 旅游方式的变化。如今旅游方式不断变化，如自驾游、露营等新兴旅游方式的兴起，可能会对旅游者对生态民宿的需求产生影响，生态民宿可以结合这些旅游方式，提供相应的服务和产品。

（4）供应商的议价能力

• 供应商的数量和集中度。分析生态民宿的供应商的数量和集中度。如果供应商数量较少且集中度较高，供应商的议价能力可能较强。生态民宿需要寻找更多的供应商，降低对单一供应商的依赖。

• 供应商的产品和服务质量。供应商的产品和服务质量直接影响生态民宿的运营和客户体验。生态民宿需要与优质的供应商建立长期合作关系，确保供应的稳定性和质量。

• 供应商的价格波动。原材料价格、能源价格等的波动可能会影响生态民宿的成本。生态民宿需要关注供应商的价格变化，采取相应的措施降低成本。

（5）购买者的议价能力

• 购买者的数量和集中度。分析生态民宿的购买者的数量和集中度。如果购买者数量较多且集中度较低，购买者的议价能力可能较弱。生态民宿可以通过提供个性化的产品和服务，提高客户的忠诚度。

• 购买者的需求和偏好。了解购买者的需求和偏好，以便提供符合他们需求的产品和服务。如果购买者对价格敏感，生态民宿可以通过优化成本结构、推出优惠活动等方式来提高竞争力。

• 购买者的转换成本。分析购买者从一家生态民宿转换到另一家生态民宿的成本。如果转换成本较低，购买者的议价能力可能较强。生态民宿需要通过提高客户体验、建立品牌忠诚度等方式来降低购买者的转换成本。

3.SWOT分析

基于对生态民宿所处的宏观、微观环境分析的情况，进一步对生态民宿开展SWOT分析，全面评估生态民宿的内部优势和劣势以及外部机会和威胁。这有助于生态民宿明确自身的核心竞争力，发现存在的问题并加以改进，把握市场机会，应对潜在威胁，从而制定出更加科学合理的营销方案，实现可持续发展。

(1)外部机会与威胁分析

生态民宿面临着诸多外部机会,如政策对生态旅游的支持,为其发展带来资金、政策倾斜等利好;市场对生态旅游需求的增长,扩大了生态民宿的潜在客户群体;技术进步使营销渠道拓宽且提升了客户体验。然而,威胁也不可忽视,如激烈的市场竞争包括来自传统酒店和其他民宿的挑战;环境变化可能影响运营,如自然灾害和气候变化;政策变化可能带来不确定性;客户需求变化快,对服务质量等的要求不断提高。

(2)内部优势与劣势分析

生态民宿的优势在于拥有优美的生态环境,可提供亲近自然的场所;特色体验活动丰富,增加旅游趣味性和参与度;能提供个性化服务满足客户特殊需求;良好的品牌形象可提升竞争力。但也存在劣势,如可能基础设施不完善,影响客户体验;服务质量不稳定;营销渠道有限;资金实力不足可能限制发展。

(3)发展策略分析

基于SWOT分析,SO策略强调可利用外部机会发挥自身优势,如借助政策支持扩大规模,利用市场需求增长和良好品牌形象推广特色体验活动。WO策略强调通过改进劣势抓住机会,如完善基础设施以满足客户需求增长,拓展营销渠道利用技术进步。ST策略强调利用优势应对威胁,如凭借生态环境优势和特色活动在竞争中脱颖而出,应对环境变化提前做好预案。WT策略强调减少劣势避免威胁,如提升服务质量应对竞争和客户需求变化,合理规划资金应对政策变化风险。

表6-1 生态民宿的SWOT分析表

民宿内部特征 \ 民宿外部环境	O(生态民宿面临的外部机会)	T(生态民宿面临的外部威胁)
S(生态民宿的自身优势)	SO——生态民宿结合自身优势和外部机会给出发展策略	ST——生态民宿结合自身优势并避免外部威胁给出发展策略
W(生态民宿的自身劣势)	WO——生态民宿需避免自身劣势并借助外部机会给出发展策略	WT——生态民宿需避免自身劣势及外部威胁并给出发展策略

来源:编者自制

(二)确立目标市场

在确立生态民宿的目标市场时,需要结合市场调研结果进行综合分析,确定生态民宿的目标市场范围,包括地理位置、客户群体特征(如年龄、性别、收入水平、兴趣爱好等)、旅游目的等。例如,城市周边的中高端消费者,追求自然、宁静的度假环境,同时对住宿品质和服务有较高要求。

1. 市场细分

首先需要对生态民宿的市场进行细分。具体而言，市场细分可从多个维度进行。在地理位置上，可分为本地周边、国内其他地区及国际市场；在客户群体特征方面，涵盖不同年龄、性别、收入水平及兴趣爱好的人群，如年轻的户外运动爱好者、中年高收入的休闲追求者、老年养生群体等；旅游目的包括家庭亲子游、情侣浪漫度假、商务休闲及个人放松等。通过这些细分，能更精准地了解不同客户群体的需求和偏好，为后续目标市场选择和定位提供依据。

2. 目标市场选择

目标市场的选择应结合生态民宿自身的特色与优势以及市场调研结果。如果民宿位于风景优美且交通便利的地区，可以重点选择城市周边对自然环境有较高追求、具有一定消费能力的中高端客户群体，如年龄为25~50岁、收入较高、注重生活品质且对自然宁静的度假环境有强烈需求的人群。同时，考虑旅游目的为休闲放松、亲子互动或情侣度假的客户，他们更有可能选择生态民宿，以满足对独特住宿体验和高品质服务的要求。

一是需要考虑市场需求。根据市场调研结果，分析不同细分市场的需求规模和增长趋势，选择需求较大且具有增长潜力的细分市场作为目标市场。例如，如果家庭出游市场需求旺盛且持续增长，可以将家庭出游群体作为主要目标市场之一。

二是需要分析竞争情况。研究不同细分市场的竞争程度，选择竞争相对较小的细分市场，或者在竞争激烈的细分市场中寻找具有差异化的竞争优势的市场。例如，如果高端市场竞争激烈，可以专注于中端市场，提供性价比更高的产品和服务。

3. 市场定位

生态民宿的市场定位应突出其生态特色与优势，针对选定的目标市场进行精准定位。例如，为城市周边的中高端生态度假胜地的游客提供高品质的住宿环境、个性化的服务以及丰富的自然体验活动；强调与自然的融合，满足客户对宁静、舒适度假环境的追求，同时注重服务质量，以区别于传统酒店和其他民宿。针对目标客户群体的兴趣爱好和旅游目的，打造特色活动和服务，如为亲子游提供儿童自然教育课程，为情侣度假提供浪漫的户外晚餐等。

产品特色定位。强调生态民宿的生态环保特色，如使用可再生能源、推广垃圾分类、保护自然生态等。突出特色体验活动，如农耕体验、自然徒步、手工制作等，让客户在住宿的同时能够亲近自然、体验乡村生活。

服务质量定位。提供优质的服务，包括热情周到的接待、专业的导游服务、舒适的住宿环境等。针对不同客户群体的需求，提供个性化的服务，如为家庭出游提供儿童托管服务、为商务旅行提供会议支持等。

价格定位。根据目标市场的消费能力和竞争对手的价格策略，确定合理的价格定位。可以采用差异化定价策略，针对不同的房型、服务和季节制定不同的价格。例如，在旅游旺季提高价格，在淡季推出优惠套餐吸引客户。

综上所述，通过对市场进行细分、选择目标市场并进行准确的市场定位，生态民宿可以更好地满足客户需求，提高市场竞争力，实现可持续发展。

（三）明确营销目标

明确的营销目标能够为生态民宿的营销活动指明方向。营销目标应该具体、可衡量、可实现、具有相关性和时效性（SMART原则）。根据目标的时长，一般可将营销目标分为短期目标、中期目标及长期目标。

1. 短期目标

短期目标通常指在较短时间内（一般为1年以内）能够实现的具体目标。一般包括在短期内提高生态民宿的知名度和曝光度，吸引更多的潜在客户关注。例如，在开业后的前3个月内，通过广告宣传和促销活动，使生态民宿的网站访问量增加50%。

2. 中期目标

中期目标一般是指在1~3年的时间跨度内可达成的目标。一般包括提高客户预订量和入住率，实现一定的经济效益。例如，在半年内将客房平均入住率提高到60%以上。

3. 长期目标

长期目标通常指为3年以上的时间跨度所规划的目标。一般包括树立良好的品牌形象，提高客户满意度和忠诚度，实现可持续发展。例如，在一年内获得较高的客户满意度评价，培养一批忠实客户，使客户重复预订率达到30%以上。

（四）选择营销策略

生态民宿需要基于对营销环境的分析和营销目标来确立合适的营销策略。

1. 基于全面市场分析

生态民宿选择营销策略首先要进行全面深入的市场分析。宏观环境方面，关注政府政策对旅游业及环保的支持与监管，利用财政补贴等政策发展民宿，积极响应环保政策提升竞争力；结合经济活动、消费者收入水平及旅游消费趋势，调整产品服务和价格策略；考虑人口结构、生活方式及旅游文化变化，满足不同客户群体需求并打造特色旅游产品；借助互联网、智能化及环保技术拓展营销渠道、提升管理效率和降低能耗。微观环境方面，分析现有竞争者、潜在进入者、替代品、供应商和购买者的影响，了解竞争对手策略以制订差异化营销方案；应对潜在进入者威胁做好提前准备，明确民宿独特卖点应对替代品竞争，优化供应链管理并关注购买者议价能力；通过SWOT分析，明确外部机会与威胁以及内部优势与劣势,制定相应的发展策略,如利用机会发挥优势、改善劣势。

2. 紧扣目标市场定位

市场细分有助于精准了解不同客户群体需求和偏好,为目标市场选择和定位提供依据。生态民宿应结合自身特色与优势以及市场调研结果选择目标市场,考虑市场需求和竞争情况。对于需求大且有增长潜力的细分市场,或竞争相对较小的细分市场,可重点投入资源。市场定位要突出生态特色与优势,针对目标市场提供高品质的住宿环境、个性化的服务和丰富的自然体验活动。产品特色定位强调生态环保和特色体验活动,服务质量定位提供优质且个性化的服务,价格定位根据目标市场消费能力和竞争对手策略制定差异化价格。

3. 围绕营销目标运营

明确的营销目标为生态民宿制定营销策略指明方向。营销策略应根据不同阶段的营销目标进行调整和优化,确保生态民宿在各个时期都能围绕既定目标运营。

(五)制订营销计划

生态民宿营销计划是在分析生态民宿所处营销环境的基础上,结合其在一段时间内的预期目标,为实现预期目标所运用营销措施等内容的全面计划。

1. 营销活动计划

(1)策划特色营销活动

• 主题活动

根据季节和节日策划主题活动。如春季的赏花活动、夏季的泳池派对、秋季的丰收节、冬季的篝火晚会等。吸引客户预订参与,增加民宿的人气和知名度。

针对特定客户群体设计主题活动。针对亲子家庭、情侣、商务旅行者等不同客户群体,设计专属的主题活动和套餐。例如,为亲子家庭推出亲子手工制作、户外探险等活动;为情侣推出浪漫晚餐、情侣SPA等活动;为商务旅行者推出会议室租赁、商务套餐等服务。

• 体验活动

生态体验活动。利用民宿周边的自然生态环境,开展生态体验活动,如农耕体验、采摘活动、自然徒步、观鸟等。让客户亲近自然,体验乡村生活的乐趣。

文化体验活动。挖掘当地的历史文化、民俗风情等资源,为客户提供文化体验活动。比如,举办传统手工艺制作课程、参观古迹和博物馆等。让客户了解当地的文化,增加旅游的趣味性和知识性。

• 促销活动

限时折扣。在特定的时间段内推出限时折扣活动,吸引客户预订。如在旅游淡季、节假日前后等时间段,提供一定的折扣优惠,刺激客户的消费欲望。

套餐优惠。推出住宿、餐饮、体验活动等内容的套餐优惠,为客户提供一站式的旅游体验。例如,推出"住宿+早餐+自然徒步"套餐、"住宿+晚餐+情侣SPA"套餐等。

会员制度。建立会员制度,为会员提供积分、折扣、优先预订等特权。客户在预订民宿和参与活动时可以获得积分,积分可以兑换礼品或折扣券。会员还可以享受优先预订、免费升级房型等特权,提高会员的忠诚度和满意度。

(2)确定活动时间和频率

根据不同的营销活动类型和目标受众,确定活动的时间和频率。例如,主题活动可以根据季节和节日进行安排,每月或每季度举办一次;体验活动可以根据客户的需求和兴趣进行安排,每周或每月举办一次;促销活动可以根据市场情况和竞争态势进行安排,不定期推出。同时,要注意活动的时间安排不要过于密集,以免给客户造成疲劳感。

2. 营销费用预算

(1)确定预算范围

根据生态民宿的经营规模、市场定位、营销目标等因素,确定营销费用预算的范围。一般来说,营销费用预算可以占民宿营业收入的一定比例,具体比例可以根据行业平均水平和自身实际情况进行确定。例如,对于一家中等规模的生态民宿,营销费用预算可以占营业收入的5%~10%。

(2)分类列出预算项目

• 广告宣传费用

线上广告费用。包括社交媒体广告投放、在线旅游平台广告投放、搜索引擎广告投放等费用。根据不同的广告平台和投放方式,确定线上广告费用的预算。

线下广告费用。包括宣传册制作、海报制作、宣传单发放等费用。根据线下广告制作的数量和质量,确定线下广告费用的预算。

• 活动策划费用

主题活动费用。包括活动场地布置、活动道具购买、活动奖品设置等费用。根据活动的规模和内容,确定主题活动费用的预算。

体验活动费用。包括活动指导人员费用、活动设备租赁费用、活动材料购买费用等。根据活动的类型和参与人数,确定体验活动费用的预算。

促销活动费用。包括折扣优惠成本、套餐优惠成本、会员制度建设费用等。根据促销活动的内容和力度，确定促销活动费用的预算。

• 营销人员费用

营销人员工资。包括营销经理、营销专员等人员的工资费用。根据营销人员的职位和工作经验，确定其工资费用的预算。

营销人员培训费用。包括营销人员参加培训课程、研讨会等费用。根据营销培训的内容和方式，确定营销人员培训费用的预算。

• 合作推广费用

与旅游企业合作费用。包括与旅行社、旅游网站、在线旅游平台等旅游企业合作的费用。根据合作推广的方式和内容，确定合作推广费用的预算。

与周边商家合作费用。包括与周边的景区、餐厅、娱乐场所等商家合作的费用。根据与周边商家合作的项目和规模，确定合作费用的预算。

（3）合理分配营销费用预算比例

根据不同的营销活动类型和重要程度，合理分配营销费用预算的比例。一般来说，广告宣传费用和活动策划费用可以占营销费用预算的较大比例，营销人员费用和合作推广费用可以占较小比例。例如，广告宣传费用和活动策划费用可以各占营销费用预算的40%左右，营销人员费用和合作推广费用可以各占营销费用预算的10%左右。同时，要根据市场情况和营销效果进行动态调整，确保营销费用的合理使用。

3. 营销计划控制

（1）设定明确的绩效指标

根据营销目标和营销活动计划，设定明确的绩效指标，以便对营销计划的执行情况进行评估和控制。绩效指标可以包括网站访问量、预订量、入住率、客户满意度、品牌知名度等。例如，设定在一个月内网站访问量增加50%、预订量增加30%、客户满意度达到90%以上等绩效指标。

（2）建立监控机制

建立有效的监控机制，对营销计划的执行情况进行实时监控。可以通过数据分析工具、客户反馈渠道、市场调研等方式，收集营销计划执行过程中的数据和信息，及时发现问题并采取相应的措施进行调整。例如，通过分析网站访问量、预订量等数据，了解营销活动的效果；通过客户反馈渠道，收集客户的意见和建议，改进服务质量；通过市场调研，了解竞争对手的动态和市场趋势，调整营销策略。

（六）评估营销效果

评估营销效果是检验营销方案是否成功的重要环节。通过对营销活动的效果进行评估，可以及时调整营销策略，提高营销效率和效益。

1. 设定评估指标

根据营销目标，设定具体的评估指标，如网站访问量、客户预订量、入住率、客户满意度等。

2. 收集数据

通过各种渠道收集相关数据，如网站统计数据、客户反馈、市场调研等。

3. 分析数据

对收集到的数据进行分析，评估营销活动的效果。例如，比较不同营销渠道的客户预订量和入住率，分析促销活动对客户预订行为的影响等。

4. 调整策略

根据评估结果，及时调整营销策略，优化营销方案。例如，如果某个营销渠道的效果不佳，可以考虑减少投入或更换渠道；如果某个促销活动的效果不明显，可以调整活动内容或时间。

二、莫干山裸心谷生态民宿的营销活动方案

（一）营销活动方案简述

莫干山裸心谷是国内著名的生态民宿，从高天成于2007年开始建设民宿群"裸心乡"起步，2011年裸心谷正式开业，2013年荣获LEED国际性绿色建筑铂金级认证。其以独特的定位和高品质成为莫干山地区的知名民宿，还曾两度登上《纽约时报》，被评为中国除长城之外15个必去的旅游目的地之一。它位于浙江省德清县莫干山，拥有得天独厚的自然风光，包括大片的竹林、山谷和溪流。其建筑设计融合了当地的自然环境，采用环保材料，打造出具有乡村风情的高端民宿。

1. 方案背景

裸心谷作为裸心度假旗下首家高端度假民宿，自2011年开业以来，秉持可持续发展理念，为人们提供清新、乐活、绿色、精彩的度假体验。2021年开业10周年之际举办森林嘉年华庆典，旨在回馈新老客户，提升品牌知名度与美誉度，进一步巩固其在高端生态民宿市场的地位。

2. 方案主题与时间

（1）主题

"超越10年，惊喜连连"森林嘉年华。

（2）时间

自2021年9月起至2022年。

3. 方案内容策划

森林游园会。裸心谷内遍布奇趣艺术装置，如爱涂妆用安全、环保的艺术涂料为树木绘上具有南非部落风情的"大眼睛"，还有各类色彩缤纷、低饱和又灵动的瓶罐艺术装置，让宾客仿若置身于大自然的怀抱，又流连于自然奇境之间。此外，还设置了妙趣横生的互动游戏和乐活体验，如亲子手工制作、自然知识问答等，让宾客在游玩中感受自然与欢乐。

森林动物大游行。随着独具南非风情的鼓乐的响起，以人体彩绘艺术形式呈现的斑马、豹子等动物"森友"们与森林精灵们开始游行，与嘉宾亲密互动，将现场气氛推向高潮。

南非鼓手舞蹈表演。邀请南非鼓手带来激情奔放的舞蹈表演，让宾客沉浸在热情欢快的氛围中，感受浓郁的异域风情。

森林盛宴。特别推出森林盛宴，餐桌以松枝和红叶精心装饰，充满森林野趣。提供绿意盎然的西式美馔与特选美酒，让宾客在佳肴美酒中沉醉于山谷夜晚。

畅饮派对。在特定区域举办畅饮派对，提供各种特色饮品和小吃，让宾客在轻松愉悦的氛围中尽情享受派对的乐趣。

4. 住宿与服务升级

主题装扮。裸心谷进行森林元素主题装扮，大量艺术创意以及森林、动物、植物等自然元素点缀其中，为宾客营造出纯真灵动的氛围，同时也传递出裸心谷在可持续发展领域的决心和美好愿景。

住宿套餐。推出 10 周年特别住宿套餐，宾客可享受豪华树顶别墅或夯土小屋住宿。房间内放置与活动相关的小礼品，如定制的音乐 CD、有机护肤品、羊毛毡玩偶等，增加住宿的趣味性和纪念价值。

服务优化。完善和升级"裸心享 naked now"宾客服务小程序，实现"宾客服务，一扫搞定"，让宾客可以轻松在线安排度假行程、远程 check-in、提前预订餐饮、spa 等活动，为宾客提供更加便捷、高效、贴心的服务。

5. 营销渠道与推广

社交媒体。通过裸心度假村官网、裸心度假微信公众号（"裸心度假 naked retreats"）以及微博等社交媒体平台发布活动海报、视频预告和现场报道。在内容创作上，突出裸心谷的自然风光、精彩活动以及欢乐的氛围，吸引用户关注和分享，如发布动物游行、南非鼓手表演等精彩瞬间的短视频，引发大量用户点赞和转发。

与旅游预订平台合作。与携程、去哪儿等旅游预订平台合作，将 10 周年森林嘉年华的住宿套餐放在首页推荐位置，并在套餐介绍中详细展示活动亮点和体验项目，吸引更多潜在客户预订。

线下渠道。在周边城市的高端旅行社、咖啡店、书店等场所放置活动宣传册，宣传册设计精美，采用环保纸张，内容包括活动日程安排、裸心谷的生态理念介绍、住宿餐饮特色等，吸引线下客户关注。

合作推广。与新加坡色彩管理品牌爱涂妆等合作伙伴进行跨界合作，借助其品牌影响力和客户资源，扩大活动的宣传范围。同时，与世界自然基金会（WWF）等环保组织的合作，也体现了裸心谷具有社会责任感和秉持可持续发展理念，吸引了更多关注环保的人士参与。

（二）实施效果

1. 客流量与收益显著提升

活动期间，裸心谷的入住率大幅提高，相比以往同期增长明显，带来了可观的经济收益。据统计，自2011年迎来首位宾客至活动举办时，裸心谷入住宾客已达38万，而10周年森林嘉年华庆典则进一步提升了其品牌吸引力。

2. 品牌形象巩固与提升

通过10周年森林嘉年华庆典，裸心谷进一步巩固了其在高端生态旅游市场的品牌形象，提升了品牌知名度和美誉度。"裸心谷10周年森林嘉年华"成了热门话题，在社交媒体上的相关话题阅读量和视频点赞量累计达到数百万，吸引了大量新客户的关注和老客户的回流。

3. 客户满意度与忠诚度提高

丰富多样的活动内容、升级的住宿服务以及良好的自然生态环境，让宾客在活动中获得了难忘的体验，提高了客户的满意度和忠诚度，为裸心谷的长期发展奠定了坚实基础。

（三）案例剖析

1. 裸心谷充分考量了宏观和微观环境因素

裸心谷充分考量了宏观和微观环境因素，为10周年森林嘉年华活动成功奠定了基础。在宏观环境方面，积极响应政策支持，契合环保理念，利用政府对旅游业的扶持政策和环保要求，提升自身竞争力。随着经济的增长和人们旅游消费能力的提升，裸心谷精准定位高端市场，满足中高收入群体对品质度假的需求。同时，顺应社会价值观的变化，迎合人们对自然、健康的追求，其生态特色与人们的生活方式和旅游文化发展趋势相呼应。在技术环境方面，借助互联网和社交媒体平台扩大宣传，通过智能化技术提升管理效率和客户体验，采用环保技术践行可持续发展理念。在微观环境方面，准确分析现有竞争者、潜在进入者、替代品、供应商和购买者的影响，了解竞争对手策略，以差异化的活动内容和服务突出自身优势，应对潜在进入者的威胁，明确独特卖点以应对替代品竞争，优化供应链管理并关注购买者议价能力。通过全面的环境分析，裸心谷制定了科学合理的发展策略，为10周年森林嘉年华活动的成功举办提供了有力保障。

2. 裸心谷精准确立目标市场

裸心谷从多维度进行市场细分，精准确立目标市场。首先，从地理位置上，考虑本地周边、国内其他地区及国际市场的不同需求。在客户群体特征方面，涵盖不同年龄、性别、收入水平和兴趣爱好的人群，如年轻户外运动爱好者、中年高收入休闲追求者和老年养生群体等。从旅游目的出发，细分家庭亲子游、情侣浪漫度假、商务休闲及个人放松等市场。在此基础上，结合自身特色与优势以及市场调研结果，裸心谷选择了城市周边对自然环境有较高追求、具有一定消费能力的中高端客户群体，具体而言，包括年龄为25~50岁、收入较高、注重生活品质且对自然宁静的度假环境有强烈需求的人群，以及旅游目的为休闲放松、亲子互动或情侣度假的客户。在选择目标市场时，裸心谷充分考虑市场需求和竞争情况，选择需求较大且具有增长潜力的细分市场，同时在竞争激烈的市场中寻找差异化优势。在市场定位上，突出生态特色与优势，将自身定位为城市周边的中高端生态度假胜地，满足目标客户群体的需求，提高市场竞争力。

3. 营销活动计划丰富多样且执行有力

裸心谷的营销活动计划丰富多样且执行有力，取得了显著效果。在营销活动策划方面，裸心谷策划了丰富多样的特色活动，包括主题活动、体验活动和促销活动，满足了不同客户的需求和兴趣。确定合理的活动时间和频率，避免了客户疲劳。在营销费用预算上，明确预算范围，分类列出预算项目并合理分配比例，确保资源的有效利用。通过设定明确的绩效指标和建立监控机制，对营销计划进行有效控制。在效果方面，客流量与收益显著提升，品牌形象得到巩固与提升，客户满意度和忠诚度提高。

【本章小结】

本章聚焦生态民宿营销，搭建起从理论基础到实践方法的完整知识框架。首先，本章主要梳理营销学理论的发展脉络，从近代的推销理论、USP理论，到近现代的4P、市场细分理论，再到现代的定位、关系营销等理论，以及新时代的全方位、AI营销理论等，分析了新时代营销学理论产生的背景和未来趋势。其次，介绍不同阶段的营销方法及其在生态民宿中的运用现状与前景，例如新媒体营销在生态民宿中广泛应用，品牌营销意识逐渐增强，未来多种营销方法将混合应用，新时代营销方法也会受更多关注。最后，阐述生态民宿营销方案设计的一般步骤，涵盖市场调研、目标市场确立、营销目标明确、营销策略选择、营销计划制订以及营销效果评估，并以莫干山裸心谷生态民宿为例，详细展示了成功的营销活动方案及其效果。

【本章思考与练习】

    1. 请简述近代营销理论、近现代营销理论、现代营销理论和新时代营销理论的核心差异。

    2. 结合生态民宿的特点，分析在开展市场调研时，如何运用PEST模型和波特五力模型进行全面的营销环境分析？请分别从两个模型的各个要素进行阐述。

    3. 请从营销方法运用的成效角度，对比广告宣传法和全方位营销方法在生态民宿营销中的优缺点。

    4. 假设你是一家生态民宿的经营者，你将如何设计一个包含短期、中期和长期目标的营销方案？请详细阐述每个阶段的目标、营销策略和营销活动计划。

第七章　生态民宿品牌营销与精选案例

【本章导读】

品牌是一个大众耳熟能详的名词，品牌营销也是众多的学者、各类组织，特别是企业界相关人士关注和研究的热门话题。然而，生态民宿品牌营销的发展相对较新，相关领域学者对其关注亦较少。但是，随着民宿行业的兴旺，生态民宿品牌营销越来越受市场青睐，这一话题也为越来越多的学界及产业界人士所重视，其对促进民宿的高质量发展亦具有多重意义。

一方面，对于生态民宿自身而言，有效的品牌营销可以提高知名度和美誉度，吸引更多的客人。通过展示民宿的生态特色、优质服务和独特体验，让潜在客户了解并选择生态民宿。同时，品牌营销也有助于塑造品牌形象，使生态民宿在竞争激烈的旅游市场中脱颖而出。另一方面，对于生态旅游行业和社会环境而言，生态民宿品牌营销也具有积极的影响。它可以推动生态旅游的发展，引导更多的人关注生态环境及其可持续性。生态民宿作为生态旅游的重要组成部分，通过品牌营销可以向客人传递环保理念，促进客人在旅行中采取环保行为。此外，生态民宿也可以带动当地经济的发展，促进农村地区的振兴和可持续发展。本章将带领读者去了解生态民宿品牌营销的内涵、生态民宿运用品牌营销策略创建品牌的方法以及生态民宿开展品牌营销活动中可能面临的痛点、难点，最后通过分析国内外两个生态民宿独树一帜的品牌营销策略来展现品牌营销的魅力。

【本章知识结构】

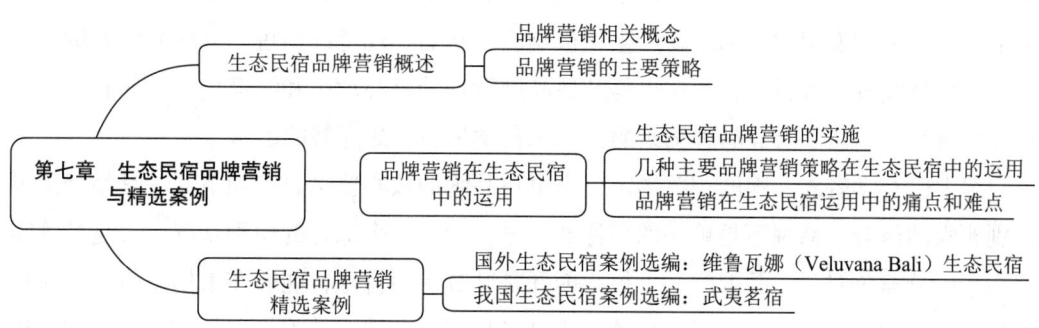

【学习要点】

1. 品牌营销相关概念，包括品牌、品牌营销及生态民宿品牌营销的概念。
2. 品牌营销的主要策略，即品牌故事营销、品牌活动营销及品牌会员营销。
3. 生态民宿品牌营销的实施过程、要点，品牌营销策略在生态民宿中的运用及其面临的痛点、难点。
4. 生态民宿品牌营销的国内外精选案例，即维鲁瓦娜生态民宿及武夷茗宿的品牌营销案例分析及经验总结。

第一节 生态民宿品牌营销概述

一、品牌营销相关概念

（一）品牌

品牌的概念由来已久，然而品牌学作为一门独立的现代学科出现的时间尚不足百年。1950年，大卫·奥格威在《哈佛商业评论》上发表了《产品与品牌》一文，正式开启品牌研究的专业化。他指出，"品牌"是一种错综复杂的象征，由属性、名称、包装、价格、历史、声誉、广告风格等无形要素组合而成。

菲利普·科特勒（Philip Kotler）被誉为"现代营销学之父"，其对品牌的定义为，品牌是一种名称、名词、标记、符号或设计，或是它们的组合运用，其目的在于借以辨认某个销售者或某群销售者的产品或劳务，并使之与竞争对手的产品或劳务区别开来。

1993年，著名品牌研究专家凯文·莱恩·凯勒对品牌进行了系统阐述。他认为，品牌的力量存在于消费者心中，构建起消费者心目中强烈、独特、美好的品牌知识，能使消费者对品牌发起的营销活动产生积极响应，从而实现持续销售、兑现品牌溢价、达成品牌可持续发展等目标，而这也是开展品牌管理的核心动机和终极目的。菲利普·科特勒赞誉其"给出了有关品牌构筑的艺术和科学最新、最完整的思考"。

综上已有学者对品牌的相关界定，本书将品牌的核心要义总结如下：一是品牌需要识别要素的组合，品牌不是单一的名称或符号，而是一个综合的识别系统；二是品牌需要用于区分竞争对手，品牌的一个核心内涵是其具有独特性，能够在市场竞争中凸显自身产品与其他产品的差异；三是品牌需要具备目标导向性，品牌管理的核心动机和终极目的是实现持续销售、兑现品牌溢价、达成品牌可持续发展等，品牌的各种活动和构建都需要围绕上述目标展开。

（二）品牌营销

何谓品牌营销？品牌营销是指将品牌输出作为核心内容的营销，是企业围绕品牌展开各种营销活动，使企业品牌被更多消费者接受、认同和信任的方法。

品牌营销在企业发展中占据着重要地位。首先，品牌营销是品牌成长的助推器。它能够提高品牌知名度，通过多样化的营销渠道，如广告投放、社交媒体推广、公关活动等，将品牌的信息广泛地传播出去，让品牌在众多竞争对手中脱颖而出，被更多的消费者知晓。其次，品牌营销有助于塑造品牌形象。企业可以借助品牌故事、品牌价值观的传递，使品牌在消费者心中建立起独特、鲜明且积极正面的形象，让消费者产生情感共鸣。再次，品牌营销能增强消费者的忠诚度。通过会员制度、专属服务等营销方式，增强消费者与品牌之间的联系，使消费者成为品牌的忠实拥护者，愿意长期选择该品牌的产品或服务。此外，品牌营销对于企业的商业成功也意义重大。它能够有效促进产品销售，因为当消费者对品牌有足够的认知、认同和信任后，会更倾向于购买该品牌旗下的产品或服务。同时，品牌营销还能增强企业在市场中的竞争力，一个被广泛接受和信任的品牌能够在市场竞争中占据有利地位，不仅可以抵御新进入者的威胁，还能与同行业竞争对手拉开差距。

（三）生态民宿的品牌营销

生态民宿的品牌营销是指以生态旅游理念为核心，强调环境保护、可持续发展和提供绿色住宿体验，同时围绕生态民宿的品牌开展一系列的营销活动，使消费者愿意与之保持紧密联系的营销策略。

对于生态民宿经营者而言，其需要重视并灵活运用品牌营销策略。生态民宿的品牌营销对于促进生态民宿发展有多重效用。首先，它有助于提升生态民宿的知名度和美誉度。通过有效的营销活动，将生态民宿以生态旅游理念为核心、强调环境保护和可持续发展以及提供绿色住宿体验的特色传达给目标消费者，吸引他们的关注并在他们心中树立起良好的品牌形象。其次，品牌营销能够吸引特定的客户群体。那些对环境保护和可持续发展有强烈认同感的消费者更有可能选择生态民宿，品牌营销可以精准地触达这些潜在客户，满足他们的需求。再者，良好的品牌营销可以促进生态民宿的业务增长。提高入住率和客户满意度，从而增加收入。同时，品牌营销还有助于推动整个生态旅游行业的发展，为行业树立榜样，引领更多的民宿和旅游企业走上可持续发展之路。

二、品牌营销的主要策略

（一）品牌故事营销

品牌故事营销是指通过讲述品牌的起源、发展历程、核心价值观以及独特的品牌理念等内容，来吸引消费者并建立情感连接的一种营销方式。品牌故事可以以文字、图片、视频等多种形式呈现，让消费者更好地了解品牌背后的意义和价值。借助品牌故事营销，可以帮助企业从多个维度提升企业品牌的影响力及美誉度等。具体而言，一是可以助力企业建立情感连接。品牌故事能够触动消费者的情感，使他们更容易与品牌产生共鸣，从而建立起深厚的情感连接。二是可以助力提升品牌认知度。一个好的品牌故事可以让消费者快速了解品牌的特点和优势，提高品牌的认知度和美誉度。三是可以增强品牌忠诚度。当消费者与品牌建立了情感连接后，他们更有可能成为品牌的忠实粉丝，持续购买该品牌产品或服务。

（二）品牌活动营销

品牌活动营销是指企业通过举办各种活动，如促销活动、公关活动、赞助活动等，来提升品牌知名度、美誉度和忠诚度的一种营销方式。品牌活动可以吸引消费者的关注，增加品牌曝光度；同时也可以与消费者进行互动，了解他们的需求和反馈。借助品牌活动营销，一是可以吸引大量的消费者参与，从而增加品牌的曝光度和知名度。二是通过举办有意义的活动，如公益活动、文化活动等，可以提升品牌的形象和美誉度。三是通过促销活动可以吸引消费者购买产品或服务，从而促进销售增长。

（三）品牌会员营销

品牌会员营销是指企业通过建立会员制度，为会员提供专属的优惠、服务和体验，从而提升会员的忠诚度和消费频次的一种营销方式。品牌会员可以分为普通会员、高级会员、VIP 会员等不同级别，不同级别的会员享受不同的权益和服务。借助品牌会员营销，一是可以让会员感受到品牌的关怀和重视，从而提升会员的忠诚度。二是会员制度可以激励会员持续购买该品牌产品或服务，从而增加消费频次。三是通过会员制度，企业可以收集会员的个人信息和消费行为数据，为企业的市场调研和产品研发提供参考。

第二节　品牌营销在生态民宿中的运用

一、生态民宿品牌营销的实施

（一）生态民宿品牌营销的实施过程

生态民宿品牌营销可被视为一个系统化的过程，涵盖多个关键维度，即品牌识别、品牌定位、品牌个性、品牌体验以及品牌关系管理等。

1. 品牌识别

品牌识别即识别品牌所具备的内在属性和价值，由品牌名称、标志、口号等元素共同构筑而成，形成了品牌的独特身份。生态民宿可以将"自然之居"作为品牌名称，口号则为"回归自然，静享生活"，其标志是一片绿叶环绕着一座小木屋，简洁而富有自然气息。这些元素共同构成该生态民宿的独特识别体系。品牌识别如同品牌的身份证，是消费者认识和区分品牌的重要依据。

2. 品牌定位

品牌定位指的是确定品牌在消费者心智中的位置。这一过程基于对目标市场的深入剖析以及对竞争对手品牌的全面了解。通过精准的品牌定位，品牌能够在消费者心中留下独特的印象。生态民宿可以将自己定位为"远离喧嚣，亲近自然的心灵栖息地"。通过对目标市场中渴望远离城市喧嚣、追求宁静自然生活的人群进行深入分析，同时对比其他民宿的特色，找准自己在市场中的独特位置，可以在消费者心中树立一个能让人放松身心、回归自然的美好形象。品牌定位决定了品牌的市场方向和目标受众，是品牌营销的关键环节。

3. 品牌个性

品牌个性是品牌所展现出的人格特质，它能让品牌更加生动且富有吸引力。生态民宿可以凭借"质朴、宁静、温暖"的个性示人，远离城市的喧嚣与繁华，呈现出一种回归本真的质朴之感；同时周围宁静的自然环境能够让人放松身心，享受宁静的时光；再者通过民宿主人和工作人员热情周到的服务传递出温暖的情感。这种独特的品牌个性可以吸引那些渴望远离都市纷扰、寻找宁静与温暖之地的消费者。品牌个性赋予了品牌情感价值，使消费者与品牌之间建立起更深层次的情感连接。

4. 品牌体验

品牌体验是消费者在与品牌互动过程中的感受，包括产品的使用体验、服务体验以及品牌传播活动所带来的体验。良好的品牌体验能够增强消费者对品牌的好感度和忠诚度。生态民宿可以通过提供舒适自然的居住环境，让消费者感受与自然融为一体的宁静。房间布置温馨，设施齐全，满足消费者的各种需求。而在服务方面，民宿工作人员可以提供热情、友好、贴心的管家式服务，从消费者入住前的咨询到入住期间的各种需求都能及时响应。此外，生态民宿还可以举办一些与自然相关的品牌传播活动，如户外徒步、星空观测等，让消费者更加深入地感受民宿的品牌魅力，为消费者创造独特的品牌体验。品牌体验是品牌与消费者直接接触的环节，对品牌形象的塑造起着至关重要的作用。

5. 品牌关系管理

品牌关系管理是企业管理和维护与消费者之间关系的重要手段，目的在于促进品牌忠诚度和长期价值的增长。生态民宿一是可以通过建立会员制度，为会员提供积分兑换、优先预订、专属优惠等福利，增强会员的黏性。二是开展客户关怀活动，如在客人入住期间送上温馨的小礼物、生日时发送祝福短信等，让客人感受到民宿的贴心关怀。三是及时回应消费者反馈，无论是好评还是差评，都认真对待并积极改进，不断提升服务质量。例如，当客人提出早餐种类较少的反馈后，生态民宿需要迅速调整菜单，增加更多当地特色美食，提升客人的满意度。通过以上系列方式，加强与消费者的互动和沟通，提升品牌关系的质量。

（二）生态民宿品牌营销的实施要点

1. 深化生态旅游理念

生态民宿品牌营销不仅是一种市场行为，更是一种对生态旅游理念的深化实践。它涉及对自然资源的合理利用和保护，以及对当地生态系统的最小化干扰。通过这种方式，生态民宿能够向消费者展示其对环境的重视和保护，同时也能够吸引那些对环境问题有深刻认识的消费者。

2. 应用环保设施与技术

在生态民宿的运营中，环保设施和技术的应用是品牌营销的重要组成部分。这包括使用可再生能源和节水系统及废物回收和处理等，这些措施不仅减少了对环境的影响，也是品牌向消费者传达其环保承诺的重要方式。

3. 保护自然景观与生态

生态民宿品牌营销强调对自然景观和生态的保护。这意味着在生态民宿开发和运营过程中，需要采取一系列措施来保护当地的自然环境，如限制游客数量、实施生态足迹最小化等，以此来保持目的地的原始性和独特性。

4. 注重传承当地文化

生态民宿品牌营销还需要注重当地文化的传承。将当地的文化元素融入民宿的设计和服务中，不仅为游客提供了一种独特的文化体验，也有助于当地文化遗产的保护。

5. 积极参与社会公益活动

生态民宿品牌营销还包括积极参与社会公益活动，如支持当地社区发展、参与环境保护项目等。这些活动不仅有助于提升品牌形象，而且也能够增强消费者对品牌的好感和忠诚度。

6. 注重故事讲述与品牌传播

生态民宿品牌营销还注重故事讲述和品牌传播。通过分享民宿的环保实践、与自然和谐共处的故事，生态民宿能够吸引那些追求独特旅行体验和关注环境问题的消费者，加深消费者对品牌的认知和情感联系，从而提升品牌的市场竞争力。

综上所述，生态民宿品牌营销是一个多维度、动态发展的过程，它要求企业不仅要关注产品的推广和销售，还要深入理解消费者需求，把握市场趋势，并通过情感连接和文化共鸣，建立起强有力的品牌影响力。这一过程需要企业不断地进行品牌资产的评估、监测和优化，以确保品牌在不断变化的市场环境中保持竞争力和吸引力。

二、几种主要品牌营销策略在生态民宿中的运用

（一）品牌故事营销在生态民宿中的运用

品牌故事是传递品牌价值观和独特魅力的有力工具。生态民宿可以通过讲述自己的品牌故事来吸引客人并建立情感连接。例如，来咖美宿将品牌定位于"一家床品对标五星酒店的城市民宿"。这个品牌通过提供与五星级酒店相媲美的床品和室内环境，旨在为客人提供高标准的住宿体验。来咖美宿的每套房屋都由软装设计师精心打造，确保"好看"与"好用"的价值标准，使用高端品牌的床垫和床上用品，以及护肤级别的洗护用品，从而在城市民宿市场中树立了高品质的品牌形象。

具体而言，生态民宿在运用品牌故事进行营销的过程中需要抓住三个要点：一是挖掘独特故事元素。民宿主可以通过回顾民宿的创建历程、与自然的渊源、背后的理念和愿景来挖掘独特故事元素。二是生动讲述故事。民宿主一方面可以通过多种渠道讲述品牌故事，如民宿的官方网站、宣传册、社交媒体等；另一方面可以采用文字、图片、视频等多种形式，让故事更加生动感人。如制作一个精美的视频，展示民宿周边的自然美景和客人在民宿中的美好体验，同时穿插讲述民宿的故事。三是邀请客人参与故事。民

宿主一方面可以鼓励客人分享他们在民宿的故事和体验，将客人的故事融入品牌故事中，增强品牌的互动性和亲和力；另一方面可以在社交媒体上设置客人故事分享专区，或者定期举办客人故事分享活动。

（二）品牌活动营销在生态民宿中的运用

品牌活动营销是提升生态民宿品牌知名度和吸引力的重要手段。民宿主可以通过精心策划和组织各种活动并吸引大众参与，增强品牌与大众之间的互动，提升品牌形象。一般而言，生态民宿可通过举办体验活动及公关活动等来开展品牌活动营销。

1. 体验活动

体验活动旨在让客人亲身感受生态民宿的独特魅力和服务，从而建立起对品牌的深刻印象和好感。

（1）自然探索活动

结合民宿周边的自然环境，组织客人进行徒步、骑行、观鸟、采摘等自然探索活动。例如，如果民宿位于山区，可以组织客人进行山间徒步，欣赏自然风光，了解当地的植物和动物。同时，安排专业的导游或自然解说员，为客人提供丰富的自然知识和有趣的故事。

（2）文化体验活动

挖掘当地的文化特色，举办文化体验活动，如传统手工艺制作、民俗表演、开设美食烹饪课程等，让客人深入了解当地的文化传统，丰富旅行体验。比如，在一些具有悠久历史的古镇民宿，可以组织客人学习传统的剪纸、刺绣等手工艺，或者观看当地的戏曲表演。

（3）主题派对活动

根据不同的季节、节日或主题，举办各种主题派对活动。例如，在夏季举办泳池派对，在冬季举办篝火晚会，或者以特定的文化主题如"复古之夜""夏威夷风情"等主题举办派对。这些活动可以增加客人的乐趣和互动，同时也为客人提供了一个分享美好时光的机会。

（4）亲子活动

针对家庭旅行者，设计丰富的亲子活动，如户外游戏、开设儿童烹饪课程等，让孩子们在玩耍中学习，增进亲子关系。还如，可以组织孩子们一起用树叶、树枝等自然材料制作手工艺品，或者举办亲子户外寻宝游戏。

2. 公关活动

公关活动是生态民宿塑造品牌形象和建立正面形象的有效手段。通过新闻发布会、事件营销、社区参与等方式，生态民宿可以与公众建立良好的关系，提升品牌的社会责任感和公信力。例如，乌镇景区在春节期间举办"乌镇年"活动，接待游客量创下新高。这种成功的事件营销不仅提升了乌镇景区的知名度，也为当地的生态民宿带来了客流和曝光机会。

（1）与媒体合作

积极与旅游媒体、生活方式媒体等合作，邀请他们来民宿体验，并撰写报道和推荐。可以给媒体记者提供免费的住宿体验，或者举办媒体发布会，介绍民宿的新特色和活动。同时，利用社交媒体平台分享民宿的故事和活动，吸引大众的关注。

（2）公益活动

组织或参与公益活动，展示品牌的社会责任感。例如，参与环保公益活动，如植树造林、垃圾分类宣传等；或者举办慈善活动，为当地的慈善机构筹款。这些活动可以提升品牌的形象，赢得公众的好感和支持。

（3）事件营销

策划和组织具有新闻价值的事件，吸引媒体和公众的关注。例如，举办民宿开业庆典、周年庆活动、特色主题活动等，邀请知名人士、网红等来参加活动，增加活动的影响力和曝光度。

（4）客户关系活动

举办客户答谢活动，如客户晚宴、专属优惠活动等，表达对客户的感谢和重视。同时，建立客户反馈机制，及时了解客户的需求和意见，改进服务质量，增强客户的满意度和忠诚度。

（三）品牌会员营销在生态民宿中的运用

品牌会员营销是生态民宿培养客人忠诚度、提高客户留存率的重要策略。生态民宿可以通过建立完善的会员制度，为会员提供个性化的服务和专属权益，从而增强客人与民宿的情感连接，促使他们成为长期的忠实客户。

1. 会员等级制度

设置不同的会员等级是激励客人持续消费和入住的有效方式。可以根据客人的消费金额和入住次数来确定会员等级，每个等级对应不同的积分和升级标准。

（1）等级划分

初级会员。适合新客人或消费金额和入住次数较少的客人。他们可以通过注册成为会员，获得一定的初始积分和基本权益。

中级会员。当客人的消费金额和入住次数达到一定标准时，可以升级为中级会员。中级会员享有更多的优惠和特权，如更高的积分比例、优先预订权等。

高级会员。对于消费金额和入住次数较多的客人，可以晋升为高级会员。高级会员享受顶级的权益，如免费升级房型、专属管家服务、私人定制活动等。

（2）积分获取与使用

客人可以通过消费和参与活动获得积分。消费金额每达到一定数额，即可获得相应的积分。例如，每消费100元可获得10积分。同时，参与民宿组织的活动，如会员专属活动、体验活动等，也可以获得额外的积分。积分可以用于兑换民宿的服务或商品。例如，客人可以用积分兑换免费住宿、餐饮折扣、特色礼品等。积分兑换的规则可以根据民宿的实际情况进行设定，如一定数量的积分可以兑换一晚免费住宿，或者一定比例的积分可以抵扣餐饮费用。

（3）升级与降级机制

为了保持会员的积极性和活跃度，会员等级可以根据客人的消费行为进行动态调整。如果客人在一定时间内持续消费和入住，达到更高等级的标准，就可以自动升级。相反，如果客人在一段时间内没有消费或入住，会员等级可能会下降。

例如，中级会员在一年内消费金额达到一定标准，就可以升级为高级会员。而如果高级会员在连续6个月内没有入住，会员等级可能会降为中级会员。

2. 会员专属活动

定期举办会员专属活动可以增强会员的归属感和参与感，让他们感受到自己作为会员的特殊待遇。

（1）会员聚会

组织会员聚会，为会员提供一个交流和互动的平台。聚会可以在民宿内或周边的特色场所举行，如户外花园、海边沙滩等。活动内容可以包括美食分享、音乐表演、互动游戏等。例如，在民宿的花园中举办烧烤派对，邀请会员们一起品尝美食、享受音乐，增进彼此之间的感情。

（2）新品体验

当民宿推出新的服务或产品时，优先邀请会员进行体验。例如，新推出的特色房型、美食套餐、体验活动等，可以让会员们第一时间尝试，并提出反馈意见。

新品体验活动不仅可以让会员感受到民宿的创新和进步，还可以帮助民宿收集客户的反馈，改进服务和产品。

（3）优先预订

会员享有优先预订权，可以在热门旅游季节或特殊活动期间提前预订房间。这可以确保会员能够顺利预订到心仪的房间，避免因为房间紧张而无法入住的情况。例如，在旅游旺季，民宿可以提前一周向会员开放预订，让会员有更多的选择和机会。

3. 积分兑换制度

积分兑换制度是会员营销的重要组成部分，通过积分兑换可以激励客人持续消费和参与活动。

(1) 服务兑换

客人可以用积分兑换民宿的服务,如免费住宿、餐饮服务、洗衣服务等。免费住宿是最受欢迎的积分兑换项目之一,可以吸引客人再次入住。例如,客人可以用一定数量的积分兑换一晚免费住宿,或者用积分抵扣部分住宿费用。餐饮服务也可以作为积分兑换的项目,如用积分兑换早餐、晚餐或特色美食套餐。

(2) 商品兑换

积分还可以兑换民宿的特色商品,如手工艺品、纪念品、当地特产等。这些商品可以作为客人的旅行纪念品,也可以作为礼物送给亲朋好友。例如,客人可以用积分兑换民宿自制的手工艺品,如编织品、陶瓷制品等,或者兑换当地的特色农产品,如蜂蜜、茶叶等。

(3) 合作商家兑换

民宿可以与周边的商家合作,为会员提供更多的积分兑换选择。例如,与当地的旅游景点、餐厅、商店等合作,客人可以用积分兑换景点门票、餐厅优惠券、商店购物券等。合作商家兑换可以扩大积分的使用范围,提高会员的满意度和忠诚度。

三、品牌营销在生态民宿运用中的痛点和难点

(一) 品牌营销在生态民宿运用中的痛点

1. 竞争格局多样化

品牌营销在生态民宿运用中的第一大痛点为竞争格局多样化,市场竞争激烈,使生态民宿的差异化品牌特点较难确立。生态民宿行业的竞争格局多元化明显,呈现出传统与现代、独立与连锁相互交织的态势。第一类是传统独立民宿。这类民宿通常由个人或家庭利用自有住宅或租赁房源精心改造而成。它们注重深度挖掘当地的地方特色和文化氛围,每一处细节都可能蕴含着当地的历史故事、传统习俗或独特的艺术风格。第二类是品牌连锁民宿。随着市场需求的不断增长,越来越多的酒店集团和知名旅游品牌纷纷涉足民宿领域。这些品牌民宿凭借其雄厚的资金实力、专业的运营管理团队和丰富的市场经验,在服务质量、设施配套等方面展现出显著优势。生态民宿在品牌营销中面临着激烈的市场竞争。随着住宿行业的多样化发展,消费者的选择越来越多。生态民宿不仅要与传统的酒店、旅馆竞争,还要与其他类型的民宿以及新兴的住宿形式竞争。在这种情况下,生态民宿需要通过品牌营销策略来突出其独特卖点,如环保理念、文化体验和地方特色等,以在众多竞争者中获得优势。然而,由于市场竞争激烈,生态民宿的独特

卖点容易被模仿，这使得生态民宿在品牌营销中面临更大的挑战。

2. 资金资源的限制

品牌营销在生态民宿运用中的第二大痛点为资金资源的限制，导致生态民宿无法在品牌营销上投入足够资源。在品牌营销方面，生态民宿常常因自身规模较小而面临资金不足的困境，这对其在广告和营销活动上的投入能力产生了直接影响。与大型酒店集团相比，生态民宿在人力、物力和技术资源方面存在明显不足。缺乏足够的资金投入，使得生态民宿难以聘请专业的营销团队进行品牌推广，也无法在广告宣传、市场调研等方面投入足够的资源。而技术资源的不足则限制了生态民宿在数字化营销方面的创新能力，无法充分利用先进的营销工具和平台来提升品牌知名度。这些因素共同制约了生态民宿在品牌营销创新和推广上的力度，进而影响了品牌形象的建立和传播。

3. 市场认知的不足

品牌营销在生态民宿运用中的第三大痛点为市场认知的不足，导致生态民宿客源受限、价格竞争处于劣势以及营销难度增大等后果。市场认知度不足亦是生态民宿在品牌营销中面临的瓶颈。许多消费者对生态民宿的环保理念、文化特色和独特价值缺乏深入了解。一方面，生态民宿的环保理念往往需要通过实际的行动和体验才能被消费者感知，但由于宣传不到位，很多消费者并不知道生态民宿在环保方面所做出的努力。另一方面，生态民宿的文化特色和独特价值也需要通过有效的品牌营销策略来传达给消费者，但由于市场认知度不足，这些特色和价值难以被消费者充分认识和接受。这限制了生态民宿品牌影响力的扩大，使得生态民宿在市场竞争中处于不利地位。因此，生态民宿需要制定有效的品牌营销策略，通过多种渠道和方式提高公众对品牌的认知度和接受度。

（二）品牌营销在生态民宿运用中的难点

1. 环境保护的制约

环境保护的制约是品牌营销在生态民宿运用中面临的第一大难点。生态民宿发展受到环境保护的制约。生态民宿在品牌营销中必须平衡环保责任与商业利益。生态民宿通常位于自然环境优美的地区，其经营活动对环境的影响较大。因此，生态民宿需要在不牺牲环境质量的前提下，寻找可持续的商业模式。在品牌营销中，这表现为如何向消费者传达其环保实践的价值，同时保持商业竞争力。一方面，生态民宿需要通过宣传其环保措施，如使用可再生能源、减少垃圾产生、推广生态旅游等，来吸引关注环保的消费者。另一方面，生态民宿也需要提供高品质的服务和体验，满足消费者的需求，以保持商业竞争力。这对生态民宿的品牌营销提出了更高的要求，需要在环保与商业利益之间找到平衡。

2. 需求多元的考验

需求多元的考验是品牌营销在生态民宿运用中面临的第二大难点。消费者需求的多元化对生态民宿的品牌营销提出了更高要求。如今的消费者在选择住宿时，更加注重个性化和定制化的服务。他们希望能够根据自己的兴趣爱好、需求和预算，选择适合自己的住宿方案。生态民宿需要通过品牌营销来捕捉和响应消费者的个性化和定制化需求。这要求生态民宿不断调整其品牌定位和服务策略，以满足市场的多变需求。例如，针对不同的消费者群体，推出不同主题的房间和活动，提供个性化的旅游方案和服务。同时，生态民宿还需要加强与消费者的互动和沟通，了解他们的需求和反馈，及时调整营销策略，提高消费者的满意度和忠诚度。

第三节　生态民宿品牌营销精选案例

一、国外生态民宿案例选编：维鲁瓦娜（Veluvana Bali）生态民宿

（一）维鲁瓦娜（Veluvana Bali）生态民宿简介

1. 区位环境

维鲁瓦娜（Veluvana Bali）生态民宿位于巴厘岛阿贡火山南侧的席德门山谷之中。巴厘岛，印度尼西亚的热带瑰宝，有"天堂之岛""神仙岛"等美誉，以其无与伦比的生态环境而闻名遐迩。它坐落于赤道之上，拥有温暖湿润的热带雨林气候，为岛上生物多样性的繁荣提供了理想的温床。巴厘岛的生态系统丰富多彩，从热带雨林到珊瑚礁，再到红树林，每一种都为当地的生态平衡贡献着力量，同时也吸引着全球科学家的目光，这些珍稀的生态系统不仅具有重要的生态价值，也是科学研究的宝贵资源。巴厘岛的稻田不仅是岛上的一大特色，以其宁静和美丽吸引着游客，也是岛上重要的农业生产地。巴厘岛国家公园的茂密森林为野生动植物提供了栖息地和生长地，也为游客提供了探索自然的机会。巴厘岛科莫多国家公园致力于保护世界上最大的蜥蜴科莫多龙，以及保护包括海洋物种在内的多种生物。从南至北延伸的火山带，不仅为岛上的肥沃稻田提供了养分，也是巴厘岛重要的自然景观之一。巴厘岛的文化与自然景观紧密相连，岛上的寺庙和宗教仪式与自然环境和谐共存，展现了人与自然和谐相处的理念。巴厘岛的优质生态环境不仅为当地居民提供了丰富的自然资源，也为全球的科学研究和生态旅游提供了宝贵的资源。通过有效的环境保护措施和可持续发展的旅游活动，巴厘岛为未来的

世代留下了宝贵的自然遗产。维鲁瓦娜（Veluvana Bali）生态民宿坐落于生态环境如此美好的巴厘岛，是非常典型的生态民宿。

2. 维鲁瓦娜（Veluvana Bali）生态民宿建设与经营现状

维鲁瓦娜（Veluvana Bali）生态民宿的建设理念深刻体现了对全球环境危机的响应，其设计致力于采用当地材料和巴厘岛传统竹工艺技术，以实现碳足迹的最小化。民宿的建筑与家具主体结构均采用当地采购的竹子，并配以传统的稻草屋顶，由当地竹工艺专家精心设计和建造，在建筑和家具的每一个细节上都体现了对结构强度和耐久性的高度关注。民宿的下层地板设计为高出地面半米，以适应当地的气候和环境条件。北面门廊边缘较高，而上层则高悬于地面2.5米之上，通过易于攀爬的楼梯连接，为住客提供了独特的居住体验。民宿坐落于一片生物多样性丰富的水稻梯田之中，其建筑旨在最大限度地减少对周围生态环境的影响。为了保持空气的自然清新和健康，民宿并未安装空调，而是依赖自然风的轻柔吹拂，为住客带来凉爽。民宿为了确保住客的隐私，在房屋后方筑起了高高的竹篱笆，并在与邻居财产的边界上种植了茂密的植被，为住客提供了一个私密而宁静的避世之所。维鲁瓦娜（Veluvana Bali）生态民宿提供了一种独特的住宿体验，它是一个建筑奇迹，为旅行者的住宿增添了一抹亮色。

住宿餐饮业作为巴厘岛的支柱型产业，占全岛经济比重的23%左右，每年接待全球游客约600万人次，仅次于澳大利亚。中国作为巴厘岛第二大客源国，每年有约100万人次来到巴厘岛。借助巴厘岛优良的生态环境和极高的全球知名度，维鲁瓦娜（Veluvana Bali）生态民宿近年来客源强劲增长，也享受着市场规模扩大带来的增长机遇；同时，也创出了自己的品牌——"维鲁瓦娜"。维鲁瓦娜（Veluvana Bali）生态民宿因其独特的地理位置和文化背景，成为吸引游客的重要因素。维鲁瓦娜（Veluvana Bali）生态民宿利用互联网技术的发展带来的巨大机遇，提高了其经营效率和管理水平。通过在线平台和应用程序，经营者可以将房源信息更广泛地传播给潜在客户，并实现在线预订、支付和客户服务。随着民宿行业呈现出多元化的竞争格局，维鲁瓦娜（Veluvana Bali）生态民宿在这种竞争中寻找差异化的优势，经营者越来越注重服务品质的提升。维鲁瓦娜（Veluvana Bali）生态民宿通过提供专业的管家服务、定制化的旅游方案等增值服务，增强游客的住宿体验和满意度。同时，科技的应用也成为民宿行业竞争的重要手段。维鲁瓦娜（Veluvana Bali）生态民宿通过引入智能化设备和数字化管理系统，提高运营效率和服务质量。在环保意识日益增强的背景下，经营者更加注重绿色环保理念的践行。维鲁瓦娜（Veluvana Bali）生态民宿采用绿色建筑材料和节能设备，降低能耗和污染，同时积极宣传环保理念。维鲁瓦娜（Veluvana Bali）生态民宿在多重因素的共同影响下，展现出积极的发展趋势和市场竞争力。

3. 维鲁瓦娜（Veluvana Bali）生态民宿主要的品牌营销策略

（1）市场细分：选择目标市场

维鲁瓦娜（Veluvana Bali）生态民宿通过系统化的目标市场选择来增强品牌影响力。首先，它根据客户需求差异进行市场细分，识别具有共同特征的子市场。然后，根据市场容量、增长潜力、竞争环境和自身资源，选择有潜力的细分市场作为目标，特别关注追求个性化和文化体验的高端旅行者。维鲁瓦娜（Veluvana Bali）生态民宿通过提供独特的住宿体验和本地化服务，精准定位市场，以获得竞争优势。最终，通过市场定位策略，维鲁瓦娜（Veluvana Bali）生态民宿在消费者心中塑造出独特的品牌价值，吸引并保留了客户。

（2）差异化策略：实现品牌定位

维鲁瓦娜（Veluvana Bali）生态民宿通过一系列精心设计的品牌定位策略，成功塑造了其独特的市场形象。民宿的核心特色在于其创新的竹屋设计，这些建筑不仅在美学上独树一帜，而且在材料选择上彰显了对环保和可持续性的承诺，主要采用当地采购的竹子和稻秆制作屋顶。这种对生态友好型住宿的强调，吸引了那些寻求个性化和环保生活方式的旅行者。坐落于巴厘岛东部阿贡山南坡的维鲁瓦娜（Veluvana Bali）生态民宿，被丰富的文化遗产和壮丽的自然风光环绕，其地理位置本身就是其品牌定位的一部分。民宿将自己定位为一个能够让游客体验到未被广泛发现的巴厘岛独特魅力的住宿选择，从而强化了其文化和环境的融合。在品牌定位中，维鲁瓦娜（Veluvana Bali）生态民宿同样强调了其对减少碳足迹的承诺，通过设计对周围生态环境影响最小的住宿设施，体现了其对环保和可持续发展的重视。此外，民宿提供的地道本地化服务和体验，如传统的巴厘式按摩、身体磨砂，以及其顶级地面餐厅提供的美食，进一步加深了客人对当地文化的体验。维鲁瓦娜（Veluvana Bali）生态民宿通过提供独一无二的住宿体验、本地化服务和温馨的家庭氛围，强化了其在目标市场中的差异化定位，有效地吸引并保留了客户。总体而言，维鲁瓦娜（Veluvana Bali）生态民宿通过提供独特的住宿体验、文化和环境的融合、环保承诺、本地化服务以及精准的目标市场定位等，在竞争激烈的旅游市场中占据了一席之地。

（3）体验营销：塑造品牌价值

在体验经济时代，维鲁瓦娜（Veluvana Bali）生态民宿精妙地运用体验营销策略，以创造和提供独特的顾客体验为核心，吸引并保留了客户。维鲁瓦娜（Veluvana Bali）生态民宿通过视觉、听觉、触觉与嗅觉建立感官上的体验。维鲁瓦娜（Veluvana Bali）生态民宿通过提供户外烧烤、篝火晚会等特色活动，以及与自然环境的亲密接触，适应消费者情感化、个性化的消费行为特征。维鲁瓦娜（Veluvana Bali）生态民宿通过体验的方式在顾客心中塑造了独特的品牌价值，有效地吸引并保留了客户。

（4）数字化营销：增强品牌影响力

维鲁瓦娜（Veluvana Bali）生态民宿巧妙地运用数字技术来吸引顾客、构建顾客忠诚度、推广品牌，并加强顾客维系与销售额提升。特别是在移动互联网和新媒体平台的应用上，维鲁瓦娜（Veluvana Bali）生态民宿展现了其数字化营销的敏锐洞察力，通过微信公众号、小红书、抖音和快手等多样化的新媒体渠道，民宿不仅增强了品牌的在线可见度，也显著提升了品牌的影响力。在社交媒体营销方面，维鲁瓦娜（Veluvana Bali）生态民宿通过微博、微信、抖音等平台进行品牌推广，有效扩大了品牌的影响力。这些平台以其快速的传播速度和广泛的覆盖范围，能够迅速将信息传递给目标客户群体，同时其强烈的互动性使得民宿能够与客户进行实时互动，及时把握客户需求，从而提高客户满意度。此外，维鲁瓦娜（Veluvana Bali）生态民宿通过数字广告投放，例如 Google Ads 和社交媒体广告，迅速提升了品牌的曝光度。同时，通过搜索引擎优化（SEO）和精心策划的内容营销，包括博客文章、电子书、案例研究、视频教程等，民宿在搜索引擎中的可见度得到了提升，成功吸引了潜在客户。维鲁瓦娜（Veluvana Bali）生态民宿的内容营销策略专注于解决目标客户的痛点或满足其需求，逐步建立起权威性和信任感。这些高质量的内容不仅易于分享，而且能够有效扩大品牌的网络影响力，为维鲁瓦娜（Veluvana Bali）生态民宿在数字化营销领域树立了标杆。维鲁瓦娜（Veluvana Bali）生态民宿不仅增强了与顾客的联系，也为品牌的长期发展奠定了坚实的数字化基础。

（5）服务与品质优化：提升品牌竞争力

维鲁瓦娜（Veluvana Bali）生态民宿注重服务品质的提升，将其作为品牌营销策略的重要组成部分。维鲁瓦娜（Veluvana Bali）生态民宿致力于提供卓越的客户服务，确保每位顾客都能享受到个性化和周到的关照。通过训练有素的员工团队，民宿能够及时响应客户需求，提供专业的咨询和指导。维鲁瓦娜（Veluvana Bali）生态民宿不断探索和引入新的服务项目，以保持其服务的新鲜感和吸引力，包括特色餐饮体验、文化活动、定制旅游路线等，旨在为顾客提供独一无二的住宿体验。提供优质的客户服务和设施，有助于构建高品位的营销理念，使民宿在品牌竞争中脱颖而出。

（二）维鲁瓦娜（Veluvana Bali）生态民宿案例分析

维鲁瓦娜（Veluvana Bali）生态民宿的品牌营销策略，主要体现在以下几个方面。

1. 精准的市场细分

维鲁瓦娜（Veluvana Bali）生态民宿通过市场定位策略，明确其核心竞争力及目标客户群体。该民宿将目标客群锁定为国际年轻客群，并以高性价比、高颜价比、产品更新迭代快作为其特色卖点。这种策略有助于民宿更精准地了解定位和优势，进而有针对性地开展市场推广活动。

2. 创新的体验营销

维鲁瓦娜（Veluvana Bali）生态民宿通过举办特色活动，如户外烧烤、篝火晚会、亲子活动等，增加民宿的吸引力，并创造共享的用户体验。这种体验营销策略不仅提升了游客的满意度，也增强了民宿的品牌忠诚度。

3. 独特的差异化营销

维鲁瓦娜（Veluvana Bali）生态民宿注重构建独特的品牌形象，用市场中不常见的产品来吸引目标受众的关注，明确自己的定位和核心价值，以增加品牌的识别度。

4. 卓越的服务设施

维鲁瓦娜（Veluvana Bali）生态民宿注重服务与设施的优化，提供室外游泳池等高品质服务设施，以及提供优质的客户服务。

5. 高效的数字营销

维鲁瓦娜（Veluvana Bali）生态民宿利用互联网平台作为营销推广的"主战场"，通过微信小程序实现区域民宿的一键预订，以及通过数字化赋能民宿产业高质量发展。此外，通过在线旅游平台如携程、去哪儿、Airbnb等增加曝光度，以及利用社交媒体发布民宿相关的图文、视频，吸引粉丝关注，并转化为实际客户。维鲁瓦娜（Veluvana Bali）生态民宿市场定位精准、品牌形象独特、数字化营销创新，显著提升了其市场竞争力和品牌影响力。

（三）案例思考题

1. 维鲁瓦娜（Veluvana Bali）生态民宿如何通过市场细分来识别其目标客户群体？
2. 维鲁瓦娜（Veluvana Bali）生态民宿提供的本地化服务如何增强其品牌吸引力？
3. 数字化营销如何帮助维鲁瓦娜（Veluvana Bali）生态民宿提升品牌知名度？

二、我国生态民宿案例选编：武夷茗宿

（一）武夷茗宿简介

1. 区位环境

为全力打造"大武夷文化旅游圈"，推动民宿集群化培育、产业化发展，以民宿经济助力乡村全面振兴，福建省南平文化和旅游局发布了"武夷茗宿"品牌。武夷茗宿，一个民宿集群品牌。1999年12月，武夷山被联合国教科文组织列为世界文化与自然遗产地。2007年5月8日，武夷山被批准为国家AAAAA级旅游景区。武夷山保护区良

好的生态环境和特殊的地理位置，使其成为地理演变过程中生物的"天然博物馆"和"天然避难所"，是中国东南大陆生物多样性最丰富的地区，被中外生物学家誉为"东南植物宝库""蛇的王国""昆虫世界""鸟的天堂""世界生物模式标本产地""研究亚洲两栖爬行动物的钥匙"等，因此1987年被接纳为世界生物圈保护区。武夷山为大家所熟知的部分，便是1982年被列为国家首批重点风景名胜区的武夷山景区，景区内的九曲溪、天游峰、虎啸岩、大红袍、一线天、玉女峰等景点颇为独特稀有，令人过目难忘。但其实早在1979年，武夷山就已是经国务院批准建立的全国首批国家重点自然保护区之一，以中亚热带山地森林生态系统及珍稀动植物物种为主要保护对象。2021年9月30日，国务院批复同意设立武夷山国家公园，规划总面积达到127 863公顷（1278.63平方千米），其中核心面积63 575公顷，次核心面积36 400公顷，合计99 975公顷，外围保护地带——缓冲区面积27 888公顷。公园横跨闽赣二省，涵盖武夷山的江西片区和福建片区。江西片区包括铅山县境内的原江西武夷山自然保护区及鹅湖山国家森林公园等区域，面积约280平方千米。武夷山脉最高峰黄冈山（海拔高度为2160.8米），便是位于武夷山的江西片区。

武夷山不仅自然景观独特，而且文化底蕴深厚，是自然奇观与历史文化的完美融合。武夷山以其雄伟的山峰、清澈的溪流、繁茂的植被和独特的地质地貌，绘制出一幅令人陶醉的自然画卷。空气中的茶香与泥土芬芳，为寻求心灵宁静的人们提供了远离都市喧嚣的自然氛围。武夷山的自然环境，以丹霞地貌和生物多样性著称，森林覆盖率超过90%，空气中富含负氧离子，被誉为"天然氧吧"。清澈的山间溪流，为武夷岩茶提供了理想的生长环境。温和湿润的气候，四季分明，为茶树生长创造了优越条件。武夷山是中国乌龙茶和红茶的发源地，特别是武夷岩茶，以"岩骨花香"享誉世界。茶园依山傍水，云雾缭绕，为茶叶生长提供了理想的微气候。此外，武夷茗宿所在地的文化底蕴同样深厚，是朱子理学的发源地，拥有武夷宫、天游峰等众多历史文化遗迹，为游客提供了丰富的文化探索机会。在这里，游客不仅能享受自然之美，还能沉浸在中国传统文化的博大精深之中。无论是自然景观、生态环境还是文化背景，武夷山都是一处难得的宝地，武夷茗宿坐落在此，也逐渐成为现代都市人追求高品质旅游和生活的理想选择。

2.武夷茗宿建设与经营现状

武夷茗宿的建设充分融合了地域文化与现代设计理念，旨在打造一个集住宿、休闲与文化体验于一体的综合性旅游目的地。建筑群落巧妙地融入武夷山的自然景观之中，利用当地建筑材料和传统工艺，既体现了对自然环境的保护，也传承了传统文化。民宿的建筑风格简约现代，同时融入了武夷茶文化的元素，如茶叶形态的装饰设计和以茶文化为主题的艺术作品，使整个建筑群落既现代又具有地方特色。在空间布局上，武夷茗宿注重游客体验与互动，设有茶艺展示区、文化展览馆和休闲阅读室等多功能公共区域，为游客提供了深入了解和体验武夷茶文化的平台。此外，民宿还配备了先进的客房设施和高品质的服务设施，确保游客在享受自然美景的同时，也能获得舒适便捷的住宿体验。

福建省南平市人民政府官方网站发布的数据显示，2023年暑期，武夷山总共接待游客320万人次。借助武夷山的影响力，武夷茗宿的接待量逐年创造新高。全域旅游一派火热，茶文旅融合研学游跑出"加速度"。随着避暑休闲旅游不断升温，武夷山持续"上新"，通过新业态、新场景全面提升文旅消费吸引力。武夷茗宿借助武夷山的影响力，通过强强联合，逐渐在市场中打出了品牌影响力。武夷茗宿的经营策略聚焦于提供高品质服务和独特的文化体验，以满足中高端市场的需求。凭借其独特的地理位置和深厚的文化底蕴，民宿吸引了国内外游客，尤其是茶文化爱好者和寻求高品质休闲体验的都市人群。通过提供定制化的旅游服务和文化活动，如茶园徒步、制茶体验和茶艺课程，武夷茗宿成功地将住宿服务与文化体验相结合，为游客创造了难忘的旅游记忆。在市场定位上，武夷茗宿明确其作为高端乡村民宿的品牌形象，通过高质量的服务和活动附加值，实现了较高的市场认可度和客户满意度。武夷茗宿充分体现了其对高品质旅游服务和文化体验的承诺，以及对可持续发展和环境保护的重视。

3. 武夷茗宿主要品牌营销策略

（1）品牌差异化策略：文化深度挖掘与环境融合设计

武夷茗宿通过深入挖掘武夷山的茶文化资源，结合自然环境的美学设计，打造了独特的品牌识别度，将武夷山的茶文化精髓融入服务和产品设计，提供独一无二的茶文化体验。建筑风格和内部装饰与武夷山的自然环境和茶园景观相融合，为游客提供沉浸式的自然和文化体验。开发与茶文化相关的特色服务项目，如茶艺表演、茶文化讲座等，增强品牌的文化深度和吸引力。

（2）品牌体验策略：多样化体验活动与个性化定制服务

武夷茗宿注重提供丰富的品牌体验，以增强游客的品牌认同感。组织多样化的茶文化体验活动，如茶园徒步、制茶工作坊、茶艺课程等，让游客在参与中感受品牌价值。根据游客的不同需求，提供个性化的旅游路线和活动安排，提升游客的满意度和忠诚度。通过茶艺师的现场演示和互动教学，让游客学习和体验茶文化，增强体验的参与感和记忆度。

（3）品牌传播策略：故事化内容营销与社交媒体互动

武夷茗宿采用故事化的内容营销和社交媒体互动，有效传播品牌理念。通过讲述武夷山的茶文化故事和游客的亲身体验，构建引人入胜的品牌叙事，增强品牌的情感连接。利用社交媒体平台与目标客户建立直接沟通，分享茶文化知识和游客体验，提高品牌的可见度和影响力。鼓励游客分享他们的体验故事,通过口碑传播提升品牌的信誉和吸引力。

(4)品牌忠诚度策略:会员制度与持续关系维护

武夷茗宿通过会员制度与顾客维系关系,提升客户满意度和培养忠实客户群。建立会员制度,通过积分奖励、会员专享活动等方式,增强客户的归属感和忠诚度。提供个性化的服务和专属优惠,满足客户的个性化需求,提升客户满意度。通过定期的客户回访和节日问候,维护与客户之间的长期关系。

(5)品牌社会责任策略:社区合作与文化传承

武夷茗宿在品牌建设中承担社会责任,推动当地经济发展。与当地社区合作,采购当地农产品,提供就业机会,支持社区活动,促进当地经济的可持续发展。通过茶文化的传播和教育,保护和传承武夷山的茶文化,增强品牌的社会形象。实施环保措施,如使用可持续材料、节能技术和进行废物回收,展现品牌的环保责任。武夷茗宿不仅在市场中建立了独特的品牌形象,也为游客提供了深度的文化体验,同时还促进了当地经济和文化的发展。

(二)武夷茗宿案例分析

武夷茗宿通过精准的品牌定位、深度的品牌体验、有效的品牌传播和积极的品牌合作,成功构建了独特的品牌形象,并在市场中获得了良好的口碑和经济效益。其品牌营销策略的核心在于以下几点。

1. 前瞻性的品牌差异化策略

武夷茗宿精准定位为"茶文化体验的高端民宿",这一定位不仅凸显了其在提供优质住宿服务方面的优势,也强调了对茶文化深度体验和传播的重视。武夷茗宿通过一系列精心策划的品牌营销策略,在市场中确立了其作为高端茶文化体验民宿的领导地位,并为游客提供了卓越的文化体验,同时也促进了当地社区的经济发展和文化传承。武夷茗宿定位为高端茶文化体验民宿,强调高品质服务与深度文化体验,成功区别于竞争对手。

2. 沉浸式的品牌体验策略

武夷茗宿与当地茶农和茶艺师合作,开发茶文化体验项目,如采茶、制茶工作坊和茶艺表演,丰富游客体验,同时为当地社区创造收入。

3. 多渠道的品牌传播策略

武夷茗宿利用社交媒体和旅游平台分享茶文化体验和自然美景,通过故事化内容吸引目标客户,传递品牌价值和文化理念。武夷茗宿提供私人茶艺课程、茶园瑜伽和茶主题晚宴等定制服务,满足个性化需求,提升游客满意度和品牌忠诚度。

4. 强化性的品牌忠诚度策略

武夷茗宿实施积分兑换和会员专享活动等措施,奖励回头客,鼓励新客户成为常客,建立稳定的客户基础。武夷茗宿不断更新茶文化体验项目,引入新课程,开发与茶文化相关的新产品,如特色茶叶和茶具,以保持品牌竞争力。

5. 可持续的品牌社会责任策略

武夷茗宿还实施环保措施和社会责任项目,如使用可持续材料、节能技术和进行废物回收,支持社区发展和文化遗产保护。

(三) 案例思考题

1. 武夷茗宿如何通过品牌合作提升品牌价值?
2. 个性化服务在提升客户忠诚度方面起到了哪些作用?
3. 茶文化教育活动如何影响武夷茗宿的品牌营销?

【本章小结】

本章围绕生态民宿品牌营销展开,首先,阐述了品牌、品牌营销及生态民宿品牌营销的概念,明确了三者之间的联系与区别。其次,本章深入探讨了品牌故事营销、品牌活动营销及品牌会员营销这三种主要策略在生态民宿中的具体应用,通过实际案例展示了这些策略如何助力生态民宿提升知名度、塑造独特品牌形象并增强客户忠诚度。随后,分析了生态民宿品牌营销的实施过程,包括品牌识别、品牌定位、品牌个性、品牌体验及品牌关系管理等关键维度,以及实施过程中的要点。同时,本章剖析了品牌营销在生态民宿运用中的痛点及难点,如竞争格局多样化、资金资源限制和市场认知不足等痛点,环境保护的制约和需求多元的考验等难点。最后,通过维鲁瓦娜生态民宿和武夷茗宿两个成功案例,展示了品牌营销策略的实际效果与魅力,为读者提供了宝贵的实践经验和启示,有助于生态民宿经营者更好地运用品牌营销策略,推动民宿的高质量发展。

【本章思考与练习】

1. 请详细阐述品牌、品牌营销以及生态民宿品牌营销的概念,并说明它们之间的联系与区别。
2. 请说明品牌营销的主要策略(品牌故事营销、品牌活动营销、品牌会员营销)在生态民宿品牌营销中的具体体现,以及每种策略在一个生态民宿品牌营销中的实际应用案例。
3. 请结合品牌营销在生态民宿中运用的挑战,详细说明生态民宿品牌营销应如何调整策略来克服这些困难。

4. 假设你是一家新开业生态民宿的经营者,你的民宿位于一个自然风光优美但尚未被充分开发的地区,并且当地有独特的民俗文化和丰富的农产品资源。请根据书中所学的生态民宿品牌营销知识,为你的民宿制订一份完整的品牌营销策略方案。

第八章　生态民宿关系营销与精选案例

【本章导读】

　　自20世纪70年代起，关系营销逐渐发展成为服务行业中的一项关键营销策略，其核心理念是以客户为中心，构建并维系与客户之间长期且互惠互利的关系。作为服务行业中一个充满活力的独特分支，生态民宿以满足顾客多层次的需求为目标，不仅关注基础服务的质量，还特别重视顾客的情感需求和精神满足。生态民宿的本质在于促进人与自然的和谐共生，而这一理念与关系营销的价值观不谋而合。通过实施多层次的关系营销策略，生态民宿不仅能够显著提升客户的满意度与忠诚度，还可以进一步激发客户的情感共鸣，进而形成独特的品牌价值。这些策略包括但不限于系统化的客户关系管理、注重情感连接的情感营销以及以社区为纽带的深度互动。这种以顾客为中心的长期关系建设，不仅为生态民宿的品牌增添了独特的市场竞争力，也帮助其在激烈竞争的市场环境中占据独特的优势地位。

　　同时，生态民宿在提供服务的过程中还肩负着社会责任，通过个性化的文化沉浸式体验，让顾客感受到地域文化的独特魅力，并通过举办生态教育活动、倡导环保实践来传播可持续发展的理念。这不仅增强了民宿本身的文化与社会价值，也促使顾客在旅行过程中能够以更深层次的方式理解人与自然的关系，从而获得更为丰富的精神满足感。通过本章节的学习，读者将系统掌握关系营销的基本理论、关键原则与核心策略，理解如何结合现代营销理念与实际操作，创新性地将关系营销应用于生态民宿的运营与管理之中。无论是初学者还是有经验的从业者，本章节都将提供实用的指导与启发，帮助其在生态民宿这一新兴行业中取得更大的成功，同时助力生态旅游产业的可持续发展。

【本章知识结构】

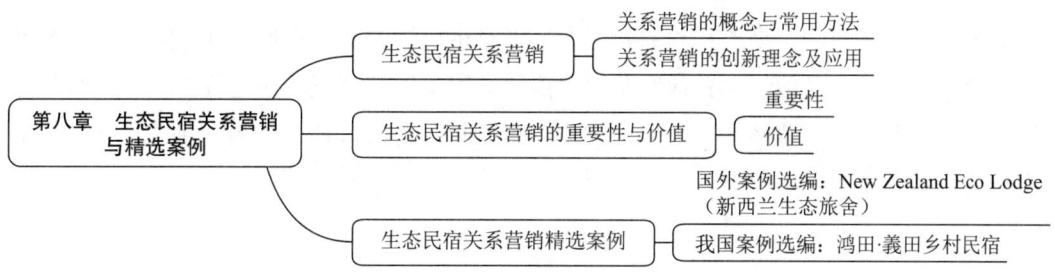

【学习要点】

1. 生态民宿关系营销的基本概念与常用方法。
2. 生态民宿关系营销的创新理念与实践。
3. 生态民宿关系营销的重要性与价值。
4. 生态民宿关系营销的案例分析及成功经验。

第一节 生态民宿关系营销

一、关系营销的概念与常用方法

（一）概念

关系营销的概念自20世纪70年代起便已出现在营销学的文献之中。关于关系营销的定义，学术界存在多种解释。关系营销（Relation Marketing，RM）这一术语最早由Berry于1983年提出，他强调与客户建立紧密且持久的关系，并将关系营销定义为吸引、维护以及（在多服务组织中）增强客户关系的过程。Barbara（1985）也提出关系营销的概念，认为关系营销是指通过建立和维护长期的、相互有益的客户关系，以满足客户需求为核心，以提高客户忠诚度和满意度为目标的一种市场营销战略。其中关系营销的核心在于消费者与企业间一种连续性的关系，其指导思想是怎样使用户成为自己长期的顾客，并共同谋求长远战略发展。Shani和Chalasani（1991）将关系营销定义为通过建立与个人消费者的网络来识别和维护客户，并不断专注于加强网络以实现双方利益的综合努力。Kotler和Keller（2009）指出，关系营销意指"与关键利益相关者建立互惠互利的长期关系，旨在吸引并保持其业务"。

关系营销被视为服务组织应当采纳的核心营销策略之一。在服务组织中，每位员工都应将每一次交易和互动视为营销机会，致力于满足顾客的需求与愿望，并根据客户的反馈采取相应措施。交易或互动的处理方式将对用户体验产生影响，并决定他们是否再次选择该组织，以及他们向其他潜在用户传达的组织形象是正面还是负面的。从服务组织的角度来看，关系营销是一个通过成功的交易和互动来识别、发展、促进和维护与用户长期关系的过程。

（二）常用方法

1. 建立客户关系管理系统

客户关系管理（Customer Relation Management，CRM）是一种借助信息技术手段优化企业与客户之间关系的管理策略。CRM 系统的核心功能在于搜集、整合及分析客户数据，以实现对客户需求的精确把握和有效沟通。企业利用 CRM 系统能够掌握客户的详尽信息，包括但不限于个人偏好、消费历史等，进而提供更加精准和个性化的服务。生态民宿作为企业的一种形态，亦可运用 CRM 系统进行客户接待。生态民宿能够借助 CRM 系统记录客户的特殊需求，诸如房间布局偏好、温度设定要求、对环保餐饮的偏好等。这种做法不仅提升了客户的住宿体验，而且有助于在未来的服务中进一步巩固品牌与客户之间的紧密联系。CRM 系统通常包括以下几个模块。

（1）数据管理

整合和存储客户信息，包括联系方式、消费记录、服务反馈等，使客户信息集中化管理。

（2）互动管理

跟踪和记录客户的沟通记录，包括电话、邮件、社交媒体信息等，确保服务团队能够及时响应客户的需求。

（3）客户服务

通过 CRM 系统实现自动化的客户支持流程，确保客户问题得到迅速解决。

（4）个性化营销

通过分析客户数据，推送个性化的广告或活动信息。针对节假日或客户生日等特殊节点发送优惠信息，增强客户黏性和品牌忠诚度。

2. 实施情感营销

情感营销是一种通过激发客户的情感共鸣来建立品牌认同和忠诚度的营销方式。在生态民宿领域，情感营销尤其重要，因为它能够通过品牌故事和情感互动等方式，强化客户对品牌的情感依赖，从而形成长久的客户关系。生态民宿可以通过分享品牌的创始故事、生态环保理念等来引发客户的共鸣，让客户感到品牌不仅是提供住宿的场所，更是倡导自然保护和文化传承的"朋友"。情感营销的实施方法包括以下几种。

（1）品牌故事讲述

通过叙述品牌的创立历程和使命，让客户产生认同感。例如，浙江原舍生态民宿会在其官网和宣传册中分享如何致力于自然保护和社区贡献，使客户感到入住不仅是一种消费行为，更是一种环保支持。

（2）客户关怀

主动关心客户需求和反馈，为客户提供超出期望的服务，提升客户的满意度和品牌归属感。在客户生日时提供特别的礼物或折扣，或是在其入住期间给予特别关注。

（3）情感标签设计

为品牌创造能激发客户情感的视觉和感官符号，比如采用温馨的环境布置、柔和的灯光、带有文化气息的装饰等，使客户进入民宿时即产生舒适愉悦的情感体验。

情感营销通过强化客户对品牌的情感依赖，有助于在激烈的市场竞争中提升品牌的忠诚度，进而实现客户的长期留存。

3. 促进社区互动

社区互动是通过创建品牌社群和互动平台，增进客户之间以及客户与品牌之间的交流和联系。随着社交媒体的普及，生态民宿通过在线社区（如微信公众号、小红书、微博等）增加客户的参与度，让客户能够自由分享自己的住宿体验、发表对品牌的评价，从而构建一个高度互动和充满活力的客户社区。这种社区互动不仅能增强客户对品牌的信任和忠诚，还能通过"口碑传播"吸引潜在客户。具体的社区互动方法包括以下几种。

（1）建立品牌社群

创建官方社群，如微信、微博等，定期发布品牌活动和产品信息，让客户实时了解品牌动态。生态民宿可以在社群中分享品牌的环保活动或本地文化体验活动，让客户产生参与感和归属感。

（2）社交媒体互动

通过社交媒体平台与客户进行日常互动，及时回复客户的留言和评价，让客户感到品牌的贴心和重视。在客户发布的民宿入住体验中评论、点赞或转发，增加品牌曝光的同时，也拉近了客户关系。

（3）客户体验分享

鼓励客户通过短视频、图文等形式分享入住体验，让其他客户通过"真实客户体验"更加信任品牌。这种口碑传播不仅能增强现有客户的忠诚度，还能吸引更多潜在客户。通过社区互动，生态民宿可以在客户心中塑造出更加贴近的品牌形象，提高客户参与感，建立更为牢固的客户关系网络。

4. 设计忠诚度计划

忠诚度计划是一种通过奖励机制来提升客户忠诚度和复购率的策略。生态民宿可以通过积分、会员折扣、特别礼遇等形式鼓励客户重复消费，建立长期关系。忠诚度计划不仅能促进客户的二次消费，还可以激励客户成为品牌的自发宣传者，为品牌带来口碑传播效应。生态民宿忠诚度计划的设计方法包括以下几种。

(1) 积分奖励

客户每次入住或参与品牌活动后,均可获得相应的积分。积分达到一定数值后,客户可兑换礼品或获得折扣。如积分兑换民宿周边产品、免费入住体验等,让客户在消费过程中获得额外价值。

(2) 会员特权

为常客提供专属服务和优惠,如免费升级房型、优先预订权等,提升客户的专属体验感。为老客户提供"环保体验周"活动参与权,使客户感到受重视和被认可。

(3) 推荐奖励

鼓励老客户推荐新客户,如每成功推荐一位新客户入住,老客户可获得折扣或积分,提升客户的主动宣传意愿。推荐成功者可以免费入住一次或获得品牌礼品,这种方式能有效推动客户通过"口碑"带来新客户。

忠诚度计划不仅能增强客户的品牌忠诚度,还能通过客户的推荐行为实现品牌的自然扩散和影响力的提升。

二、关系营销的创新理念及应用

随着时代的演进和技术的迅猛发展,关系营销的理论与实践不断革新,以更好地适应现代消费者日益多样化的需求及行为模式的变化。传统关系营销模式逐步融入数字化元素,通过新兴数字化工具和平台的应用,为营销者提供了更加丰富且个性化的互动方式。在生态民宿领域,关系营销的创新应用尤为显著,其发展主要体现为以下几个方面。

(一) 数字化情感营销及应用

Pine 与 Gilmore (1999) 在其著作《体验经济》中提出,个性化服务构成了情感联系的核心。这一理论揭示了数字化情感营销的本质,即通过提供个性化信息来增强顾客的情感共鸣,而这种共鸣通常决定了顾客对品牌的忠诚度。随着互联网与数字化技术的不断进步,生态民宿业者可利用数字化情感营销策略,与顾客建立更深层次的情感联系。情感联系是关系营销的关键组成部分,以下是提升顾客忠诚度和参与度的具体实践。

1. 智能情感回应系统

人工智能情感交流助理借助自然语言处理技术,实现了与客户的实时互动。通过情感分析和个性化推荐,人工智能能够解析客户在社交媒体评论中的情绪倾向。当出现"宁静""温馨"等关键词时,系统会向客户推荐适宜的安静阅读空间或瑜伽课程。此外，通过在社交平台上设立"人工智能互动树洞"，为客户提供类似心理咨询服务的功能，使他们能够分享旅行的期待或情感体验，系统则据此推荐相应的舒缓服务。以杭州安缦法云为代表的智能情感回应系统，客人通过安缦微信公众号或小程序留言后，AI系统会根据其用词进行情感分析。当客户提及"需要放松""压力大"时，系统会推送定制化建议，如法云禅修体验或园林漫步行程。同时，平台设有"心灵树洞"，用户可以匿名分享情绪，AI会根据内容推荐相应的服务，如定制瑜伽课程或静心茶道活动。

2. 沉浸式数字纪念品

民宿业者为住客精心打造了一系列包含其住宿体验的短视频，这些视频融合了动态场景（如日出、星空）以及住客的语音留言。这些视频能够通过社交平台直接分享，旨在将住客在民宿的体验转化为可共享的数字化情感记忆，实现个性化体验视频的创造。此外，引入虚拟生态贡献证书，使得每位住客参与的环保活动（如植树或节能）能在区块链上生成独特的数字证书，从而提升环保活动的仪式感。当裸心谷民宿客人退房时，管家会赠送一段专属客人体验的短视频，内容包括住客在裸心堡户外骑行、晚餐场景以及夜间星空等画面。每段视频中嵌入客户录制的语音留言，以表达顾客对旅程的感悟。这些视频可通过小红书和抖音等社交平台分享，许多客户因此主动在社交媒体上为品牌进行推广。同时，裸心堡记录每位客户的环保行为（如参与树木种植），并通过区块链技术生成唯一的"生态贡献证书"。这些证书可保存为数字文件，客户在分享时，既展示了环保理念，也传播了裸心堡的品牌价值。

3. 智能社交互动社区

通过建立品牌专属的网络社群，提升顾客忠诚度，实现深度社群交流，打造虚拟"民宿社群"。在该社群中，顾客能够与其他游客分享住宿体验、旅游指南、环保理念等信息。通过实时互动功能，举办网络自然解说、文化分享以及DIY手工艺教学活动，使顾客即便在离开民宿后，仍能持续与之互动。以成都西岭雪山花间堂智能社交互动社群为例，该沉浸式虚拟社群允许客户在"花间云上社区"分享住宿体验，涵盖滑雪技巧、山地摄影提示等。社群内还设有环保专区，客户可以通过上传垃圾分类挑战视频或参与公益直播活动来累积积分。每周，花间堂通过微信直播举办"西岭自然课堂"，内容包括在线讲解当地动植物知识或教授藏式手工艺制作。即便顾客已离开，他们仍可参与直播活动，并分享个人体验，从而延续与民宿的联系。

4. 实时场景化信息推送

通过运用定位和环境数据，为顾客提供实时的情感关怀服务。当顾客接近民宿周边的旅游景点或餐饮区域时，系统会智能触发相关提醒，推送精选的摄影地点或进行特色菜品推荐。此外，系统还会根据天气状况提供互动提示，如在晴朗的日子里建议"适合进行户外徒步探险"，或在雨天时提示"室内下午茶体验更佳"。以青海湖湖缘民宿为例，该民宿位于青海湖畔，通过实时场景化信息推送，增强顾客的在地体验。当顾客接近青海湖的特定景点时，民宿的小程序会提供最佳摄影点的建议或推荐附近的特色藏式餐厅。如果在"二郎剑"景区附近，顾客会收到日落观赏的最佳时间提示，并附带附近牧民餐饮的推荐。湖缘民宿还根据天气变化为客人提供个性化建议，如晴天时推送"青海湖环线骑行攻略"，雨天时则推荐"民宿内藏书阁一日游"。

5. 基于 AI 的顾客生命周期管理

运用人工智能技术预测顾客行为，并据此制定个性化情感营销策略。顾客离店后，智能系统将负责后续维护，预测顾客下一次旅行的可能时间，并在关键日期，如周年纪念日或公共假期发送定制化的优惠券或问候卡。为了实现长期的情感维系，顾客离店后将收到一封包含民宿独特故事的数字化明信片，并被邀请参与在线讨论，以保持持续的互动。人工智能系统会记录客户的特殊日期，如客人的生日或者周年纪念日，并在这些日期发送电子贺卡或专属优惠码。例如客户在悦榕庄参与竹筏漂流将被特别提及在贺卡中，以加深对品牌的记忆。为了进一步加强长期的情感维系，离店后，客户将收到一封精心设计的数字化明信片，其中展示其入住期间的照片和民宿的小故事。同时，基于客户的行为习惯，人工智能系统将预测其下一次旅行的时间，并提前发送"桂林春季桃花节"等活动的邀请。

（二）沉浸式文化体验营销及应用

Bruner（1991）在其关于文化和旅游体验的研究中提出，沉浸式文化体验能够显著促进顾客的情感参与，而这种情感参与在关系营销中占据着至关重要的地位。通过使顾客成为体验的积极参与者，品牌不仅赢得了顾客的认同，还促使顾客成为品牌理念的传播者。沉浸式文化体验营销的核心目标在于使顾客超越旁观者的角色，成为体验和参与的主体。生态民宿通过举办多样化的文化活动，使顾客能够深入体验当地文化和自然景观。此类体验有助于培养顾客对品牌的文化认同，并使其成为品牌的倡导者和支持者。

1. 手工艺与民俗技艺体验

让游客通过动手参与和交流，深入感受当地文化的独特性，并与品牌建立情感连接。邀请当地非遗代表性传承人开设短期手工艺工作坊，诸如苗绣课堂、竹编制作或陶器烧制等手工体验。游客不仅能学习技艺，还能听到手工艺背后的文化故事，将个人创作作为纪念品带回家。与本地工艺团队合作设计专属产品，如手工挂饰或环保袋，游客可在制作过程中添加自己的元素，形成"个人+文化"的独特艺术品。民宿在 DIY 活动中加入互动故事会环节，制作手工蜡烛时讲述蜡烛与节庆文化的关系，让游客在动手操作中感受到文化深意。

2. 民俗演艺与互动体验

通过表演和互动，推动游客从观赏者转变为参与者，强化对文化的认同感。其中包括，其一，根据游客预订情况安排小型定制民俗表演。以侗族民宿为例，民宿管家会邀请游客参与侗族大歌的排练与合唱，顾客将作为特邀嘉宾加入正式演出。其二，情境化仪式体验。在藏族民宿中，重现藏式婚礼或敬茶仪式，游客可通过角色扮演参与仪式全程，进一步体验文化习俗。其三，节庆活动专场。借助地方节庆，如彝族火把节或端午龙舟赛，策划沉浸式参与环节，游客可组队参与节日舞蹈、传统游戏，或体验本地美食制作过程。

3. 自然生态导览与保护实践

结合自然资源，通过深度体验与教育，培养游客对生态保护的责任感。沉浸式自然教育民宿组织生态学家带领游客探索周边自然保护区，辨识动植物种类，同时科普环境保护知识。以参与云南高山植物采集活动为例，顾客将采集信息上传至科研数据库，亲身参与环保行动，如清理湿地垃圾、恢复植被带活动，游客完成任务后可获得民宿提供的"生态贡献荣誉证书"。通过夜间导览活动探索夜行动物、进行星空观察或了解蝙蝠生态系统，打造深度且独特的体验。

4. 文化融合的美食品鉴

通过饮食体验让游客感受地方文化与生活方式的融合。进行农田到餐桌体验，组织游客参与当地特色食材采摘活动，并指导他们使用采摘食材烹饪地方特色菜品。开展节庆餐桌还原，在特定节日设置"文化主题宴席"，如蒙古包中享用传统烤全羊，同时讲解菜品背后的文化。设置食品创意工作坊，设计"传统+创意"的烹饪课程，游客可用当地食材制作创新菜品。

5. 历史与文化探秘活动

借助场景化叙事与角色扮演，带领游客探秘历史文化。游客通过角色扮演参与"古村探秘"活动，在徽派建筑中担任古代商人，通过互动情节了解商道历史和建筑文化。开展文化寻宝游戏，结合AR技术设计文化寻宝路线，例如在福建土楼的导览中，通过扫描线索解锁文化故事，增强互动趣味性。通过沉浸式朗读或戏剧表演，游客可重新解读地方文学作品。如在陕北窑洞中，组织《黄河之歌》朗读会，游客以诗词为线索探讨黄河文化。

6. 创意文化商品开发

游客亲自设计或参与，创造个性化、纪念性的文化商品。民宿提供"专属文化礼品定制"服务，游客可在设计软件中选择当地文化图案，定制手绘风帆包或茶具。进行旅行记忆影像化，通过动态拼图或视频剪辑，重现游客的文化体验足迹，将古镇游览或传统表演的视频制作成电子相册，便于分享。

7.持续线上互动与回访体验

通过线上活动将沉浸式体验延续到顾客离店后。开设文化体验线上课堂，民宿定期通过直播或在线课程，教授地方技艺或分享文化故事，如远程教学剪纸艺术、制作传统蜡染。开展"回归文化"活动计划，民宿每年邀请老顾客回访参加文化主题节庆活动，如"文化保护使者回归计划"，客人可优先参与公益项目。

（三）定制化服务营销及应用

Gilmore 和 Pine（2007）指出，顾客体验的个性化是品牌成功的核心要素之一。在他们的"体验经济"理论中，个性化服务不仅能提升顾客满意度，还能通过差异化竞争增强品牌忠诚度。因此，定制化服务对于生态民宿而言，是实现顾客关系营销创新的重要手段。个性化的服务体验是关系营销中提高顾客满意度的有效手段。通过个性化服务，生态民宿可以将顾客的偏好与需求融入服务设计中，使顾客感受到品牌的用心与细致。以下是生态民宿通过定制化服务精准满足顾客需求，从而提升顾客满意度与品牌忠诚度的具体实践。

1.个性化房间布置

每位顾客的房间布置可以在预订阶段收集偏好信息后完成。顾客在预订系统中选择"睡莲主题"或"自然木质风格"等选项，民宿会根据顾客的选择布置房间。房间内可摆放顾客喜爱的鲜花，窗帘的颜色和床上用品的图案也可以根据喜好定制。引入 AI 系统分析顾客的历史偏好（如社交媒体上的自然风景图片或消费记录），为顾客推荐其可能喜欢的房间主题。顾客到达房间时，可以看到一张写有其姓名的手写欢迎卡，并标注"我们特别布置了您最喜欢的郁金香主题，希望您喜欢这份特别的欢迎"。

2.定制化餐饮服务

民宿为顾客提供一份"私享菜单"，在预订前让顾客选择餐饮喜好，包括口味偏好（清淡/浓郁）、饮食禁忌（无麸质、低糖等）、地方特色菜品等。对于某些特别场景（如生日、纪念日），还可以提供定制化餐饮摆盘，配以专属祝福设计。一家生态民宿为一位素食主义顾客设计了一款"自然之味"套餐，食材全部来源于民宿自家种植的有机蔬菜。餐桌旁特设"田园赏味体验"，厨师为顾客讲述每一道菜的来源和环保意义。民宿还可通过安排"参与式烹饪"活动，让顾客亲自采摘菜园中的新鲜食材，与厨师共同制作喜欢的餐点，增加餐饮体验的趣味性。

3.专属活动推荐与设计

民宿可根据顾客的兴趣偏好，设计个性化的行程活动。针对热爱自然摄影的顾客，提供"清晨自然摄影之旅"，并安排专业摄影师陪同指导；对于喜欢文化的顾客，则可以组织当地传统手工艺活动，如草编、陶艺制作等。通过民宿智能小程序，顾客可实时选择或更改活动方案,并获得个性化的推荐,如"下午阳光恰好,是否愿意尝试'田园下午茶体验'?"活动结束后,民宿可以通过专属平台将顾客活动的照片和回忆录制成短视频赠送,以此延长顾客对体验的记忆和好感。

4. 高端定制服务

针对高端客户,民宿提供"私人管家"服务,全面管理客户入住期间的每一个细节。其中包括提前了解客户的日常习惯(如清晨喝咖啡还是茶),为其量身定制住宿计划;在顾客退房前,赠送一份特别纪念品,如一瓶用顾客亲手采摘的草药制作的精油。高端客户可以选择"独家生态游"套餐,包括仅对其开放的景区导览和独立露营点,享受完全隐私的自然体验。

5. 数字化、个性化服务的扩展

民宿通过大数据和 AI 技术深度挖掘顾客需求。在预订时提供"虚拟房间试住",通过 VR 技术让顾客选择最符合其喜好的房间风格和设施摆放;同时,利用顾客的历史记录自动生成"个性化旅程建议书"。当顾客完成预订后,系统会生成一份"个性化欢迎信",内容包含他们将参与的活动安排和民宿对他们独特需求的关怀,进一步拉近品牌与顾客的距离。个性化数字旅程设计,利用大数据和人工智能,为顾客打造数字化的"预体验"。通过 VR 或 AR 技术,顾客可在预订前"虚拟漫游"民宿周边环境等,并根据偏好选择房型或定制行程。进行动态旅程推荐,基于顾客历史数据(如曾参与活动、留言反馈等),生成个性化的旅行建议,根据季节推送"春季赏花之旅"或"秋季稻田漫步"。

6. 持续个性化服务的价值延续

民宿不仅注重顾客在住期间的服务,还重视离店后的关系维护。顾客退房后,民宿会赠送与其体验相关的物品或服务(如一份定制的旅行相册或手工制作的地方特色小纪念品)。此外,还会邀请顾客加入品牌的忠诚会员计划,提供特别优惠或活动预告,提升顾客的复购率和长期黏性。

(四)消费承诺制营销及应用

Schultz 等(2013)在关于企业社会责任(CSR)与顾客忠诚度的研究中指出,顾客往往对承担社会责任的企业有更高的忠诚度和信任度。通过实施消费承诺制,生态民宿能够有效将品牌的社会责任转化为顾客的品牌忠诚度,使顾客不仅因为服务质量,更因为品牌价值而产生情感认同。消费承诺制营销是关系营销的一种创新手段,其核心在于通过品牌承诺与顾客建立信任和情感连接。对于生态民宿来说,消费承诺制营销不仅意味着为顾客提供高质量的服务,还包括品牌在环境保护、可持续发展等方面的承诺。

1. 环保行动承诺

顾客通过实际参与环保行动，感受到自己在品牌承诺中的关键作用，形成共担责任的认同感。实施碳足迹抵消计划，每位顾客的住宿会自动记录其碳排放量，民宿承诺通过植树或购买碳排放权来抵消碳足迹。顾客将收到带有自己名字的"碳中和证书"，并可追踪植树地点和生长情况。在顾客入住时，与其签订简洁的环保承诺协议，包含减少一次性用品使用、节约用水、垃圾分类等内容。顾客兑现承诺后，民宿会提供奖励，如优惠券或公益纪念品。进行"绿色客人"认证，民宿为环保表现突出的顾客颁发"绿色客人"数字徽章，显示在品牌社区或顾客的社交账户中，增强参与感和传播力。

2. 生物多样性保护计划

通过实际行动和教育，顾客可在旅游过程中了解生物多样性的重要性，并感受到个人对生态保护的影响。承担动植物监测任务，在入住期间，邀请顾客参与记录民宿周边的动植物种群数据，并上传到科学研究平台（如 iNaturalist）。这些数据将用于保护规划，顾客可以通过系统实时查看自己的贡献。另外，民宿设立专属保护基金，用于支持周边濒危动植物保护项目。部分住宿费用会直接用于基金支持，顾客在退房时可收到保护项目的进展汇报。组织顾客参与栖息地修复活动，如种植本地植物、清理垃圾或修复湿地。活动后，顾客可获得带有活动照片的数字化证书，纪念他们的贡献。

3. 废弃物管理与再利用活动

通过废弃物管理实践，增强顾客的环境责任感和归属感，同时凸显品牌的环保价值。鼓励顾客参与"零浪费住宿"计划，包括每日记录垃圾产出并选择减少方式。完成挑战的顾客将获得折扣或"环保礼包"。组织顾客利用废弃物制作手工艺品，如用玻璃瓶制作灯饰、用旧报纸制作花篮等。顾客不仅能体验环保乐趣，还能带走独特的纪念品。还有民宿向顾客展示厨余垃圾堆肥的全过程，并邀请其将餐后厨余投入堆肥装置。完成后，顾客可获得"回归自然"的体验证书。

4. 社会公益与社区支持承诺

通过公益活动和社区合作，增强顾客对品牌社会责任的认同，形成情感连接。开展"社区贡献一日"活动，每位顾客可选择参与当地社区的公益活动，如为本地学校绘制环保墙画，或帮助村民修缮公共设施。民宿记录顾客的贡献并展示在品牌社交平台上。进行公益住宿捐赠，顾客每次入住，民宿承诺将部分收入捐赠给本地教育或医疗项目。顾客离店时会收到捐赠明细和受益人感谢信。另外，民宿与当地手工艺人合作，展示和销售其作品。顾客可直接购买并了解手工艺背后的故事，感受自己在支持社区经济发展中的作用。

5. 可持续饮食计划

开展可持续饮食体验，帮助顾客认识食物生产与生态保护的关系，推动环保理念实践化。感受农场到餐桌体验,顾客可以参观与民宿合作的有机农场,参与蔬菜采摘,并了解无化学农药种植的全过程。农场的产品将直接用于民宿餐厅的菜品制作。发起"一天素食"倡议,鼓励顾客选择入住期间的一天完全食用素食菜品,并附上制作过程的环保讲解。完成挑战的顾客将获得"绿色餐客"徽章。记录每位顾客的用餐浪费情况,并给予减少浪费的顾客小奖励,如折扣或纪念品,以培养顾客的节约意识。

第二节 生态民宿关系营销的重要性与价值

一、重要性

(一)满足顾客深层次需求,超越基础服务体验

现代消费者在选择生态民宿时,追求的不仅是舒适的住宿环境,更是精神和情感层面的共鸣。通过参加民宿精心策划的"森林晨跑""稻田采摘"等活动,顾客可在自然中找到宁静,回归内心。生态民宿还可以结合科技,为顾客提供"虚拟与现实"结合的自然导览,帮助他们通过互动地图了解住宿区域的生物多样性。这种满足顾客个性化和深层需求的设计使得体验更具吸引力和意义。

(二)增强品牌差异化,构建情感驱动的市场竞争力

在同质化竞争中,生态民宿利用关系营销,塑造鲜明的品牌个性。具体而言,一些民宿结合地方特色推出"只此一家的故事"——从建筑设计到室内装饰都融入当地文化符号。或者,通过与地方艺术家合作,打造"住在画里"的艺术空间,将民宿与文化体验相结合,从情感层面吸引消费者。在顾客离店后,通过故事营销延续体验记忆,进一步凸显差异化优势。

(三)建立忠诚客户群体,推动多渠道传播与互动

忠诚客户是生态民宿长期发展的关键资产。通过关系营销,与顾客形成共生的社群关系,吸引他们主动参与品牌宣传。通过"客户合伙人计划",顾客可获得生态积分,分享推荐好友住宿可兑换服务或产品。更进一步,民宿可利用数字技术搭建虚拟社区平台,提供客户互动空间,如定期举办线上分享会,让老客户传授在民宿体验中的小技巧,既强化互动,又增强归属感。

二、价值

（一）理论价值

1. 深化关系营销理论：生态情感的全面融入

在生态民宿中，关系营销不仅关注商业价值的创造，更强调环境保护与社会责任的结合。通过"生态足迹回馈机制"，在顾客作出环保承诺后，企业以其名义捐种树木或支持当地环保项目。这种深层的情感连接创新了关系营销的应用维度。

2. 发展体验经济理论：从物质到意义的转变

生态民宿以体验为核心，将地方文化、自然生态与顾客的精神需求相结合。为顾客设计"专属一天"体验，从农田的清晨劳作到湖边的晚间篝火，顾客能够全程参与个性化的定制行程，体验从观察自然到融入自然的转变，体现出更深层次的意义消费。

（二）延伸价值

1. 文化价值：打破游客与地方的隔阂

生态民宿通过策划地方文化活动（如"村庄守护人"活动，邀请游客修缮古屋或学习传统工艺），让游客成为文化传播的桥梁，打破其对地方文化的陌生感。这不仅延续了地方传统文化，还让顾客留下独特记忆。

2. 环保价值：从被动参与到主动倡导

生态民宿通过"环保行动积分计划"引导顾客主动参与环保活动。提供"零浪费房间"选择，入住顾客每减少一次一次性用品使用即可积累积分兑换折扣。这种模式提升了顾客的环保参与感，使其不仅是消费者，也是环保行动的倡导者。

3. 情感价值：在记忆中留存品牌温度

通过为顾客量身定制的情感互动，比如在离店时赠送"成长的种子包"（可种植的地方特产植物），让顾客带走一份与民宿情感联系的纪念。未来，民宿可通过持续沟通（如发送邮件更新植物生长技巧或顾客社区分享心得）保持这种温暖记忆。

第三节 生态民宿关系营销精选案例

一、国外案例选编：New Zealand Eco Lodge（新西兰生态旅舍）

（一）案例简介

1. 区位环境

新西兰生态旅舍位于南岛峡湾国家公园附近，这一地区因其得天独厚的自然条件被联合国教科文组织列为世界自然遗产保护区，是全球生态旅游的重要目的地。旅舍四周被未受破坏的原始森林、冰川湖泊和巍峨的雪山环绕，展现了独特的地质地貌和生态多样性。该区域不仅拥有新西兰特有的动植物资源，如啄羊鹦鹉和几维鸟，还以其壮观的峡湾地貌及高纬度地区特有的生态系统吸引了众多研究者和生态旅游爱好者。旅舍的区位选择充分体现了生态旅游理念，结合了自然保护与游客体验的双重需求。一方面，其临近包括米尔福德峡湾在内的多处著名自然景观，为游客提供了近距离感受原始自然环境的机会；另一方面，旅舍紧邻多个国际知名的徒步路线，如路特本步道和开普勒步道，能够满足游客对高品质户外探险活动的需求。此外，旅舍所在区域具备独特的夜间自然景观资源。由于远离城市光污染，该地区被公认为南半球的观星胜地之一，游客可清晰观测到南十字星座和银河等天文奇观。这一地理优势不仅为旅舍的生态旅游功能增添了天文观光的特色，还有助于推动游客对自然与宇宙之间关系的深入思考。值得注意的是，旅舍周边区域还拥有丰富的地热资源，为游客提供了与自然融为一体的温泉体验，特别是在长时间的户外活动后，具有显著的恢复和舒缓作用。这一独特的区位优势不仅增强了游客的体验深度，也进一步体现了生态旅游中人与自然和谐共生的理念。

2. 建设与经营现状

新西兰生态旅舍主要目标客户为中高端生态旅游市场。以"环保奢华"为市场定位，兼顾环保理念与高品质的住宿体验。以"零碳足迹"为核心理念，采用可持续设计，由太阳能和风能提供能源，安装了高效的雨水回收和过滤系统，并实现废弃物的循环利用。建筑采用天然木材、竹子和再生材料，设计融入周围环境，减少生态干扰。提供野生动物观赏、冰川徒步、皮划艇、星空观测等活动，吸引喜欢深度体验的生态旅行者。新西兰生态旅舍在南岛高端生态民宿市场的占有率约为12%，是该地区最具知名度的生态旅舍之一。它在国际生态旅游奖项中多次获奖，其中"全球最佳绿色酒店"奖，进一步提升了其品牌影响力。主要客户群体包括：高收入生态旅行者，寻求兼具奢华与环保理念的旅游体验；国际游客，尤其是来自北美、西欧和澳大利亚的生态爱好者，占顾客总量的70%以上；环保倡导者和教育团体，常举办自然教育活动或环境保护主题研讨会。尽管运营成本较高，但旅舍以其独特的定位和高端客户群，保持了较高的收益率，近三年的平均年收益率为28%。

3. 主要关系营销策略

新西兰生态旅舍通过创新的关系营销策略，致力于维护客户关系，提升品牌忠诚度及口碑传播。例如，旅舍推出了"Eco Friends"会员计划，为会员提供优先预订活动、免费房型升级以及生态礼品等特权。会员亦可累积环保积分，用于资助旅舍的环保项目，如植树活动。通过问卷调查和数据分析，旅舍深入了解客户偏好，进而提供定制化的住宿和活动建议。无论是新婚夫妇、家庭出游还是探险爱好者，旅舍均能提供专属的行程规划服务。此外，旅舍与当地毛利文化团体合作，提供传统文化体验活动，如参与毛利传统手工艺和仪式，以增强游客的文化归属感。在Instagram、Facebook和YouTube等社交平台上，旅舍定期发布高质量的图片和视频，分享旅舍故事、客户评价以及自然保护的最新动态，成功吸引了数十万关注者。旅舍还通过线上活动，如摄影比赛和环保问答，激励用户创造内容，以进一步扩大品牌影响力。每周举办的环保知识讲座，旨在分享可持续旅行的理念，鼓励客户在旅行结束后继续实践环保生活。

（二）案例分析

新西兰生态旅舍的关系营销以客户为中心，通过深刻理解目标市场需求，构建了一个多维度的营销策略，实现了品牌黏性和客户忠诚度的提升。以下是其关系营销的成功之处。

1. 会员计划的构建和客户价值增值

旅舍推出的"Eco Friends"会员计划充分体现了对忠实客户的重视。明确优质客户权益，提升客户的体验感与归属感。通过积分奖励机制，将客户行为与环保行动挂钩，让客户在享受优惠的同时参与环保项目（如植树活动），增进情感认同。这种会员制不仅增强了客户的品牌忠诚度，还通过客户的参与建立了深层次的品牌联系，实现了情感与功能价值的双重绑定。

2. 个性化服务的提供

通过问卷调查和数据分析，旅舍了解了客户的个性化需求，精准定制活动和服务，为新婚夫妇打造浪漫行程，为家庭游客安排亲子活动，为探险爱好者设计具有挑战性的户外活动。个性化服务让客户感受到被关注与重视，从而提升整体满意度与体验感。这种以客户为核心的策略满足了多样化的需求，有效提高了客户的重复消费率和推荐率。

3. 社区互动与文化融合

旅舍与当地毛利文化团体合作，开展文化融合活动，包括手工艺学习和仪式参与。增强客户文化认同，为客户提供了独特的本土文化体验，使其旅行更有深度和意义。强化与当地的联系，借助本土社区的支持，不仅提高了旅舍的可信度和文化内涵，还促进了当地社区的经济发展和文化保护。通过文化交流强化了品牌的独特性，同时构建了与社区的紧密联系，形成双赢局面。

4. 社交媒体与用户生成内容的有效利用

新西兰生态旅舍在 Instagram、Facebook 和 YouTube 等社交平台上的关系营销极为成功，高质量的图片与视频展示旅舍的独特自然环境和服务理念，吸引全球生态旅游爱好者的关注。线上互动活动（如摄影比赛和环保问答）激励用户生成内容（UGC），实现了客户的自发性传播。这种双向互动提升了品牌的曝光率和好感度，让旅舍成为线上热门话题的常驻品牌。

5. 环保理念与教育活动的融合

旅舍每周举办环保知识讲座，传递可持续旅游的理念，深化客户环保意识，提升了客户对环保的关注度和行动力。扩展影响范围，客户通过学习将环保理念带入日常生活，使旅舍的品牌理念超越旅游服务，具有更广泛的社会影响力。这种理念传播不仅深化了客户的品牌印象，还让客户成为环保理念的传播者，进一步强化了品牌的口碑传播。

6. 定位精准，目标明确

旅舍以"环保和奢华"为市场定位，精准捕捉中高端生态旅行者的需求，将环保与高端住宿体验相结合，吸引寻求独特价值的客户群体。有效占领生态民宿高端市场，通过高溢价服务和附加活动提升盈利能力。这一精准定位使旅舍在激烈的市场竞争中脱颖而出，形成了强大的品牌优势。

总之，新西兰生态旅舍的关系营销策略成功的核心在于，以客户为中心，深度挖掘客户需求，提供个性化与专属化服务。情感与价值双驱动，通过会员计划和社区活动拉近品牌与客户的情感距离。提升理念传播与社会影响力，将环保理念贯穿于服务与营销活动中，强化品牌的社会责任感。这种多层次、多渠道的关系营销策略，不仅提升了客户的体验感与品牌忠诚度，还助力旅舍实现了社会与经济效益的双赢，是高端生态旅游市场的典范案例。

（三）案例思考题

1. 新西兰生态旅舍如何通过与本地社区的协作增强其品牌价值？
2. 个性化服务对客户忠诚度的提升有哪些具体体现？

3. 环保教育活动如何在营销中发挥独特的作用？能否推广到其他类型的生态旅游项目中？

二、我国案例选编：鸿田·羲田乡村民宿

（一）案例简介

1. 区位环境

鸿田·羲田乡村民宿位于上海崇明岛，毗邻东平国家森林公园，周边生态环境优越。崇明岛作为国家级生态岛，以湿地景观和乡村田园风光闻名，拥有丰富的自然资源和良好的生态环境。民宿的选址充分利用了这些资源优势，吸引了城市居民前来度假，体验与自然融为一体的"慢生活"。这一选址不仅满足了都市人远离喧嚣的需求，也为其市场定位打下了良好的基础。

2. 建设与经营现状

鸿田·羲田乡村民宿结合崇明传统农耕文化与现代生态理念，以绿色建筑和可持续发展为核心，采用环保材料，融入乡土风格与现代舒适性，建筑布局自然延展，与周边田园风光融为一体。提供多样化的房型，包括田园景观房、家庭房和浪漫主题房。部分房间配备私密庭院或露台，供游客观赏湿地美景。设有共享活动空间、生态农场、手工制作坊及文化展览区，游客可参与采摘、传统农耕体验、手工艺制作等项目。民宿以"生态度假+文化体验"为定位，目标客户为中高端市场，致力于提供舒适的休闲环境与独特的文化探索体验。鸿田·羲田在崇明高端乡村民宿市场占有率约为15%，在长三角地区具有较高知名度，多次被评为"上海特色精品民宿"。其在旅游网站上的评分保持在4.8分以上，受到年轻群体与家庭游客的青睐。主要客户群体包括：都市白领，寻求周末短途休闲旅行，追求放松与自然体验；亲子家庭，关注农耕体验与亲子互动活动；文化爱好者，热衷于参与手工艺制作与传统文化活动。通过高质量的服务与活动，民宿的年平均收益率达22%。

3. 主要关系营销策略

鸿田·羲田民宿与崇明岛的农户携手合作，确保食材的鲜度与健康，同时为农户提供稳定的经济收益。这种合作方式加深了民宿与社区间的情感联系，赢得了当地居民的信赖。游客在享受民宿服务的同时，亦能增进对崇明岛生态文化的认识。民宿每年会举办丰收节活动，邀请农户展示其特色农产品与手工艺品，丰富了民宿的文化底蕴，吸引了众多游客，提高了民宿的知名度。这种将农业与旅游相结合的模式，成功地将农户的产品与游客的需求相融合。提供定制化的客户服务，通过社交媒体与客人保持沟通。他

们根据客人的偏好定制服务，并为常客提供节假日优惠。民宿还通过线上社群分享旅游和生态知识，增强与客户的互动。例如，为上海的白领量身定制一日游，体验农场活动和享受本地美食，使其成为忠实客户，并向朋友推荐。这种细致的关系管理提升了客户的忠诚度。提供住宿服务和生态体验活动，如农田参观、湿地探险、制陶等，旨在教育游客关于生态环保和可持续发展的重要性。活动如"自然课堂"周末活动，增进家庭对生态的了解，深化游客对民宿的认同感，从而实现深层次的关系营销，吸引回头客。推广"慢生活"理念，提供一系列放松活动如田园瑜伽和手工制作，旨在让游客体验乡村生活。这种体验让游客对"慢生活"产生共鸣，并通过口碑和社交媒体分享，提升了民宿的知名度和品牌形象。

（二）案例分析

鸿田·義田民宿在高端乡村民宿市场中的竞争力和具体的成功经验可以从以下几个方面进行分析。

1. 社区共建模式：构建情感纽带与互惠关系

鸿田·義田注重与当地社区的深度合作，形成了"共建共赢"的关系营销模式。例如，增加文化与生态内涵，与当地农户合作，为游客提供原生态的农产品和地道文化体验，增强了民宿的吸引力与差异化。通过这种合作模式和活动，民宿获得了社区支持，建立了与社区居民的信任关系，并且获得了稳定的物资供应，更有助于提升口碑与知名度。

2. 个性化客户服务：提升客户满意度与忠诚度

鸿田·義田凭借其周到的服务与定制化的体验，成功赢得了客户的忠诚。通过预先掌握客户需求，为客户提供量身定制的服务体验，例如为常客设计专属的一日游路线或提供节日特别优惠。为了维护长期的客户关系，对忠实客户给予特别关注，如提供专属礼物和优惠。这不仅提升了客户的满意度，还通过口碑效应拓展了潜在的客户。此外，通过建立互动社区，利用线上社群和社交媒体分享资讯与活动，进一步增强了客户的参与感和对品牌的认同。

3. 丰富的生态与文化体验：形成独特价值主张

鸿田·義田的生态活动和文化体验赋予其"住宿＋体验"的双重吸引力。生态活动提升游客参与感，通过有机农田参观、湿地探险、自然课堂等，游客不仅是消费者，还成为生态保护的践行者，深化了民宿品牌与生态理念的连接。文化体验增强归属感，手工制陶、传统农耕等活动，让游客能够深度参与，体验当地文化，这种情感连接促使游客成为回头客甚至推荐者。

4. 慢生活理念推广：触及现代都市居民的焦虑

鸿田·義田所倡导的"慢生活"理念精准地触及了现代都市居民的焦虑所在。通过提供诸如田园瑜伽、手工制作课程等旨在缓解压力的体验活动，游客得以在短时间内领略乡村的宁静与舒适。此外，通过精心设计的"周末放松套餐"，将住宿与体验活动相结合，不仅提升了服务的附加值，而且在追求收益最大化的同时，也加深了游客的沉浸体验。

5. 整合营销与传播：扩大品牌知名度

鸿田·義田擅长运用活动及传播策略增强其影响力。通过定期举办的丰收节、自然课堂等活动，不仅吸引了游客，还提升了崇明岛的知名度。在社交媒体上，通过分享慢生活理念和活动照片，借助游客的社交传播效应，进一步提升了品牌声誉。

综上所述，鸿田·義田通过社区共同建设、提供个性化服务、结合生态与文化活动，以及确立清晰的品牌定位，成功构建了稳固的客户关系和高度认同的品牌形象。其关系营销策略的核心在于：构建多方共赢的生态系统，实现从社区到客户的价值联动；深化客户体验和情感联系，通过提供个性化服务和深度体验来培养忠实客户群；利用文化与生态融合的独特定位，在市场竞争中实现差异化和品牌溢价。这些策略不仅提升了客户忠诚度和品牌声誉，也为民宿业带来了持续的经济效益和市场竞争力，成为乡村民宿领域值得效仿的典范。

（三）案例思考题

1. 鸿田·義田乡村民宿是如何通过社区共建增强品牌认同感的？
2. 个性化服务如何提升客户忠诚度？
3. 生态教育活动对民宿营销有哪些深远影响？

【本章小结】

本章通过理论分析与精选案例相结合的方式，详细探讨了生态民宿在关系营销中的重要策略与创新实践。首先，阐释了关系营销的基本概念和方法，包括客户关系管理、情感营销、社区互动以及忠诚度计划，强调通过长期情感连接提升客户忠诚度和品牌价值；其次，分析了数字化情感营销、沉浸式文化体验营销以及定制化服务营销的创新应用，展现了生态民宿在体验经济中的优势；最后，通过国内外案例的解读，总结了成功经验与实践启示，如与社区共建、与客户深度互动、生态教育活动等。本章为生态民宿实现品牌差异化和可持续发展提供了系统化的理论依据和实操指导。

【本章思考与练习】

1. 生态民宿如何在数字化时代利用技术创新提升客户体验和品牌忠诚度？请结合具体的关系营销策略进行分析。

2. 生态民宿如何利用客户奖励实现经济效益与社会责任的平衡？

3. 文化体验如何能够有效深化顾客对品牌的认同感？

4. 生态民宿通过哪些方式提升品牌价值？

第九章　生态民宿文化营销与精选案例

【本章导读】

　　文化不仅推进民族精神的传承，也是旅游业营销的源动力。生态民宿作为旅游住宿业的一个新兴业态，承载着文化"走出去"、客流请进来的双重使命。它不仅是一种住宿选择，更是一个文化沉浸式体验的空间、一个文化交流的窗口。随着人们对旅游品质的要求不断提高，生态民宿作为一种融合了自然生态与地方文化特色的住宿新业态，越来越受到游客的青睐。生态民宿如何把这些优势传递给客源市场，营销策略的运用是良好的选择。生态民宿经营者通过有效的文化营销理论和方法，挖掘和传承地方文化，提升旅游产品的文化内涵和市场竞争力。本章将引导读者深入了解文化营销与民宿文化营销的基本概念，帮助读者全面了解生态民宿文化营销的特征，通过解读国内外生态民宿文化营销成功的精选案例，为生态民宿文化营销的应用与创新提供可借鉴的方法。

【本章知识结构】

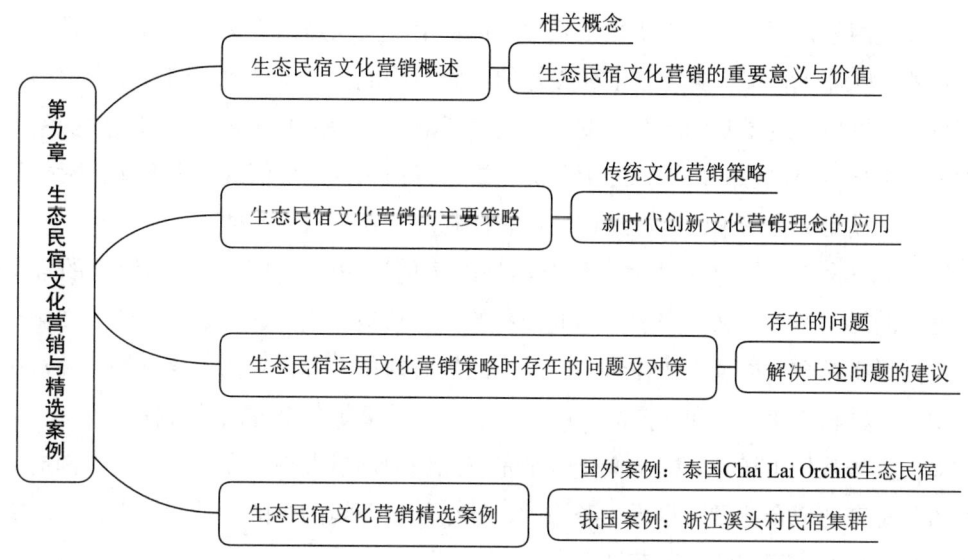

【学习要点】

1. 文化营销、民宿文化营销和生态民宿文化营销概念。

2. 生态民宿文化营销的七大特征。
3. 生态民宿文化营销的重要性、价值和主要策略。
4. 国内外生态民宿文化营销的案例分析及经验总结。

第一节　生态民宿文化营销概述

一、相关概念

（一）文化营销与民宿文化营销

1. 文化营销

文化营销概念最早由美国学者A.L.克罗伯和K.科拉克洪提出，他们在1952年发表的《文化：一个概念定义的考评》一文中认为，文化的主题由"共享""价值观"和"行为方式"三个方面构成，而文化营销正是基于这三个方面进行的营销活动。他们对文化主题的阐述为文化营销理论奠定了基础。文化营销理论自20世纪70年代传入我国后，引起了中国学者的广泛关注。1995年，张志华教授在《上海商业》第4期上发表了《从商品营销到文化营销》一文，在我国首次提出了"文化营销"的概念，他的研究强调了文化因素在营销中的重要性，认为文化营销不仅仅是销售文化商品，更是通过发现用户的潜在需求，提供更为丰富和美好的体验与价值。张志华教授的研究为中国文化营销理论的发展奠定了基础，并启发了后续学者对文化营销的深入研究和实践探索。我国学者对文化营销概念的认知，经历了文化渗入营销—构建价值观—提升文化附加值—文化适应—满足文化需求的演进过程，代表性观点主要有以下5种：

①张志华教授（1995）认为文化营销是以文化为基础，渗透进营销活动的各个层面，通过满足消费者的文化需求来达成交易的一种营销方式。这一定义强调了文化与营销活动的紧密结合，以及文化在营销活动中的核心地位。文化营销不仅仅是一种营销手段，更是一种将文化理念融入产品、服务、品牌、传播等各个方面的过程。

②王方华教授（1998）提出文化营销是有意识地通过发现、甄别、培养或创造某种核心价值观来达成企业经营目标（经济的、社会的、环境的）的一种营销方式，即文化营销是构建核心价值观的一种营销方式。

③姚钟华学者（2000）认为文化营销即企业文化的营销，从传播学角度出发探讨企业价值观的塑造对产品营销的推动作用。这种将文化营销理解为企业文化营销的观念，

是企业文化在营销部门的渗透。文化营销是企业（组织）经营者通过对表层文化（文化载体）、深层文化（文化规则）和核心层文化（文化内涵）的深刻理解，将文化的因素渗透到营销的整个过程中，提升产品和服务附加值，增强产品和服务竞争力，更好地实现市场交换的一种营销方式。

④朱陶教授（2009）认为文化营销是一种协调营销活动中文化冲突的方式。它是针对企业面临的目标市场的文化环境采取一系列的文化适应策略，以减少或防止营销与文化、异域文化的冲突，进而使营销活动适应和融合于当地文化的一种营销方式。

⑤李康化教授（2021）提出文化营销不仅仅是简单地销售文化商品，更是通过发现用户的潜在需求，以互惠资本主义精神为其提供更为丰富和美好的体验与价值。文化是社会成员共享的价值观念、行为模式和传统，通过符号和语言得以学习和传播，并在人类群体中形成特殊的成就。文化营销的理念基于文化的定义，强调在营销活动中融入文化元素，以满足消费者在文化和价值层面的需求，从而更有效地与消费者建立联系和共鸣。

随着上述文化营销概念的演进，文化营销在我国的被接受度越来越高。各类组织尤其是企业广泛采用文化营销策略来争取更大的市场份额。

2. 民宿文化营销

民宿有一个重要特征就是可以让客人更深入地体验当地的文化和生活方式，它是一个民宿主与客人进行文化交流的平台。民宿文化可以视作一种企业（组织）文化，企业文化是企业内部形成的一种价值观、行为规范、工作方式和组织氛围，也是企业在长期生产经营中倡导、累积、筛选与提炼形成的人本管理理论，通常以企业最高目标、企业精神、优良作风、礼仪风俗、行为规范、标识、环境、传播网络等为主要内容。其是企业员工共同遵守的一种精神文化，反映了企业的核心价值观和经营理念。

结合民宿企业的特征，文化营销在民宿企业中的应用既要体现企业文化的内涵，又要展示民宿企业的文化特色。民宿文化营销指一种将当地的文化特色、民俗风情、历史背景等文化元素融入民宿经营与营销活动中，通过文化体验和文化传播来吸引和留住顾客的一种营销方式。它不仅是一种营销手段，更是一种文化传播和体验的方式，旨在通过独特的文化融入提升游客的住宿体验和情感共鸣。在这一过程中，民宿经营者需注重文化的真实性和原真性，避免过度商业化的改造，确保文化元素的传承与创新相结合，通过个性化的服务和丰富的文化活动，增强游客的参与感和满意度，从而实现经济效益与文化价值的双重提升。

（二）生态民宿文化营销

生态民宿是以优良的生态环境为特色的主题民宿。生态民宿文化营销是主题营销和文化营销相结合的一种创新营销策略，通过特定的生态主题与文化内涵的融合，增强品牌的吸引力和市场竞争力。

生态民宿文化营销是一种创新性、系统性的营销活动，它以生态环保理念为基础，以地域文化为核心，通过深度挖掘和利用当地独特的自然资源与人文历史，将民宿的生态环境特色与文化内涵有机结合，创造独特的文化体验与生活方式。它通过创新的营销手段和多元化的表达载体，实现文化赋能和价值传递，引导消费者对环境保护、文化认同和绿色生活方式产生共鸣，最终达成品牌提升、游客吸引及经济发展的目标，实现生态保护、文化传承的可持续发展。

生态民宿企业为了生存和发展，适应现代市场需求，也在积极探寻文化营销策略。结合生态民宿的特征，生态民宿文化营销指生态民宿企业在营销活动中，将生态文化、在地文化、生活方式和价值观融入产品、品牌、品质建设中，以促进生态民宿建设、经营、服务、传播等各个环节发展，最终满足消费者的文化需求，建立与消费者的情感共鸣，从而提升品牌价值和市场竞争力的一种营销方式。

生态民宿文化营销的内涵包括生态主题性、文化融合性、体验创新性、场景整合性、社区共生性、系统营销性和价值协同性七大特征。

1. 生态主题性

生态主题性是生态民宿文化营销的核心特征，体现在民宿规划、建设和运营的全过程中。它强调以生态文明理念为指导，通过科学规划和可持续利用自然资源，在建筑设计、能源使用、环境保护等方面实践生态环保理念。同时，通过环境教育和生态体验活动，引导游客践行绿色生活方式，形成对生态文明的深刻认知与认同。

2. 文化融合性

文化融合性突显了生态民宿文化营销的文化内涵，它通过系统性挖掘和创新性转化地方文化资源，将物质文化遗产、非物质文化遗产与现代生活方式有机融合。这种融合不仅体现在建筑风格、室内陈设等物质载体上，而且延伸至服务理念、文化活动和精神内涵等多个层面，从而打造具有深厚文化底蕴的民宿品牌。

3. 体验创新性

体验创新性强调通过创新性的体验设计，为游客提供沉浸式的文化体验和生态体验。它包括知识性体验、娱乐性体验、审美性体验和生态体验等多个维度，通过互动性强、参与度高的主题活动设计，激发游客的情感共鸣，增强其对文化和生态的认同感。

4. 场景整合性

场景整合性体现了生态民宿文化营销的系统性思维，通过整合自然景观、文化元素、服务设施等多种资源，构建"食、住、行、游、购、娱"六位一体的场景体系。这种整合不是简单的资源叠加，而是对各要素进行创新性重组，打造独特的生活场景和文化体验空间，提升民宿的整体吸引力。

5. 社区共生性

社区共生性强调生态民宿与本地社区的互惠共生关系。通过促进社区参与民宿规划、建设和运营，实现资源共享、利益共享、责任共担。这种共生关系不仅能带动区域经济发展，创造就业机会，更能激活社区文化活力，增强社区认同感，实现民宿与社区的可持续发展。

6. 系统营销性

系统营销性体现在营销策略的整体性和创新性上。它突破传统营销模式的局限，采用"民宿+"的创新思维，整合线上线下多元化营销渠道。通过数字技术应用、新媒体传播、跨界合作等方式，构建全方位、立体化的营销体系，全面提升品牌影响力和市场竞争力。

7. 价值协同性

价值协同性体现了生态民宿文化营销的多元价值取向。它强调在追求经济效益的同时，统筹兼顾文化传承、生态保护和社会发展等多重目标，通过创新的营销手段和运营模式，实现经济、社会、文化、生态等多重价值，推动行业的可持续发展。

二、生态民宿文化营销的重要意义与价值

（一）生态民宿文化营销的重要意义

在全球化的背景下，文化的力量越发凸显。生态民宿文化营销能够促进文化和旅游的深度融合。生态民宿开展文化营销的重要意义如下。

1. 服务国家战略，助力生态文明建设

在"十四五"规划和2035年远景目标纲要的指引下，生态民宿文化营销对服务国家战略具有重要意义。①它是践行生态文明理念的重要载体。通过生态民宿文化营销，可以有效传播生态环保理念，包括绿色建筑设计、节能减排措施、垃圾分类管理、可再生能源利用等，引导公众形成绿色消费观念和生活方式，从而推动生态文明建设。例如，浙江省安吉县作为"绿水青山就是金山银山"理念的诞生地，以绿色发展为引领，打造了宜居、宜业、宜游的美丽安吉，实现了生态与经济的协同发展。②它是助力乡村振兴的有效抓手。生态民宿大多居于乡村，开展文化营销活动能够盘活乡村闲置资源，整合利用当地特色文化遗产，促进农村一、二、三产业深度融合，带动农产品销售、手工艺品制作、文化展演等相关产业发展，实现乡村经济发展和文化复兴。③它是提升国家文化软实力的重要途径。通过对地方特色文化的创新性开发和传播，如民俗活动展

示、传统技艺传承、文化创意产品开发等，生态民宿文化营销活动能够讲好中国故事，展示中华文化魅力，提升国家文化软实力。

2. 推动文旅融合，引领产业创新发展

在文化和旅游深度融合的新时代背景下，生态民宿文化营销具有显著的产业创新价值。①它推动了文旅融合发展新模式的形成。通过将生态环境、文化内涵与旅游体验相结合，融合建筑设计、室内装饰、景观布置、服务流程等方面，创造了新的文旅产品形态，丰富了文旅融合的内容和形式。②它优化了旅游产业结构。生态民宿文化营销突破传统住宿业态的局限，通过开发文化体验、休闲娱乐、康养度假等多元业态，培育了新的经营模式和消费场景，带动餐饮、购物、文创等相关产业协同发展。③它提升了文旅产业链价值。通过文化赋能，生态民宿文化营销不仅提供基础住宿服务，更创造了独特的文化体验价值，如文化展示、艺术创作、技艺学习等，实现了产业升级和价值提升。

3. 传播地域文化，提升国民文化自信

生态民宿通过文化营销在文化传承与创新方面发挥着独特作用。①它是传统文化保护的有效方式。通过将地方文化元素融入民宿建筑风格、室内陈设、服务礼仪、餐饮美食等方面，既保护了传统文化资源，又赋予其新的时代内涵，使其焕发新的生机。②它增强了文化认同感。通过创造沉浸式文化体验环境，包括文化展示空间、互动体验区、主题活动等，让游客深度感受地方文化魅力，培养文化自信，增强文化认同。③它促进了文化教育。生态民宿文化营销作为文化展示和体验平台，通过开展主题文化活动、传统技艺教学、文化讲座等形式，能够让更多人了解和感受中华优秀传统文化的魅力。例如，山西推出的"游山西·读历史"文化营销活动，通过优化华夏寻根、黄河文明等精品线路，逐步成为全国知名的旅游品牌，让旅游成为人们感悟中华文化、增强文化自信的重要渠道。

4. 创新营销模式，提升市场竞争力

生态民宿开展文化营销为行业发展提供了新思路。首先，它创造了差异化竞争优势。通过独特的文化内涵和生态特色的融合，包括文化主题设计、生态环保措施、特色服务项目等，可以避免同质化竞争，提升品牌价值和市场竞争力。例如，北京市密云区的生态民宿，通过特有的长城文化、水库文化与市场的有机结合与营销，吸引了更多对此类文化活动感兴趣的游客，扩大了客源市场，还与其他民宿形成了差异化竞争。其次，它创新了营销方式。运用短视频、直播、社交媒体等新媒体平台，结合图文、视频、VR等多种表现形式，实现文化价值的精准传播，提高营销效果。再次，它培育了稳定的客源市场。通过创造独特的文化体验，提供个性化服务，建立情感联系，增强客户黏性，实现可持续经营。最后，它优化了市场结构，推动行业从单纯的价格竞争向文化价值竞争转变，促进市场良性发展。

综上所述，生态民宿通过创新性的模式设计和运营，采用文化营销策略，可以实现生态保护、文化传承和经济效益的提升。从国家层面看，它助力生态文明建设和乡村振兴；从产业层面看，它推动文旅深度融合和业态创新；从文化层面看，它促进传统文化活态传承；从市场层面看，它提升了企业核心竞争力。这种多维度的创新实践，正在为我国文旅产业高质量发展注入新的活力。未来，随着人们对文化体验和生态环境的重视程度不断提高，生态民宿文化营销将在推动行业可持续发展方面发挥更大作用。

（二）生态民宿文化营销的价值

1. 经济价值

首先，民宿的繁荣和壮大已经不失为一种富民经济的表现。中研普华产业研究院发布的《2024—2029年民宿行业市场深度分析及发展规划咨询综合研究报告》显示，2023年中国民宿市场交易规模突破300亿元人民币。生态民宿开展文化营销，能够显著提升民宿企业营销效果，增加收入来源，提高品牌的市场竞争力。对区域经济来说，生态民宿作为文化和旅游领域供给侧结构性改革的创新业态和消费热点，是带动乡村经济发展的重要动力，助力全面推进乡村振兴。通过生态民宿的建设和文化营销，可以激活区域经济，尤其在农民收入的增加、营销成本的降低、产业升级的促进、旅游体验的提升、地方旅游特色的增强以及可持续发展的推动等方面发挥重要作用。例如，云南丽江的束河古镇，该地区的生态民宿通过整合纳西族文化和古镇风貌及开展文化营销，吸引大量国内外游客，2024年1月至9月，丽江古城区共接待国内外游客3916.96万人次，同比增长11.59%，旅游总收入达794.64亿元。这些生态民宿的文化营销不仅为当地居民提供了就业机会，而且促进了当地手工艺品和特色农产品的销售，显著增强了区域经济收入增长。

另外，生态民宿本身就是文化传播者，它们在创造经济价值的同时，也降低了营销成本。例如，在2024年"五一"期间，西江千户苗寨景区共接待游客13.5万人次，实现旅游综合收入14 259.66万元，其中民俗活动展示的人力成本几乎为零。因为西江千户苗寨内的民宿主人，其本身就是这些服饰文化的展示者，通过展示苗族的银饰工艺、服饰文化和传统节日，为游客提供了丰富的文化体验。很多民宿主人与游客分享自己的故事，这种基于故事和情怀的文化营销几乎不需要附加成本，却能有效吸引游客，引起共鸣。

最后，生态民宿文化营销有助于实现可持续经营。通过文化营销手段，民宿能够培育稳定的客源市场，建立长期的客户关系。独特的文化体验和优质的生态环境，可以增强客户黏性，提高回头客比例。同时，创新的经营模式和营销策略，也能够为民宿带来持续的经济效益，确保经营的可持续性开展。

2. 文化价值

首先，生态民宿文化营销在文化传承与保护方面能够发挥重要作用。生态民宿文化营销对文化遗产、人文生态都有着重要的影响。它可以为文化遗产保护提供新途径，如通过将地方特色文化、非物质文化遗产融入民宿设计和服务中，既能够保护传统文化资源，又可以实现文化的活态传承。例如，福建土楼是世界文化遗产，当地的生态民宿结合土楼独特的建筑风格和客家文化进行营销，为游客提供了深入了解和体验客家文化的机会。生态民宿文化营销通过民宿旅游者与民宿所在地居民的互动接触，触发了民宿所在地居民生活水平、行为方式、民俗文化等的新变化。这种模式保护了文化遗产，增进了不同文化之间的理解和尊重，还增强了当地居民对传统文化的自豪感和保护意识，有助于客家文化传承，促进社会和谐。

其次，通过生态民宿文化营销的推动，政府部门优化了道路、水电气等基础配套设施，提升了当地村民的居住环境，改善了他们的生活。民宿业主还可以作为乡村社区的经济、文化和社会精英，通过文化营销为乡村社区发展建言献策、争取资源，通过整合资源，完善乡村的公共服务供给，提升乡村社区治理效能。例如，福鼎太姥山小溪家，未建设前有一栋被遗弃的老房子和一个羊圈，小溪村是赤溪村的一个自然村，1984年赤溪村被确定为中国首个扶贫村。在生态民宿的建设文化营销过程中，小溪村争取专项资金340余万元，在2021年完成了6个民生工程项目，包括葫芦岭自然村通组公路、上湾洞组内公路、王家田组错车道及组内公路、X137线公路水沟建设、麻冲组上坝和中坝灌溉水渠建设、乡村环境整治及100盏路灯安装等，极大地提高了居民生活质量。

最后，生态民宿文化营销还可以增强文化认同。通过创造沉浸式的文化体验环境，游客可深度感受地方文化魅力，培养文化自信，强化地方文化认同感。特别是对年青一代而言，这种生动直观的文化体验，比传统的文化教育更容易产生文化共鸣，激发文化认同。例如，河北小城子村以小城子汉城历史文化、皇家御道文化、满族文化为特色进行文化营销，打造集田园观光、乡村休闲、乡居度假于一体的乡村旅游示范、宜居宜游新乡村，不但让游客感受到中华传统文化的魅力，还让游客产生文化认同，提升文化自信。

3. 生态教育价值

生态民宿作为生态旅游的一部分，其文化营销在生态教育方面具有独特价值。

一是它可以有效传播生态文明理念。民宿的生态设计、环保措施和绿色运营，能够向公众展示可持续发展的生活方式。从节能减排、垃圾分类到生态农耕、自然教育，生态民宿文化营销可以成为普及环保知识、培养生态意识的重要平台，可以有效保护野生动植物以及自然景观。例如，浙江省安吉县就强化生态文化宣传教育，推进生态民宿、生态景点的建设，将生态文明写入小学生教材和村规民约，增强学生、村民的环保意识,与国家可持续发展战略方针相吻合。

二是生态民宿文化营销能够践行环境教育。例如,杭州西溪湿地附近的民宿,在政府的支持下采取引水入城、截污纳管、清淤疏浚、生物治理等措施,显著改善了当地的水质,从劣五类水质提升至二类水标准。为此,该地民宿通过提供自然观察和生态教育活动,让游客亲身体验湿地生态保护的重要性。游客可以参与观鸟、植物认知等活动,这种体验不仅传播了生态环境知识,还提升了公众的环保意识。通过开展自然观察、生态农耕、环保手工等活动,创造丰富的生态体验场景。这些互动性强、参与度高的活动,能够让游客在体验中学习、在实践中领悟,有效引导环保行为的养成。

三是生态民宿文化营销可以促进人文、生态和谐。它能够探索出一条平衡发展与保护的新路径,既可以满足人们对优质生活的追求,又能够实现生态环境的可持续发展。通过文化营销手段,生态民宿可以传播生态文明理念,培养公众环保意识,推动构建和谐的人文、生态系统。

综上所述,生态民宿文化营销创造了经济、文化和生态教育的多重价值。在经济层面,它通过差异化竞争和产业链整合,实现了生态保护与区域经济的协同发展;在文化层面,它既守护了文化遗产的根脉,又促进了文化的创新性发展;在生态教育层面,它将环保理念融入民宿日常运营,培育了公众的生态意识。这种全方位的价值贡献,满足了人们对美好生活的向往,展现了生态民宿文化营销在推动文旅产业高质量发展中的重要作用。

第二节 生态民宿文化营销的主要策略

一、传统文化营销策略

生态民宿文化营销的基本方法结合了传统文化营销和新时代创新文化营销理念,以实现地方文化的传播和提升民宿的市场竞争力。传统文化营销策略在生态民宿文化营销中依然占有重要地位,其核心在于深入挖掘和利用地方文化资源,通过文化的力量吸引游客。

(一)节事活动营销

节事活动营销通常指的是通过举办或参与各类节庆、活动、展览、会议等事件来挖掘产品文化内涵,推广产品、品牌或服务的营销策略。节事活动营销的运用范围较广,在生态民宿文化营销中同样适用。通过节事活动，生态民宿所在地的自然景观、特色文化借助节庆主题可以更好地展现，为游客提供丰富多彩的活动体验。例如，湖南省湘西土家族苗族自治州花垣县十八洞村的民宿经常举办一系列特色民俗活动，有拦门酒、过苗年、赶秋节、"11·3"吉客节等，其中"过苗年"的节事活动最受欢迎，游客热衷于参与打糯米粑、祭祖、喝串寨酒、跳芦笙舞等活动。

（二）文化遗产营销

文化遗产营销是指利用文化遗产的价值和吸引力，通过营销策略和手段，提升文化遗产的知名度、影响力和经济价值，同时促进文化遗产的保护、传承和发展的一种营销方式。文化遗产营销涉及对文化遗产的深入挖掘、创新展示和有效传播，以吸引游客、提升品牌形象、增强文化认同感和社会凝聚力。

例如，刚被评为2024年"最佳旅游乡村"的四川桃坪村，其生态民宿高度重视羌族文化的传承与保护，涉及村里的非物质文化遗产代表性项目羌碉营造技艺、羌族羊皮鼓舞等。村里建设了村史馆、非遗传习所、非遗展演厅，并培养了一批非遗项目代表性传承人，很多民宿主人就是非遗传承人。桃坪村生态民宿挖掘历史文化资源，推出了《羌红》《巴舍德滴》等歌舞剧作，参与了《杀生》《圣地可可西里》等多部影片的拍摄，这些文艺作品丰富了村民的文化生活，扩大了羌文化的影响力。桃坪村还以桃坪村生态民宿为窗口，深入挖掘全县传统村落和非遗民族文化特色，全方位搭建桃坪村乡村旅游宣传矩阵，向世界讲好桃坪的乡村故事，推动桃坪羌寨由"东方古堡"变为"世界古堡"，前来参观的国内外游客络绎不绝。

（三）公益营销

公益营销是通过引起共鸣的社会问题来吸引消费者，核心在于企业通过关心人的生存与发展、社会的和谐和进步，与公益组织合作，充分利用其权威性、公益性资源，搭建一个能让消费者认同的营销平台，促进市场销售的营销模式。生态民宿文化营销的社会责任之一就是呼吁人们保护生态环境。例如，邰青轩是江苏省民宿女主人联盟理事长、蝶梦山丘飞行民宿创始人。她经营的生态民宿不仅是住宿的地方，还是一个蝴蝶博物馆、自然教育学校、乡村会议中心和乡村美术馆。她通过定期开展公益活动，分享中华虎凤蝶研究的阶段性成果，并倡导人们保护生态多样性。此外，她还建立了"蝶梦山丘妇女微家"，提供民宿及农家乐方面的创业理念及技能的公益培训，帮助女性从业者提升综合职业素养。

(四) 故事营销

故事营销是一种通过讲述故事来传递品牌信息、展现品牌文化和价值的营销方式，它能够有效地吸引消费者的注意力，并与消费者建立情感联系。故事营销是生态民宿文化营销的最优选择之一，因为没有文化内涵的故事是空洞的、无聊的。例如，湖北峡州上民宿的创始人黄光华，原是堰塘湾茶业的业主。1993年，他因意外双腿截肢，之后的生活主要依靠茶叶种植作为经济来源，年收入仅四五千元。面对生活的困境和迷茫，黄光华没有放弃，而是决定进行二次创业，利用家乡的自然条件和茶园风光打造乡村民宿旅游。他的故事不但激励大家自强不息，更让游客和民宿之间产生了情感联系；不仅让消费者更加信任他，也为峡州上民宿赢得了许多忠实的用户和支持者。又如，成墨兰，山西省文水县北辛店村贺家大院一号院的民宿女主人，她通过发展生态民宿带动了乡村振兴，她不仅经营民宿，还带动村民种植红高粱、举办红高粱节，推动农副产品销售，实施高效农业计划。她的故事讲述了一位中国母亲正在努力成为经济生活里的主角。家庭里，她是细心的照顾者；职场上，她是扛事的社会人，许多游客因她的故事慕名而来。

生态民宿文化营销通过故事讲述来吸引消费者的例子很多，生态民宿利用地方传说和历史故事进行营销，通过故事讲述增强民宿的吸引力，让游客在故事中感受地方文化的魅力，同时被民宿主人自身的故事所感动、所激励，游客的口碑宣传会吸引更多的游客前来。

二、新时代创新文化营销理念的应用

生态民宿文化营销是生态民宿文化与市场营销的概念整合，是对传统的产品营销方式的超越，是基于生态民宿文化的一种代表未来方向的生态民宿市场营销方式。从生态民宿产品营销到生态民宿文化营销是生态民宿适应社会、适应消费、适应市场竞争的需要，是市场竞争由物质层面向文化形态升级的生动体现。新时代下，生态民宿文化营销也应与时俱进，吸收新的营销理念。

（一）与民族文化相结合营销

随着经济、文化一体化的趋势不断加快，企业在进行文化营销的过程中，文化差异对消费者消费观念及消费行为的影响可能导致文化障碍和文化冲突的发生，因此企业唯有深刻挖掘目标市场需求背后所蕴含的深层次的民族文化基因，注重将企业文化营销同民族文化密切结合，才能在异域异质文化背景下获取商业契机和营销成功的机会。例如，北京怀柔燕乔居手工编织民宿别具匠心地以红绳文化为贯穿线，把家纺、丝绸围巾、红绳定情手链等产品融合在一起，随处可见对红绳民俗文化的介绍和月老月下用红绳牵系男女婚姻的传说故事，让顾客不知不觉中被这些红绳文化所吸引，了解进而喜欢上这些古老的中国文化。特别是，床上陈列的充满喜庆色彩的婚庆套件，恰到好处地诠释了红绳所传递的喜庆、吉祥和美满的精神。这些仿佛都在无声地诉说着红绳文化的内涵，那就是"幸福"和"吉祥"。"红绳"在营销过程中，文化和产品互为载体、互为表里，产品加载文化得以提升价值，而文化具象为产品符号得以更广泛、更迅速地传播。

（二）与地域文化相结合营销

中国幅员辽阔、地大物博，由于地理环境、政治经济、风俗习惯等方面的差异，在漫长的历史进程中逐渐孕育形成了"百里不同风，千里不同俗"的地域文化。地域文化对区域经济和企业发展具有深远影响，这是不言而喻的。生态民宿若能借助地域文化开展文化营销，精准定位目标地域文化的特色，挖掘地域文化的精神内核，寻找地域文化的集体记忆，就能以地域特有的情怀唤醒消费者，在品牌与消费者的碰撞中产生情感共鸣。例如，2020年11月的"丁真热事件"，该事件摄影师胡波拍摄的一段仅7秒的短视频中，展现了丁真黝黑的肤色、穿着的藏族服饰以及清澈的眼神，这段视频迅速在网络走红，收获近500万点赞。随后，理塘县巧妙借助"丁真热"这一契机，将关注点导向理塘，将自然资源与人文资源相结合，借流量助力当地的生态民宿产业的发展。丁真以其独特的藏民形象和纯真的笑容迅速走红，不仅为自己赢得了声誉，也让他的家乡甘孜藏族自治州获得了前所未有的关注与游客。这种将个人形象与地域文化深度结合的做法，显著提升了品牌的差异化和竞争力。这种结合不仅能够让消费者通过品牌感知到其背后的地域风情和文化底蕴，还能建立起深厚的情感连接。

（三）与VR、AR、AI数字技术结合营销

随着技术的飞速发展，虚拟现实（VR）、增强现实（AR）以及人工智能（AI）已经成为推动文化营销的创新力量。生态民宿文化营销利用VR技术来解决宣传和展示的痛点，传统的"文字+图片"2D模式已经无法满足消费者对民宿文化特色和环境的全面了解需求。通过VR技术，民宿可以被全方位、直观地展示出来，也能预先感受入住体验。江西省的数游溪村民宿项目借助AR技术，通过实景三维重建和空间计算技术，为游客提供了一种全新的旅游体验。游客可以在虚拟环境中入住溪村的民宿，体验当地的自然风光和文化特色。AI的加入，为沉浸式体验增添了智能的维度。AI的算法能够根据用户的偏好和行为，提供个性化的内容推荐和互动方式，使每位游客都能获得独特

的民宿入住体验。

此外，数字技术与生态民宿文化营销的结合，还可以使生态民宿与客户建立起更加直接的沟通和联系，提升生态民宿的管理效率，推动生态民宿行业的智能化和个性化发展，为住客带来更高质量的居住体验，也为经营者带来更大的收益。

第三节　生态民宿运用文化营销策略时存在的问题及对策

2023年我国民宿行业新增企业注册量为9.03万家，同比增长140.30%。2024年上半年我国民宿行业已注册5.11万家民宿相关企业，同比增加24.6%。可见，民宿行业在我国得到了快速发展，消费者对民宿的需求不再局限于简单的住宿功能，而是希望获得更加丰富的文化体验和个性化服务。但数量的激增也相应地出现了一些管理上的问题，如产品文化内涵不足、缺乏情感共鸣、专业化人才短缺和可持续发展意识不强等。这些问题不解决将会影响文化营销策略在生态民宿中的运用。分述如下。

一、存在的问题

（一）文化内涵不足

生态民宿在文化营销中未能充分展现和传达当地文化精髓，导致游客难以体验到当地文化的特色和魅力。一是部分生态民宿业主把"文化"当噱头，内容设置往往与当地文化脱节，并未真正体现文化内涵。例如，千篇一律地提供西式早餐、下午茶等，无法让游客体验到独特的当地美食文化。二是部分民宿在建设过程中普遍重视基本住宿空间打造，而对民宿本应提供的文化场景重视不足。三是民宿在设计和建造上盲目照搬国外模式，本地特色不足。中式建筑却大量使用罗马柱、欧式拱门等元素，室内装饰堆砌舶来品，与当地文化毫无关联。

（二）缺乏情感共鸣

民宿主人是游客体验地方文化的载体和媒介，民宿新国标强调"民宿主人参与接待"，鼓励民宿业主或经营管理者努力彰显主人的精神气质，把个人的生活经历、品位喜好、家族传承贯穿其中、融入其内，把积极向上的生活情绪、精心细致的接待服务、喜乐悲欢的经验故事传递给游客，用"主人情怀"提升旅游民宿"心价比"，营造睦邻友好的人文环境氛围，打造属于游客的"远方的家"。但随着民宿爆发式的增长，民宿产品同质化严重，民宿主流水线的接待方式，导致顾客与民宿主人难以产生情感共鸣。例如，西吉县龙王坝村拥有 4000 亩的梯田景观，通过发展生态旅游，吸引了大量游客慕名前来，该村的民宿一条街得以迅速发展。但这一条街的民宿缺乏个性化和文化底蕴，民宿经营者呈现"千家一面"的现象，无法有效触动游客情感，限制了游客的忠诚度的提高和口碑传播。

（三）专业人才短缺

生态民宿在文化营销方面缺乏专业的技术人才，导致营销策略的制定和执行常常不到位。众所周知，民宿的经营者一般为民宿业主，一些民宿业主缺乏市场营销和文化传播的专业知识，难以制定有效的文化营销方案，往往还停留在"农家乐"的营销层面上。例如，上海崇明区的"顾伯伯民宿群"，以文化营销为突破口，将诚信、友善、注重服务的理念形成标语展示给游客，传递温馨家的理念。但编者在调研中也发现，顾伯伯民宿群的业主们多次表达，虽然他们在民宿文化建设上做出了特色，但因缺少专业人才的支持，发展受到限制，目前是一些 50 多岁的叔叔、阿姨在打理，对专业人才的短缺表示担忧。

（四）可持续发展意识不强

部分生态民宿业主忽视了可持续发展的原则，过度商业化，导致文化资源的过度开发和环境的破坏，在追求短期利益的过程中，忽视了对当地生态环境和文化资源的保护。例如，位于中国四川省阿坝藏族羌族自治州的九寨沟，因独特的景观资源、丰富的生物资源和传统的藏族民俗文化，赢得了"人间天堂"的美誉。但是，随着游客的蜂拥而至，九寨沟内忙着修葺旧屋，平地起新楼，几百户人家的旧屋都改建成了民宿、客栈。水泥、石灰、瓷砖、马赛克、卫星接收器等城市化的材料和设施遍布九寨沟，生态文化资源被严重破坏。

二、解决上述问题的建议

（一）增加文化内涵，打造特色产品

2022 年 3 月 21 日，文化和旅游部、教育部、自然资源部、农业农村部、国家乡村振兴局、国家开发银行联合发布了《关于推动文化产业赋能乡村振兴的意见》，该意见提出，要深入挖掘文化文物资源，充分展示地域特色文化，丰富乡村民宿文化内涵。要尊重历史文化风貌，合理利用自然环境、人文景观、历史文化、文物建筑等资源突出乡

村民宿特色。该意见的实施，无疑为文化产业助力民宿业发展提供了方向，为丰富民宿的文化内涵提供了支持。

近年来，在旅游市场中，消费场景的沉浸化成为流行趋势，尤其是以"沉浸式剧本"为代表的体验模式，其主要特征在于高度的互动性和沉浸感，打破了传统旅游的被动接受模式，让游客成为故事的一部分。而这样的模式也同样适用于民宿业，建议民宿经营者推出"民宿+沉浸式剧本"产品，将民宿的住宿体验与沉浸式剧本游戏娱乐相结合，为游客提供全新的互动和文化消费体验。例如，河南省洛阳市聚焦打造中国剧本娱乐之都，推出"神都奇幻志"全城实景剧本杀活动，通过精心设计的剧本和民宿场景布置，游客身着汉服身临其境地参与到剧情中，享受沉浸式的文娱体验，丰富消费场景。除此之外，民宿还可以推出更多的"民宿+产品"，如"民宿+非遗""民宿+故事""民宿+研学""民宿+剧场"等。建议生态民宿充分运用当地文化和资源禀赋，开发更多突出文化属性的特色产品。

（二）强化人文关怀，重视主人文化

随着生活水平的提高，消费者对精神和心灵层面的需求日益凸显，人文关怀及亲和力服务成为新的追求。众所周知，日本民宿因其贴心的服务和深厚的人文关怀而受到全球游客的推崇，他们为携带儿童的家庭提供便利，如儿童游乐区、儿童餐食、婴儿护理设施等；为老年人提供周到的配套设施，如厕所老年扶手、无障碍淋浴间、无障坡道等。而且，日本无障碍设计的成功经验已被纳入《上海手册·21世纪可持续发展指南·2017年度报告》中，成为全球城市治理的参考案例之一。建议民宿的经营者可以参考该报告，根据自身的情况，设计完善民宿的无障碍设施，强化人文关怀，了解游客的需求和期望。

民宿主人在了解游客需求和期望方面扮演着至关重要的角色，他们是民宿的灵魂，不仅是服务的提供者，也是文化的传递者，更是情感纽带的维系者。他们将自己根植于当地社区的生活空间中，为客人提供本土化、多元化、个性化及主客互动的服务。借此客人既能深度融入主人的生活环境中，体验到主人的生活美学，又能切实感受当地的自然风光与风土人情。另外，民宿主人的故事会通过入住过的客人口口相传。例如，笔者在调研上海市崇明区民宿游客来源的时候，崇明颐一民宿的主人就表示，他经营的民宿中有50%左右的客源都是因欣赏民宿主人的生活态度，客人介绍给自己的朋友、朋友再介绍给朋友构成的。因此，建议生态民宿主人重视主人文化的营造，提升游客体验，传播地方文化，加深情感连接，以区别于其他住宿形式。

(三)鼓励青年返乡,培养文旅人才

2020年1月19日,国家发展和改革委员会联合多个部门共同发布了《关于推动返乡入乡创业高质量发展的意见》(发改就业〔2020〕104号),该意见中指出,优化人力资源,鼓励青年返乡,各地可参照当地人才引进政策给予奖励、住房补贴等支持。例如,上海市的崇明区就启动了"燕归巢"人才项目,即崇明籍大学生回乡就业创业项目。其中,对于新近回崇明工作、并被列入当年度《崇明世界级生态岛建设人才目录》的青年人才,可连续5年享受每月最高1200元的租房补贴;对于回乡工作满5年、毕业于"双一流"院校的学生,可资助最高15万元的培养补贴。该项目是崇明区委结合崇明世界级生态岛建设新形势提出的人才战略举措,项目聚焦崇明世界级生态岛建设的人才需求,通过组织开展回乡实习、就业创业等项目,帮助崇明籍大学生深入了解家乡发展现状及前景,激发他们建设家乡的热情。建议生态民宿所在地的人社局、文旅局等相关部门可以参考崇民区的方法,对符合条件开展民宿创业的高校毕业生、返乡创业人员,提供相应的扶持政策。另外,建议民宿协会可以通过举办民宿管家技能大赛活动,评选推出优秀民宿主人、金牌管家和运营管理人才,这样生态民宿人才层次和结构会不断优化,人才综合素质会不断提高,最终促进文旅人才的良性循环。

(四)以标准为抓手,提升品牌价值

民宿常因服务质量参差不齐,没有统一的标准而被人诟病。建议民宿所在地的文旅局建立四星级、五星级民宿的定期复核及退出机制,进一步制定精细化、个性化服务标准,全面规范生态民宿的服务行为。定期组织开展民宿经营者、管理者和从业人员培训活动,并从发展理念、经营策略、服务技能、服务礼仪等方面进行考核,对于未达标的民宿提出整改措施。标准的制定和执行有助于民宿塑造专业的品牌形象,一个遵循标准的民宿会给人一种规范、可靠的感觉,只有在这样的基础上,才有利于推广生态民宿品牌,提升品牌价值。

有效的品牌经营能够使生态民宿在市场中获得更高的曝光度,通过品牌名称、标识、宣传口号等元素的设计和传播,让消费者更容易记住生态民宿。建议更多的生态民宿经营者不但要关注品牌建设,将地域人文历史、自然景观、生态文化等进行整合,形成生态民宿品牌,还要注重生态民宿的宣传与包装,特别是借助自媒体、互联网等,从生态民宿文化传播、与游客互动交流上提升生态民宿品牌知名度,提升生态民宿在市场上的竞争力。

第四节 生态民宿文化营销精选案例

一、国外案例：泰国 Chai Lai Orchid 生态民宿

（一）Chai Lai Orchid 生态民宿简介

1. 区位环境

Chai Lai Orchid 生态民宿位于泰国清迈湄旺县 Mae Win 区，坐落在 MAE WANG 河畔，河畔周围有多处瀑布，包括 Khun Puai 瀑布、Pla Duk Daeng 瀑布、Pong Noi 瀑布和 Pong Samit 瀑布等。MAE WANG 河畔是泰国清迈省湄旺国家公园（Mae Wang National Park）的一部分，这里以壮丽的自然风光和丰富的生态资源而闻名。从大的区位环境而言，Chai Lai Orchid 生态民宿所在地位于泰国清迈的美丽山谷之中。清迈，泰国北部的一颗璀璨明珠，享有"泰北玫瑰"的美誉。这里气候宜人，属于热带季风气候，全年温暖舒适。清迈的生态环境丰富多样，拥有广袤的热带雨林、清澈的河流和宁静的湖泊。同时，清迈的热带雨林为众多珍稀动植物提供了理想的栖息地和生长地，吸引着无数自然爱好者和科学家前来探索。这里的河流不仅是重要的水源，也为水上活动提供了绝佳场所。湖泊周边则是各种鸟类和水生生物的家园。清迈的稻田同样是一道亮丽的风景线，大片的稻谷在微风中摇曳，展现出宁静的乡村之美，并且稻田也是当地重要的农业生产区域，其为人们提供了丰富的粮食资源。再者，清迈还有许多自然保护区，这些保护区内森林茂密，为野生动物提供了安全的家园。游客可以在这里进行徒步旅行，亲近大自然，感受大自然的魅力。此外，清迈的文化与自然紧密相连，古老的寺庙和传统的宗教仪式与自然环境和谐共存，体现了人与自然的和谐相处。清迈的优质生态环境为当地居民提供了丰富的自然资源，吸引了大量的游客前来进行生态旅游，其采取系列有效的环境保护措施和可持续发展手段持续开展旅游活动。Chai Lai Orchid 生态民宿坐落于这样一个生态环境优美的区域，是一家极具特色的生态民宿。

2. 建设与经营现状

（1）建设情况

Chai Lai Orchid 生态民宿以其与大象共同生活的独特体验而闻名，其创办人是一位来自纽约的姑娘，她旨在帮助泰缅边境遭贩卖的女孩和长期受虐待的大象。她的民宿建设的初心就是倡导人与大象和谐共处，将生态小屋的设计融入自然环境，减少对生态的

破坏。还将民宿的盈利用于为当地女孩提供教育和工作机会，同时也让人们以友善的方式接触大象。

Chai Lai Orchid 生态民宿还和公益组织合作，致力于保护亚洲象，让小象能够和母亲待在一起，并在自然中生活。过去 10 年中，Chai Lai Orchid 民宿已经照顾、救助、喂养了 22 头亚洲象。该民宿的收入除用于帮助大象外，也致力于解决当地女性人口贩卖问题。

（2）经营现状

在 TripAdvisor 猫途鹰上，Chai Lai Orchid 民宿在夜旺地区的特色住宿中排名第一，显示出其在当地住宿市场中的领先地位。作为全球第一家大象生态旅游民宿，该民宿提供大象叫早服务，大象会在早晨来到你的房间窗户前，用鼻子敲窗户，叫醒你，并讨要香蕉吃；给大象洗澡，游客可以和大象一起在河里戏水玩耍；喂食大象，在大象丛林保护区，游客可以给大象喂食，与其拍照，并学习如何与它们交流。每只大象都有专属的驯象师，他们会向游客展示如何与大象交谈；开展与大象散步活动，游客可以与大象一起在丛林中漫步，体验与大象一起行走的乐趣。Chai Lai Orchid 生态民宿强调保护生态，让游客在享受自然美景的同时，也能学习如何保护亚洲象和它们的栖息地。Chai Lai Orchid 民宿提供私人徒步旅行，根据客人的兴趣和个人健康水平量身定制，客人可以探索当地 Pga k'nyau 人的文化传承，并了解他们可持续的生活方式。泰国的泼水节非常出名，Chai Lai Orchid 民宿会在泼水节期间组织或推荐游客参与清迈当地街头泼水的活动，尤其是给大象洗澡的活动更加受到欢迎，游客可以在给大象洗澡的同时，享受泼水的乐趣。

3. 主要文化营销策略

（1）节事活动营销

泰国泼水节，也称为宋干节，是泰国最重要的传统节日之一，也是泰国新年的庆祝活动。节日期间，人们互相泼水祝福，象征着洗去过去一年的不顺利，新的一年重新出发。Chai Lai Orchid 生态民宿结合当地特有的节事活动，给游客提供不同的体验，尤其是该民宿借助大象元素，让泼水节的体验更与众不同。

（2）公益营销

泰国有"大象之邦"之称，亚洲象在泰国不仅是力量和智慧的象征，而且在泰国文化和宗教中占有重要地位。亚洲象面临栖息地丧失、偷猎和旅游业开发等挑战。泰国仅剩不到 4000 头大象，其中许多大象被圈养或遭受虐待。Chai Lai Orchid 生态民宿积极地承担起了保护环境、动物和当地社区的社会责任。

（3）人与动物、自然和谐相处的生态营销

Chai Lai Orchid 民宿将自己定位为一个集生态旅游、文化体验和社会责任于一体的生态民宿，尤其是民宿的房间设计简洁环保，采用当地材料建造，融入自然环境中。大象就生活在民宿的周围。Chai Lai Orchid 生态民宿强调人与大象的和谐共处，同时关注当地社区的发展和环境保护，这种独特的生态营销策略吸引了大量热爱自然和文化的游客。

（二）案例分析

Chai Lai Orchid 生态民宿的成功经验可以从以下几个方面进行分析。

1. 大象元素与生态保护深度结合

Chai Lai Orchid 生态民宿让游客可以体验大象叫早服务、喂食大象、和大象一起散步、骑大象以及给大象洗澡等互动项目。在体验的同时，民宿业主还引导客人帮助和照顾大象，观察它们在自然环境中的行为，保护它们和它们的栖息地。

2. 富有特色的节事活动

泼水节是泰国最重要的传统节日之一，2024年泰国超级泼水节（4月1日至21日）创造了1403.35亿泰铢的总收入，高于泰国旅体部此前预计的1320亿泰铢收入。Chai Lai Orchid 生态民宿在组织游客参与泼水节活动中，不忘结合自身特色，充分挖掘大象元素，给大象洗澡，让游客在体验泼水节活动时，体会到不一样的泼水乐趣。

3. 积极践行社会责任

Chai Lai Orchid 生态民宿积极地承担起了保护环境、动物和当地社区的社会责任，不但得到当地居民的认可，还能引起游客的共鸣。

（三）案例思考题

1. Chai Lai Orchid 生态民宿文化营销的策略有哪些？
2. Chai Lai Orchid 生态民宿的社会责任表现在哪里？
3. Chai Lai Orchid 生态民宿文化营销的优势有哪些？

二、我国案例：浙江溪头村民宿集群

（一）案例简介

1. 区位环境

浙江溪头村民宿集群位于浙江省丽水市龙泉市宝溪乡溪头村。溪头村位于浙江省丽水市松阳县，远离城市的喧嚣，是一个静谧的世外桃源。溪头村坐落在仙霞山脉和洞宫山脉之间，距离松阳县城约40公里，交通便利。从县城出发，沿着风景如画的乡村公路行驶,大约一个小时即可到达。该村周边森林覆盖率高达92%,空气中富含负氧离子,被誉为"天然氧吧"。从气候条件来看,溪头村属于亚热带季风气候区,四季分明,温和湿润,夏季凉爽宜人,冬季温暖舒适。这样的气候条件非常适合农作物的生长,尤其是茶叶和竹子等经济作物和植物。由于良好的生态环境和保护措施,溪头村及其周边地区的生物多样性极为丰富。这里栖息着多种珍稀动物,如黑熊、穿山甲、白颈长尾雉等。此外,还有大量的昆虫和鸟类,吸引了许多生物学家和科研人员前来考察研究。溪头村不仅是一个自然生态良好的地方,也是一个历史悠久的文化村落。溪头村具有深厚的历史文化底蕴,拥有1400余年的历史,并拥有世界上最大的古龙窑建筑群。该村以深厚的青瓷文化和丰富的生态文化资源而闻名,是全球首个陶瓷类人类非遗"龙泉青瓷传统烧制技艺"的近现代传承地。除自然景观和文化遗迹外,溪头村还开发了一些特色旅游项目,如徒步旅行、山地骑行、农家乐体验等。游客可以在这里参与采摘水果、品尝地道农家菜、学习传统手工艺等活动,感受浓郁的乡土气息。

为了保护这片珍贵的自然资源,当地政府采取了一系列措施加强生态保护。例如,实施严格的森林防火制度、禁止乱砍滥伐、推广生态农业等。同时,还开展了环保宣传教育活动,提高村民和游客的环保意识。溪头村民宿集群的所在地溪头村在近年来取得了显著的成就,赢得了多个国内外重要奖项。2022年,溪头村被评为全国生态文明村,这个奖项认可了溪头村在生态环境保护方面的努力和成就。此外,2020年,溪头村荣获中国人居环境范例奖,该奖项肯定了溪头村在提升人居环境质量方面的创新举措和显著成效。2019年,溪头村被评为国家4A级旅游景区,这是对其较高的旅游资源丰富度、良好的服务质量以及较大的游客吸引力的官方认证。2018年,溪头村获得了国家森林乡村的称号,体现了其在森林生态保护和利用方面的卓越表现。溪头村的成功经验表明,通过科学规划和有效管理,可以实现生态保护与经济发展的双赢局面。

综上所述,溪头村凭借其优越的地理位置、丰富的自然资源和深厚的文化底蕴,成为一个备受瞩目的生态旅游胜地,而浙江溪头村民宿集群则是该区域典型的生态民宿代表。

2. 建设与经营现状

(1)建设情况

随着乡村旅游的兴起和民宿经济的发展,溪头村开始逐步打造具有特色的旅游品牌和民宿集群。2015年,在外闯荡多年的游子金朝军选择回乡继承父亲的古龙窑,传承古法烧制青瓷的技艺,并创建了"古窑里"民宿。他的这一举动不仅为溪头村的文化旅游产业增添了新的亮点,也为当地的经济发展注入了新的活力,推动了溪头村民宿集群的建设。此后,溪头村打造了包括龙窑文化中心酒店、溪头小筑、陌上归人、古窑里等在内的一批特色民宿27家,形成了特色民宿集群。这些民宿不仅提供住宿服务,还成为游客体验当地文化和生活方式的重要场所。

政府在溪头村民宿集群的形成过程中发挥了重要作用,实施了"百年回望"系列工程,包括活水进村体系、萤火虫峡谷、水车公园等,恢复了生态河床,重现了百年前的原生态模样。村中还建立了环境联保机制,将"溪中鱼和石,都是溪头宝,一个不能少"写入村规民约,实现了河道、森林等生态环境的常态化治理。2024年11月15日,在哥伦比亚卡塔赫纳举行的联合国旅游组织执行委员会第122次会议上,联合国旅游组织公布了2024年世界"最佳旅游乡村",溪头村入选,成为浙江省唯一入围的乡村。

(2)经营现状

溪头村深入挖掘龙泉青瓷文化内涵,创新探索"非遗+旅游"融合发展路径,建立"不灭窑火"共富工坊,开发传统工艺体验、研学教育、民宿等新业态。溪头村打造"溪游寻瓷记""不灭窑火"等文旅IP,并与周边6个乡镇22个村组建旅游联盟,以项目共建、产业共营、资源共享打造文旅大IP,推动区域共同发展。截至2024年11月,溪头村累计开展"不灭窑火""溪游寻瓷记""全国乡村春晚大集""环浙骑游天空越野赛"等特色活动200余场,年均接待游客20万人次。2023年累计带动就业460余人,人均年增收达2.1万元。随着文旅的深度融合,溪头村吸引国内外游客广泛关注和深度参与,中华优秀传统文化之美通过小山村跨越了国界,为世界人民所共享。

溪头村70%的村民从事旅游业,旅游收入在村民总收入中占比超80%,显示出村民高度参与民宿接待业和旅游业。溪头村民人均可支配收入从2015年的15 216元增长至2023年的36 187元,2023年全村旅游收入3500余万元,村集体经济收入超百万元,反映出民宿经营带来的显著经济效益。

3. 主要文化营销策略

浙江溪头村民宿文化营销策略主要体现在以下几个方面。

(1)文化遗产营销

溪头村民宿集群深入挖掘生态文化、竹建文化、龙窑文化,注重加强传统建筑的保护和利用,不断优化特色风貌,通过将青瓷文化底蕴、古村落的优美环境和独具特色的乡村地域文化引入产业升级中,以一村带动一片,将美丽环境逐渐转化成美丽经济,打造了"瓷源文化传承空间、现代艺术创作基地、瓷艺特色文化节点、龙窑文化演艺高地"等,以剧本展演的形式创新展现千年非遗技艺,带动游客沉浸式参与其中。

(2)文化IP营销

溪头村民宿集群依托"不灭窑火"文化IP的影响力,通过盘活闲置资源、跨区域联动合作等方式,开发了非遗体验、休闲观光、研学教育等新业态,建立了"不灭窑火"共富工坊,打造了国瓷馆展览厅、"茶瓷水"展陈空间、"不灭窑火"文化展示馆等新空间。通过这些新业态的发展,溪头村累计带动就业460余人,人均年增收达2.1

万元。

(3) 故事营销

溪头村民宿集群通过讲述金朝军选择回乡继承父亲的古龙窑的故事，尤其是他如何传承古法烧制青瓷的技艺的故事，增强了游客对品牌的认知和情感连接。同时，这些故事融入民宿的装修、服务和体验中，让游客在住宿的同时感受到品牌的独特魅力。

(二) 案例分析

溪头村民宿集群在竞争激烈的民宿市场中脱颖而出，其具体成功经验可以从以下几个方面进行分析。

1. "非遗+旅游"的融合发展

溪头村民宿集群创新探索"非遗+旅游"的融合发展路径，让千年青瓷焕发出新时代的生机与活力。

2. 品牌文化塑造与传播

溪头村民宿集群通过打造"不灭窑火"文化IP，推动品牌文化的塑造。"不灭窑火"重塑了龙泉青瓷的烧制风俗。在开窑之日，恢复了净手、上香、拜天祭地敬窑神、纳福、开匣钵、赏瓷等传统礼仪，并给游客安排了碎瓷、抢瓷、龙窑宴等特色体验活动。"不灭窑火"活动累计举办了100多场，成为具有地域标识的文化金名片，传播中国文化，吸引了世界各地的游客。

3. 生态理念的融合与践行

溪头村在"千万工程"推动下，构建乡村低碳生活体系，深度融合发展多元化旅游产业，放弃以牺牲环境换取短期利益的老路子，先后打响"治水战""环境整治攻坚战"等，改善了村庄环境，有效促进当地自然生态资源向经济价值的转化，实现生态保护与可持续发展。

综上所述，溪头村民宿集群成功地将传统文化与现代旅游相结合，打造了具有国际影响力的文化品牌，同时也推动了当地经济的发展和村民生活水平的提高。其文化营销的核心，即"文化激活+产业带动+专业运营"模式，实现了文化和旅游的深度融合，为生态民宿文化营销提供了可借鉴的经验。

(三) 案例思考题

1. 浙江溪头村民宿集群的文化营销策略有哪些？
2. 浙江溪头村民宿集群是如何打造文化IP的？
3. 浙江溪头村民宿集群如何确保其文化营销活动对当地社区和环境的可持续性的促进作用？

【本章小结】

生态民宿文化营销以生态文化为主题，以优良的生态环境为依托，以优秀的地域文化、独特的民俗风情、美好的生活态度等为核心内涵，创造难以替代的文化体验与生活方式，实现文化赋能和价值传递，引导消费者对环境保护、文化认同和绿色生活方式产生共鸣，向目标客户群体传递独特的文化价值与住宿体验，从而实现生态民宿品牌建设、经济效益和社会效益的提升。

本章通过理论分析与精选案例相结合的方式，多角度展现了生态民宿文化营销理念和文化营销策略。首先阐释了文化营销、民宿文化营销和生态民宿文化营销的基本概念，分析了生态民宿文化营销的七大特征，包括生态主题性、文化融合性、体验创新性、场景整合性、社区融合性、系统营销性和价值协同性。其次论述了生态民宿文化营销的重要性与价值，提出了生态民宿文化营销的主要策略。再次揭示了生态民宿文化营销策略运用中存在的问题，提出了解决这些问题的一些建议。最后，通过国内外案例的解读，总结了案例文化营销的成功经验，为生态民宿文化营销提供了理论依据和实操指导。

【本章思考与练习】

1. 请简述文化营销、民宿文化营销和生态民宿文化营销的概念，并说明它们之间的联系与区别。

2. 结合案例，分析生态民宿文化营销的七大特征在实际运营中的具体体现。

3. 以国内某一生态民宿为例，分析其在文化营销过程中存在的问题，并提出相应的解决策略。

4. 对比泰国 Chai Lai Orchid 民宿和浙江溪头村生态民宿集群，分析它们在文化营销策略上的异同点，以及各自的优势和可借鉴之处。

5. 生态民宿文化营销对于地方文化传承和经济发展有重要意义，请结合具体案例，阐述其在这两方面是如何发挥作用的。

第十章 生态民宿数字营销与精选案例

【本章导读】

在当今快节奏的时代，民宿不仅仅是一种住宿的选择，还是一种回归自然、体验在地文化的旅游方式。随着数字技术的不断渗透，数字营销不仅成为连接民宿与顾客的新桥梁，更是推动行业发展的新引擎。根据商务部、国家发展改革委等12部门2023年发布的《关于加快生活服务数字化赋能的指导意见》，住宿企业被鼓励进行数字化、智能化的升级改造，以实现文旅、住宿等业态的融合发展。生态民宿数字营销不仅能打破地域的限制，让民宿的美丽与故事跨越千山万水，触达每一个渴望探索的心灵，还能以其个性化的推广方式，让每一次的营销都精准对接到目标客群，实现情感与需求的双重共鸣。但在数字化的进程中，生态民宿业主也需要思考如何确保技术服务于体验，保持民宿的"生态"本色与"人文"情怀，而不是冲淡其难能可贵的自然与纯真。本章将带领读者走进一个既传统又现代、既生态又科技的生态民宿营销新世界，深入探讨在尊重生态自然与传承文化的基础上，如何利用数字营销的力量提升生态民宿知名度与吸引力的实践路径。

【本章知识结构】

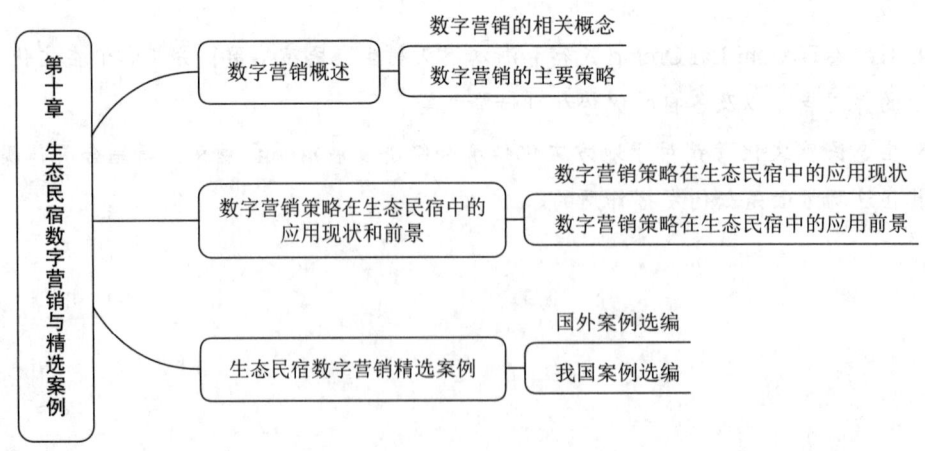

【学习要点】

1. 数字化营销与数字营销的概念以及两者之间的关系。
2. 数字营销的主要策略。
3. 生态民宿运用数字营销策略的现状与前景。
4. 生态民宿数字营销的案例分析及经验总结。

第一节 数字营销概述

一、数字营销的相关概念

(一)数字经济的时代背景

数字经济作为一种全新的经济形态,正在深刻地改变着各行各业的运作模式,并加速推动产业的转型与升级。依托现代信息技术的飞速发展,数字经济的创新与突破不仅为经济的高质量发展提供了强大的驱动力,还催生了诸多新的商业模式和增长机遇。党的十八大以来,我国高度重视发展数字经济,并将其上升为国家战略。在此背景下,国家《"十四五"旅游业发展规划》提出要充分运用数字化为旅游业赋予新动能,明确我国旅游业已经进入大众旅游时代,要利用数字化技术推动旅游业的高质量发展。国家将打造数字经济新优势、构建良好数字生态作为"十四五"时期的重要任务,为民宿业等住宿行业的数字化转型提供了坚实的政策支撑和市场环境。同时,数字经济也推动着以品质化和个性化为标志的新一轮消费升级,为住宿市场带来大量的需求增长点,也为民宿业发展带来了机遇及挑战。

民宿业在高新技术的加持下,迸发出新的活力,积极探索从传统的营销模式向数字化营销过渡的有效路径。民宿正在运用数字化的手段有效地优化营销模式,降低营销成本,为用户提供更精确的个性服务,以增强顾客的消费体验。

(二)数字化营销与数字营销

1. 数字化营销与数字营销的定义

数字化营销(Digital Marketing,DM)是指借助在线平台、数字技术等,通过各种数字营销渠道来实现组织营销目标的一种营销方式,包括但不限于推广、销售商品、服务、提升品牌形象等。数字化营销是利用数字技术全面改造和升级传统营销方式的过程，不仅仅局限于营销活动本身，而是涉及企业整体运营模式的数字化转型，包括客户体验优化、内部流程自动化、供应链管理等各个方面。数字化营销的目标是通过整合数字技术，提高营销活动的效率和效果，实现个性化的客户互动，并最终推动业务增长。

数字营销则是指使用数字媒体推广产品和服务的营销传播活动，是专门利用数字渠道进行营销的具体策略，是使用数字技术将非数字或传统渠道转换为数字化渠道的过程。它能通过数字工具制作以及数字平台传播将印刷广告、电视广告和其他传统营销形式数字化。数字营销涉及微电影营销、短视频营销、虚拟游戏营销、社交媒体营销、移动营销、搜索引擎营销和电子商务营销等多种方式。

2. 数字化营销与数字营销的关系

数字化营销侧重于将传统的营销方式通过技术手段进行数字化改造和升级，它涵盖了利用数字技术来改进和优化营销及运营的全流程、策略与工具的各个方面。而数字营销则更侧重于直接利用数字渠道来进行营销和推广活动。数字化营销是数字营销的基础和前提，而数字营销则为数字化营销提供了技术支持和数据基础，使得营销活动更加精准和个性化。总的来说，数字化营销是企业数字化转型的一部分，而数字营销是数字化营销在营销领域的具体实践，两者相辅相成，共同推动企业在数字时代的持续发展和竞争力提升。

3. 数字营销与人工智能

人工智能（AI）是数字营销的创新引擎和效率推进器，对营销领域的数字化转型产生深度影响。人工智能技术的应用能够通过数据分析、用户行为预测和个性化推荐等技术，极大地增强数字营销的效率和精准度。数字营销为人工智能提供了广阔的应用领域，使得人工智能的潜力在营销领域得到充分的实现和商业化应用。人工智能技术与数字化的深度融合，使得企业在营销领域实现从数据收集、分析到决策的全流程数字化与智能化，从而在激烈的市场竞争中抢占先机。例如，智能化系统就是基于数字技术实现的，通过收集和分析数据来实现自动化控制和优化。这种融合与交array，不仅体现在技术层面，更在战略和执行层面展现出其不可分割的特性。由于人工智能营销的重要性和复杂性，在本章中只简要提及一些人工智能在民宿数字营销中的应用，更多内容将在其他章节中深入探讨。

（三）数字营销的发展历程

随着技术的不断进步和应用，数字营销已经全面渗透到了各行各业，并且经历了从单向传播到双向互动、再到精准定位和智慧营销的演变。

1. 数字营销 1.0：基于 Web1.0 的单向营销

20 世纪 90 年代初，随着万维网（World Wide Web）的诞生和互联网的普及，企业开始利用互联网进行营销。这个时代的特点是网页"只读"，用户无法进行编辑，只能浏览信息或搜索信息，广告形式以横幅广告为主。其中，具有标志性的事件是 1994 年 AT&T 在 HotWired.com 上投放了全球首条互联网商业广告。因此，这一时期的特点主要是信息的单向传播，企业通过网站发布信息，而用户则是被动接收者。这种营销方式缺乏用户参与和反馈机制，使得营销效果难以衡量和优化。

2. 数字营销 2.0：基于 Web2.0 的互动营销

从 2002 年开始，随着 Web2.0 技术的发展，数字营销进入了 2.0 时代。用户参与度和互动性成为营销的核心。这一时期，社交媒体和用户生成内容（UGC）开始兴起，营销活动变得更加互动和参与性强，用户不再是单纯的信息接收者，而是可以参与到内容的创造和分享中，这使得营销活动更加个性化和社交化。

3. 数字营销 3.0：基于大数据的精准营销

2013 年被称为"大数据元年"，大数据在这一年成为互联网行业的流行词，大数据技术开始使得营销活动更加精准和个性化。企业通过收集和分析用户数据，能够更精准地定位目标市场，实现个性化推荐和定制化营销。这一时期的营销更加注重数据驱动和结果导向。

4. 数字营销 4.0：基于人工智能的智慧营销

2017 年，数字营销迎来了人工智能的"应用元年"。这一阶段的显著特征在于它拥有类似人类的智慧。近年来，随着人工智能技术的不断发展，营销活动正在不断地向智能化和自动化转变。通过机器学习和深度学习，营销系统能够自我学习和优化，实现更高效的用户洞察和更精准的营销决策。

二、数字营销的主要策略

随着技术的发展和用户行为的变化，数字营销的主要策略也在不断地演进。网商银行与飞猪 2024 年 3 月发布的《文旅小微经济观察》报告显示，2023 年民宿的营业收入增速超过酒店，美团、小红书、抖音等成为这些民宿获新客的主要渠道。以下是目前民宿在数字营销领域中常用的策略。

（一）视觉内容营销策略

视觉内容营销侧重于通过视觉故事讲述来吸引观众，增强品牌情感的连接。这种营销方式能够快速抓住用户的注意力，并在网络上获得较好的传播效果。

1. 微电影营销

通过制作具有完整叙事结构的短片、讲述品牌故事或产品特点，微电影以情感共鸣的方式吸引观众。这种方式能够在短时间内传达复杂的情感和信息，让观众对品牌产生深刻的印象。例如，四川彭州民宿的纪实短片微电影《遇见彭州》，通过真实的民宿体验和对当地文化的展示，让观众感受到彭州民宿的独特魅力和文化氛围。影片依托当地的生态和文化特色，巧妙融合细腻的镜头语言和引人入胜的叙事技巧，将彭州民宿的独特韵味与周围环境的和谐共生展现得淋漓尽致，加深了观众对彭州地区民宿的了解。

2. 短视频营销

短视频营销更注重快速吸引注意力和分享性。这种营销方式适合快节奏的社交媒体环境，能够迅速吸引用户的注意力，并鼓励用户进行分享，从而实现快速传播。例如，作为莫干山唯一的"树屋"民宿，树野民宿以其独特的造型和与自然融为一体的环境而闻名。该民宿利用短视频平台，发布了一系列展示其独特住宿体验和自然环境的短视频。视频内容聚焦于民宿独特的树屋设计以及与当地自然的融合，通过展示民宿的生态友好实践和新奇的住宿体验，吸引目标客户群体。这些短视频因其真实性和感染力，在社交媒体上获得了广泛的传播和积极的用户反馈。

3. 虚拟游戏营销

虚拟游戏营销通过提供在线游戏、虚拟现实体验等互动体验来吸引用户参与，增加品牌的记忆点和用户的忠诚度。这种营销方式能够让用户在娱乐中了解品牌，同时提升品牌的互动性和趣味性。例如，福建霞浦县的四礵列岛因其独特的自然风光和迷人的海景常被比作现实版的"塞尔达"游戏场景，当地的东壁民宿利用这一特点，通过定期更新当地与游戏场景相似的美景视频，吸引大量粉丝的关注。

（二）社交媒体营销策略

社交媒体营销主要通过运用多样化的社交媒体平台，有效实施品牌推广并与用户展开积极互动，借助内容的广泛分享、用户的真实评论以及社交网络的强大传播效能，来显著提升并扩大品牌的知名度与影响力。它以互动为基础，允许个人或组织生产和交换内容，并能够建立、扩大和巩固关系网络。

1. 抖音营销

民宿通过上传富有吸引力的短视频内容，结合抖音平台的算法推荐机制，能够迅速触达目标受众，激发用户参与和分享，从而在短时间内实现品牌曝光与用户黏性的双重提升。以全国文明村镇三亚博后村的民宿集群为例，它们抓住了暑期和欧洲杯等热点事件，将博后村打造成必游的美丽乡村目的地。通过"专场直播+达人推广+话题营销"的多维策略，博后村在抖音上引发了大量关注，全方位提升了海南三亚博后村的旅游吸引力和消费潜力。还如老君山伊畔清居民宿在2024年11月15日至12月14日这一个月内,搜索热度始终保持第一,这反映了其在抖音平台上的高人气和影响力(见表10-1)。

表10-1 抖音平台客栈民宿类POI①搜索热度Top 10数据概览

序号	POI名称	所在区域	POI热度指数	内容分	传播分	兴趣分
1	老君山伊畔清居民宿	洛阳	3342	1314	874	1154
2	西双版纳木可岚山南隐奢度假村	西双版纳	2821	1180	762	879
3	方若·桃花源度假村落民宿(蓝田店)	西安	2788	1153	760	875
4	心来·悦莱湾海景民宿	大理	2529	900	778	851
5	素隐伴山·全景Villa度假民宿	西双版纳	2443	798	748	897
6	北戴河海岸民宿	秦皇岛	2356	763	777	816
7	周至水街·烟火西院民宿客栈	西安	2309	1235	497	577
8	麦家优品·大野城市江景民宿	重庆	2294	1175	558	561
9	幸福里文旅度假民宿(帝都温泉店)	江门	2252	746	728	778
10	哈尔滨陆捌柒民宿(中央大街索菲亚教堂店)	哈尔滨	2230	776	649	805

(资料来源:巨量算数,2024年11月15日至12月14日)

2. 小红书营销

通过发布专业测评、使用心得或生活方式分享等形式的笔记,民宿能与用户建立深度连接,引导用户形成积极的品牌印象,并借助小红书的社交属性,促进口碑传播与品牌忠诚度的提升。例如,民宿公寓管理系统"订单来了"早在2020年4月就与小红书达成战略合作,合作伊始便助力超过200家民宿品牌顺利入驻小红书,让用户能够在小红书社区内一站式完成攻略查询至民宿预订的闭环流程。民宿商家可以结合自身需求,通过联动商品笔记等方式有侧重点地进行宣传与营销活动。截止到2024年12月15日,小红书平台上关于"民宿"话题的浏览量达到了29.1亿,总参与人数超过181万,其中粉丝活跃最频繁的时间为每天的21点至23点(见图10-1)。

---

① 根据巨量数据平台提供的说明,POI(Point Of Interest)可翻译为"兴趣点",在地理信息系统中可为某个建筑、景点、商铺。

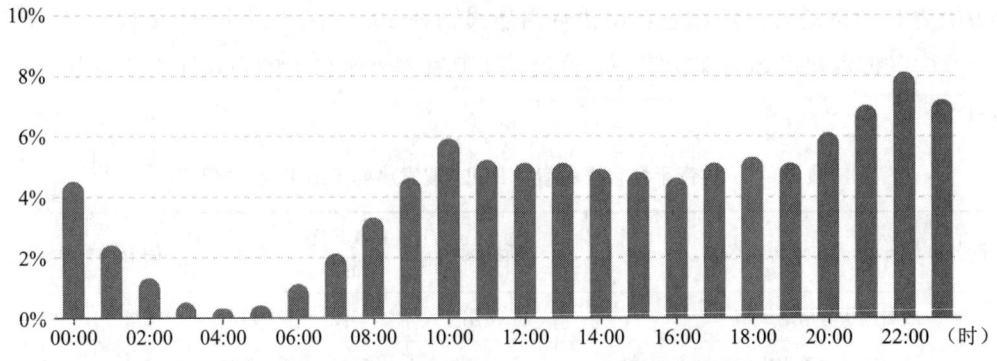

图 10-1　小红书平台 # 民宿 # 话题粉丝活跃时间分布图

（资料来源：灰豚数据，截止到 2024 年 12 月 15 日）

3. 微博营销

民宿借助微博信息快速流通与互动交流的特性，可以实现即时更新动态、发起话题讨论、举办线上活动等多种营销手段。通过精心策划的微博内容，结合热点事件与话题，民宿不仅能够快速吸引用户关注，还能有效促进用户间的互动与分享，构建品牌与消费者之间的紧密关系，进一步提升品牌知名度和美誉度。截止到 2024 年 12 月 15 日，微博平台上关于"民宿"话题的讨论量达到了 74.6 万，阅读量超过 7.5 亿，产出了海量的优质图文与视频，对民宿的品牌传播和营销推广起到了极大的推动作用。

除以上营销策略外，还有微信、B 站、快手、Instagram、Facebook、YouTube 等国内外社交媒体营销渠道，它们共同为民宿行业提供了多渠道营销的新机会。这些营销渠道如同一张紧密交织的网，全面覆盖了不同地域、不同年龄层、不同兴趣偏好的潜在客群。它们不仅丰富了民宿的营销手段，更能助力民宿品牌在全国乃至全球范围内实现知名度与影响力的双重飞跃。

（三）技术驱动营销策略

1. 移动营销

移动营销主要是利用智能手机和平板电脑等移动设备，通过移动应用、短信、移动网站等渠道与用户进行互动。对于民宿而言，专属的移动应用可以提供预订服务、客户服务和个性化推荐，同时借助预订确认、特别优惠、节日问候等短信提醒服务，可以增强客户关系。例如，安徽省黄山市的黟县徽黄旅游集团为促进民宿集群发展，创新研发了集票务系统、集散平台、管控平台、小程序等 7 个系统于一体的智慧旅游平台"徽黄游"，通过业态资源整合，吸引当地民宿进驻，在一个平台内实现品牌聚合、产品打包、统一营销，为游客、商户提供一站式服务及解决方案。截止到 2022 年 2 月，就有超过 140 家民宿酒店入驻"徽黄游"小程序，并实现线上预订服务。

2. 搜索引擎营销

搜索引擎优化（SEO）是一种通过分析搜索引擎的排名规律，以提高网站在搜索引擎中的排名和可见性的技术（见图10-2）。搜索引擎营销主要就是通过优化网站内容、结构和外部链接，使网站在搜索结果中获得更高的位置，从而吸引更多的访问者。民宿可以优化特定地理位置的关键词搜索，提升在搜索引擎中的自然排名，同时辅以投放付费搜索广告，吸引潜在客户点击并访问网站。例如，做民宿代运营和SEO优化服务的"智宿荟"公司，通过关键词上首页、搜索排名推广，以及百度知道、百度口碑、知乎等线上口碑营销等方式，解决民宿在网上搜不到和不被信任的难题。

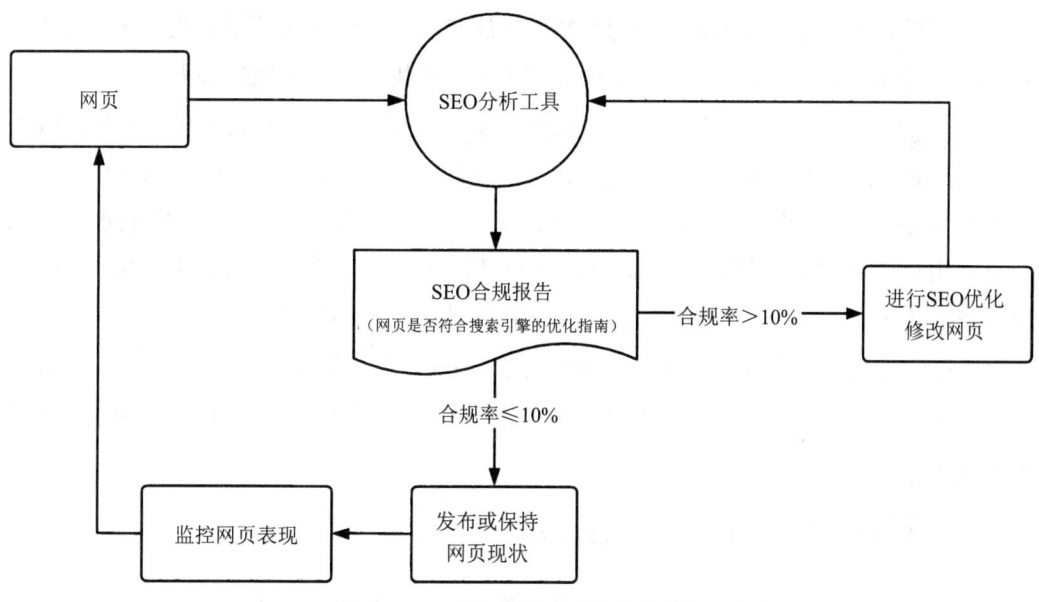

图 10-2　SEO 分析工具的应用架构

3. 电子商务营销

电子商务营销主要是指通过互联网和其他电子媒体进行的营销活动，它通过互联网平台的在线销售、推广、支付处理和交付服务等功能，实现产品的分销、销售、采购、营销和服务，如电商直播营销。民宿可以在电商平台上开设店铺，销售民宿体验套餐或相关商品，或者通过联盟营销与其他旅游相关网站合作，通过推广链接赚取佣金。途家民宿的县域房东报告《县城里发现宝藏中国》显示，县域民宿正成为我国民宿行业的新生力量，截止到2024年9月，途家平台上的县域民宿预订量与上一年同期相比增长超三成，县域房东的数量每年则以超过20%的速率增长。

第二节　数字营销策略在生态民宿中的应用现状和前景

一、数字营销策略在生态民宿中的应用现状

（一）数字营销渠道呈多元化与个性化

随着移动在线支付和物联网智能终端的发展和普及，数字化营销渠道的演进改变了人们以往消费购物的生活方式，为民宿业带来了新的机遇。大多数年轻人愿意接受无现金直接消费的新零售模式，越来越多的民宿开始利用数字化手段进行宣传和销售，线上线下融合的"新零售"现代民宿模式正在逐步发展。例如，浙江省杭州市西湖区、湖州市安吉县及德清县、温州市文成县及永嘉县这五地的民宿借助OTA平台进行网络分销，同时利用自媒体进行网络直销。而中国台湾民宿业者中至少有80%运用网站、博客、旅游资讯类网站等进行营销推广，并建立客户资源库。这种数字营销的创新应用还包括运营决策实时化和宣传营销精准化，通过大数据分析深入了解顾客的消费习惯、偏好及反馈，制定精准的营销策略，使得民宿从"曝光率"向"购买率"转换，实现从营销端到销售端的直接导入。

（二）主客共创成为数字营销的新动力

在数字化时代，顾客的角色也发生了显著的转变，他们不仅是营销的倾听者、服务的接受者，也成为内容的生产者和传播者。这种转变促使民宿业者在营销策略上做出相应的调整，以适应顾客新的角色和期望。民宿业者需要创造具有演绎性、娱乐性、延伸性、趣味性的话题和传播热点，以吸引目标受众的注意力并激发他们的兴趣。这些话题和热点既要与民宿的特色、文化和价值观相契合，同时也要能够引起顾客的共鸣，促使他们自发地在社交媒体上分享自己的体验和故事。顾客的这种积极参与不仅为民宿带来了宝贵的用户生成内容（UGC），而且通过口碑传播，增强了民宿品牌的可信度和吸引力。顾客的分享和推荐对于其他潜在顾客的决策过程有着重要的影响，因为它们被视为更加真实和可靠的信息来源。当前，民宿业主正积极利用KOL（关键意见领袖）营销策略来引爆网络热点，加强与目标受众之间的紧密联系。同时，深入挖掘网络传播内容的"槽点"，以期把控目标人群的情绪走向，深度了解消费者喜好。

(三)数字营销中的 AI 互动体验增强

数字营销与人工智能(AI)的融合正在为民宿行业带来创新的互动体验。通过 AI 技术,民宿不仅能够提升与客户的互动性,还能提供更加智能化的服务。例如,通过"民宿太空舱"等智能系统,民宿可以提供智能照明、智能温控、智能窗帘等高科技设施,提升顾客的参与感,也使得住宿体验更加人性化和科技化;社交媒体平台的即时反馈和 AI 互动功能,则能使民宿迅速响应客户需求,从而提升服务质量和客户满意度。在浙江省象山县泗洲头镇墩岙村,"畅游墩岙"小程序的开发运用了 AI 和大数据分析技术,为合作单位实时提供民宿资源、旅游产品信息,并能定制个性化旅游路线。通过分析客源、游客喜好和购买力等关键数据,该小程序为当地民宿等旅游企业的营销提供了有力的决策支持。

(四)数字营销在生态民宿应用中出现的问题

尽管数字营销为民宿行业开辟了新的机遇与广阔的发展空间,但与此同时,它也伴随着一系列的问题。

1. 民宿经营者对自媒体营销的认识不足

在数字化时代,自媒体营销的重要性日益凸显,但目前仍有部分民宿经营者未能充分意识到其价值。这些经营者在利用社交媒体平台进行品牌推广方面表现出一定的被动性,并且在创新自媒体营销策略以及与用户互动方面还有提升空间。在竞争激烈的市场环境中,这种状况可能使民宿错失吸引新客户和维护老客户的机会,进而影响业务的增长和市场竞争力。以浙江丽水某民宿为例,尽管其微信公众号拥有较多的用户数,但活跃用户数相对较少,限制了信息的传播效果和推广的广泛性。

2. 缺少营销矩阵统一规划

在数字化营销的不断演进中,民宿行业面临着多样化的营销渠道和工具的选择。尽管这为民宿提供了丰富的宣传手段,但在制定营销策略时,仍存在一些挑战。目前,一些民宿更多关注的是单一渠道的在线营销活动,而未能从整体角度出发,实现营销资源的最优配置。这种策略可能导致线上线下营销活动未能有效协同,影响资源整合的效率。例如,很多新开业的民宿为了迅速打开市场,在社交媒体平台上开设了多个账号,包括微信公众号、微博、抖音等,意图通过多渠道的曝光来吸引更多的潜在顾客。然而,这些账号之间的内容却缺乏连贯性和一致性,有的发布民宿的美景照片,有的则分享一些与民宿无关的心灵鸡汤,导致品牌形象显得模糊和混乱。

3. 重数据工具应用,轻数据分析与优化

一些民宿在新媒体平台上虽然已经积累了一定的曝光度,但如何高效地将这些流量转化为实际的预订和收入增长，依然是长期存在的难题。这一转化过程涉及内容的质量与吸引力、用户的互动参与度，以及从吸引注意到完成预订的转化路径设计等多个关键环节。在推进数字化转型的进程中，部分民宿可能过于侧重于数字化工具的应用与操作，却忽视了数据分析在决策支持、策略优化中的核心作用。这种重工具轻分析的倾向往往导致营销活动缺乏精准的目标定位、个性化的内容推送以及灵活的调整机制，从而未能充分挖掘和利用数字化工具所蕴含的潜力。以湖州市安吉县阿忠的家青梨民宿为例，自2019年开业至今，该民宿虽已发布了多达316条视频作品，并成功举办了50余场直播活动，但由于缺乏系统的数据分析能力和有效的数据驱动策略，其流量向实际预订的转化率始终不尽如人意。

二、数字营销策略在生态民宿中的应用前景

在数字化浪潮的推动下，民宿业正站在一个新的发展起点上。尽管相较于酒店行业，民宿业的数字营销尚处于起步阶段，其规模和成效还有较大的提升空间，但数字化的潜力和前景无疑是巨大的和光明的。随着数字技术的飞速发展，数字营销将成为民宿企业持续提升品牌影响力、吸引顾客、优化服务的重要手段。

（一）逐步发展为完整的数字营销技术体系

民宿当前主要是将基本信息进行数字化处理，如房间介绍、价格列表等。而随着技术的进步，民宿的数字营销未来将逐步发展成一个全面覆盖的技术体系，包括顾客数据洞察、内容创意管理、营销智能投放、顾客互动管理和营销效果分析等关键技术模块，其贯穿营销全流程，全面助力营销精准化、智能化。例如，构建完善的客户关系管理系统（CRM），通过数据分析深入了解顾客需求和行为习惯；利用邮件营销、短信推送等自动化营销工具，实现精准营销；整合各类数字渠道，形成统一的营销传播体系，提升品牌整体形象等。

（二）逐渐转型为双向高频的数字化社群运营

当前民宿的数字营销模式往往更多地表现为单向传播或者低频的双向互动，主要是向顾客单向传递信息，而顾客的反馈渠道和参与度相对较少。随着数字营销理念的不断深化，双向数字化社群运营将逐渐成为民宿主们新的营销趋势。民宿业主将更加积极与灵活地运用数字化手段，建立共享私域社群，与顾客建立更紧密的互动关系，提高民宿复购率。他们将提供数字产品、在线会员福利、数字场景体验等多样化的数字内容，以维持消费者的新鲜感和兴趣。未来，民宿将通过识别和聚集具有共同兴趣的消费者，重

点培育多维度且具有高潜力的社群，促进成员间的互动和交流。通过这种方式，民宿将更有效地与顾客建立长期的关系，实现口碑营销和顾客推荐，在吸引线上流量的同时，将同步加强线下的客户关系管理，有效推进流量转化为实际销售。

（三）从单一触点整合为全渠道营销

大部分民宿主要依赖某一或某几个在线营销触点来吸引顾客，如在线预订平台。然而，随着消费者行为的多样化和数字化技术的发展，全渠道营销与渠道融合将成为民宿行业营销的必然趋势。民宿将开始整合线上线下的各类营销渠道，如搜索引擎、社交媒体、电子邮件、移动应用等，构建起无缝连接的营销网络，最终形成全方位、多触点、高效能的营销生态系统。这种跨渠道的数据共享和协同营销策略，使得民宿能够最大化营销效果。无论顾客通过哪个渠道接触品牌，民宿都能提供一致而连贯的品牌体验。

（四）从视觉营销逐渐演进为数字感官营销

目前，数字营销中的感官互动大多限于视觉输入，而听觉输入的范围较小。作为当前热门策略的视频营销，主要侧重于通过精美的图片和视频等视觉元素来吸引消费者。而未来，随着大数据和人工智能技术的进步，在线环境将融合更多的感官体验，除了视觉，听觉、触觉、嗅觉等其他感官界面将越来越多地被用于在线顾客互动。民宿行业将通过触觉和嗅觉技术等数字营销的新策略，为顾客提供更加丰富和多元的感官体验。例如，民宿将通过嗅觉数字化技术，在顾客预订前就让他们体验到民宿的独特香气，从而增强记忆点和提升品牌辨识度；通过触感反馈技术的融入，将使顾客获得更加丰富和直观的体验，增加顾客的参与感。综合视觉、听觉、触觉、嗅觉和味觉等多种感官元素，民宿将能创造出多感官的沉浸式体验项目，打造出令人身临其境的体验，以有效传递品牌文化和价值。

（五）从地域营销逐渐跨越到国际推广

民宿作为地域文化的重要载体，其营销范围受地域因素的束缚，目前大多局限于周边地区或国内特定旅游市场。互联网和数字技术的快速发展将为民宿行业带来前所未有的全球化营销机遇。未来，民宿不仅仅是地方性的住宿选择，还逐渐融入全球旅游网络，为世界各地的旅行者提供独特的住宿期待与住宿体验。通过建立多语言网站和活跃在国际社交媒体平台上，民宿能够跨越语言障碍，向全球游客展示其详细信息。这种多语言、多平台的策略让民宿的宣传不再局限于某一地区，而是能够触及全球潜在客户。民宿还将借助更多的数字化工具，更加广泛地参与国际旅游交易和海外推广活动，与海外旅游机构和旅行社建立在线合作，拓宽客源渠道，增加国际曝光度。

（六）从数据分散利用逐步升级为数据中台驱动

随着数字化营销进程的加速，民宿行业正经历着数据积累的快速增长，包括顾客信息、预订记录和浏览行为等。这些数据目前分散在不同的业务系统和营销平台中，形成了数据孤岛，限制了数据的高效利用和价值发挥。展望未来，数据中台将成为民宿行业数字化转型的核心驱动力。它将推动营销活动从粗放式向精细化转变，实现数据资产的最大化利用。数据中台的构建或第三方数据中台服务的利用，将使民宿能够全面整合内部及外部的多源数据。通过先进的数据清洗、整合、分析和挖掘技术，数据中台将把原本分散的数据转化为有价值的营销洞察。随着数据中台的成熟和应用，这些洞察将为民宿提供更加精准的决策支持，助力制定更加个性化的营销策略。

第三节　生态民宿数字营销精选案例

一、国外案例选编

案例：Hibiscus 民宿的数字营销赋能

（一）案例简介

1. 区位环境

今归仁村位于日本冲绳本岛北部地区西侧，风景秀美，三面环海，海岸线曲折蜿蜒，是潜水和海滨休闲的绝佳地点。2021 年 7 月，冲绳岛北部与奄美大岛、德之岛及西表岛作为自然遗产，被联合国教科文组织世界遗产委员会列入《世界遗产名录》。

整个村落背靠郁郁葱葱的山林，四季分明，周边还有琉球王国及关联遗产群世界遗产（文化遗产）——今归仁城迹。今归仁村的历史可以追溯到 14 世纪，现在仍保留着传统的日本乡村风貌，石板路、木制房屋和古老的神社庙宇，都透露出一种古朴宁静的氛围。村里的生活节奏悠闲，民风淳朴，游客可以在这里体验到真正的日本乡村生活。尽管经济相对落后，年轻人纷纷离开，到城市寻求机遇，然而，村里的民调却显示，居住在这里的人幸福指数很高。Hibiscus 民宿就是坐落于这样集自然美景、历史文化和社区幸福感于一体的村落。

2. 建设与经营现状

今归仁村的命运在一位名叫上间宏明的村民手中发生了翻天覆地的变化。2009 年上映的电影《南方大作战》曾在村中取景,并临时搭建了小木屋。这个小木屋在电影拍摄结束后被留在了村里。作为村里的观光推进会会长,上间宏明抓住了这次偶然的机会,将这个小木屋改造成一家民宿,即 Hibiscus 民宿。在民宿的改造过程中,上间宏明十分重视环保和健康,充分利用了当地的自然资源,用纯天然木材打造所有的家具,墙上的石粉则是用海边捡来的石头和贝壳磨制而成。

为了解决民宿客人的餐饮问题,上间宏明还建立了一间具有昭和时代特色的居酒屋,名为北山食堂。这个居酒屋因其独特的装饰和地道的冲绳料理在社交媒体平台上迅速走红,甚至名气超过了民宿本身。由于 Hibiscus 民宿和北山食堂的存在,慕名来今归仁村旅游的人数不断增加,当地的旅游业得到了很大的发展。村里的年轻人也因此得以在家乡找到工作,不再需要外出打工。

3. 主要数字营销策略

Hibiscus 民宿充分利用 Instagram、Facebook、Twitter、YouTube 等社交媒体平台,将民宿的自然美景、环保设计、地道冲绳文化、独特的料理作品以及电影《南方大作战》的关联故事进行数字创作与包装,在线发布高质量图片和视频,以吸引并留住目标客户群体的兴趣。利用故事性和文化特色进行数字营销,上间宏明成功地将一个村庄的转型故事转化为了品牌的一部分。该民宿还通过评论回复、线上活动参与等社交媒体互动功能,增强用户参与感;同时收集用户反馈,优化后续营销策略。

为增强品牌的数字化形象,Hibiscus 民宿将北山食堂居酒屋的形象数字化授权给社交平台 Line。Line 使用了居酒屋的欧吉桑形象作为表情包,进一步扩大了民宿的数字影响力。通过这些策略,Hibiscus 民宿不仅提升了自身的品牌知名度,也为今归仁村的旅游业发展注入了新的活力。

(二)案例分析

Hibiscus 民宿通过数字营销,利用社交媒体平台、UGC 的分享传播和 Line 表情包的数字授权策略,成功地将品牌特色和文化故事传播给受众,实现了从品牌认知到市场渗透的全面突破,不仅在消费者心中树立了鲜明的品牌形象,还成功地将这一品牌形象转化为市场竞争力。

1. 数字营销矩阵的构建

Hibiscus 民宿通过在 Airbnb、Booking.com 等主流在线预订平台上注册并发布其特色信息,同时积极拥抱 Instagram、Facebook 等广受欢迎的社交媒体渠道,精心构建了全方位、多触点的数字营销矩阵。这一矩阵不仅聚焦于社交媒体平台与自媒体网络的广阔天地,更通过精准定位与策略布局,形成了强大的横向营销合力。Hibiscus 民宿深入结合这些平台上目标消费者的独特特点与潜在需求,以此为导向,精心策划并开展了一系列富有针对性的营销宣传活动。依托社交媒体强大的互动功能与打卡达人广泛传播的影响力，Hibiscus民宿成功吸引了大量顾客与潜在顾客的关注与参与，有效提升了其品牌知名度与顾客满意度。

2. 数字内容创意与品牌故事的关联

Hibiscus民宿通过创造高质量、富有活力的数字视觉内容，有效地展示了其迷人的自然风光、环保的设计理念以及独有的冲绳文化。特别是与电影《南方大作战》的结合，Hibiscus民宿不仅讲述了与电影相关的故事，还分享了民宿自身的转型历程。这种以故事性和文化特色为核心的数字营销策略，不仅增强了品牌的魅力，而且与游客建立了情感上的共鸣，提升了品牌的独特性和辨识度。

3. 数字化形象与品牌合作

Hibiscus民宿紧跟移动社交的潮流，利用表情包这一流行文化元素与年轻用户群体建立情感纽带。通过与Line平台的合作，将北山食堂的形象数字化，转化为广受欢迎的表情包，Hibiscus民宿显著扩大了其在数字领域的影响力。这种策略不仅提升了品牌的亲和力，而且通过表情包的传播，实现了品牌信息的自然扩散，同时增强了用户黏性。这种跨界合作模式是数字化营销的一次创新尝试，它不仅提升了品牌的知名度，而且通过数字产品的创新为民宿开辟了新的收入渠道。

（三）案例思考题

1. Hibiscus民宿如何利用数字营销实现了品牌认知的提升？

2. 基于Hibiscus民宿的成功经验，分析其他民宿在数字营销方面可以借鉴的策略和启示。

3. 考虑到今归仁村的经济和文化背景，评估Hibiscus民宿的数字营销策略是否具有可持续性，并探讨如何扩展这些策略以适应不断变化的市场。

二、我国案例选编

案例（一）：数字营销助力老君山民宿群转型

（一）案例简介

1. 区位环境

道教圣地老君山位于河南省洛阳市栾川县栾川乡，既是国家级自然保护区（1997年获评），同时也是世界地质公园（2006年获评）八百里伏牛山脉主峰。老君山集自然景观与道教文化于一身。老君山形成于19亿年前的大陆造山运动，造就了其千姿百态、群峰竞秀、拔地通天、气势磅礴的景观，塑造了其"华夏绿色心脏，世界地质奇观"的主题形象。同时，庙宇道观群历史悠久，道教文化源远流长，文物古迹众多。这样的自然与文化双重遗产，为老君山民宿群提供了独特的生态和文化背景，使其成为典型的生态民宿代表。

2. 建设与经营现状

近年来，洛阳老君山以其独特的营销策略和网红效应，成功跻身为顶流旅游目的地。老君山充分利用新媒体平台，将当地的"日落云海""冬日雪景"等美景进行病毒式传播，实现从"破产景区"到"网红景区"与"明星景区"的转变。数据显示，老君山在抖音平台的曝光量从2019年的2亿次，迅速增长到2021年的超过115亿次，成为名副其实的短视频景区王者。随着老君山知名度的不断提升，游客对其住宿品质的需求也日益增长，老君山进入了新民宿时代。

近年来，栾川把高端民宿作为文旅主打产品，顺应青年群体旅游消费取向的新变化、新特征，打造重渡沟、老君山、龙峪湾、县城四大区域民宿集群。当地在民宿建设中更加突出品质和调性，用体验"不一样"的生活方式，让更多游客"为一间房，赴一座城"。2024年上半年，随着高端民宿带动多元业态，栾川县累计接待游客732万人次，综合收入53亿元，同比分别增长5.7%、9.3%。

3. 主要数字营销策略

位于老君山周边的民宿群，积极拥抱互联网和新媒体，充分利用抖音、小红书、微信、微博、携程等互联网平台，开展了一系列富有创意和吸引力的营销活动，包括邀请短视频达人前来体验并分享民宿美图，借助达人的影响力和粉丝基础，扩大民宿群的知名度和影响力；捕捉社会热点和顾客兴趣点，结合老君山的自然风光和道教文化特色，创造了一系列与民宿群相关的热门话题等。

其中，旅迹民宿、半亩山涧民宿、伊家民宿、肆井民宿等民宿深耕抖音短视频营销，长期位列抖音老君山客栈民宿人气榜前列。该榜单是综合抖音平台真实用户的收藏、分享、有效评价、投稿、下单等行为评选而出的。而观山民宿、望月民宿、九间房温泉民宿等则通过在携程旅行网上的用心经营，成为携程口碑榜上被重点推荐的精品民宿。该榜单是综合携程网真实搜索、真实浏览、真实预订、真实好评等数据评选而出的。此外，矗立于栾川老君山景区海拔1866米悬崖边的悬舍民宿，在网络上凭借其开阔的观景叠拼大平层、超绝的观景视野以及独特的高空悬崖火锅体验，成功吸引了一众渴望新奇体验的游客。位于竹林、青山、绿水之间的竹溪朴民宿通过在抖音平台上传播自家周边美景，宣传与景区游览、汉服体验等组合的产品，在网络上打开了一定的知名度。

在注重线上营销的同时，老君山民宿群也积极开展线下活动。民宿纷纷依托老君山景区旅拍打卡、剧本娱乐、"夜游"等沉浸式、互动式、体验式的线下活动进行线上宣传。例如，通过社交媒体平台在线上进行预热和宣传，通过活动现场的氛围营造和互动体验，吸引更多的线下游客参与打卡分享，形成线上线下相互促进的良性循环。

（二）案例分析

老君山民宿群的转型成功得益于其独特的区位环境和有效的数字营销策略。老君山民宿群通过抖音、小红书等互联网平台开展了一系列创意营销活动，并成功地将线上流量转化为线下客流，实现了品牌的快速增长和市场扩张。

1. 短视频营销与病毒式传播

充分利用短视频平台的广泛影响力和快速传播特性，老君山民宿群持续制作与发布能展示自身特色和周边风景的短视频，形成短视频矩阵。老君山民宿群通过精心策划的内容和视觉冲击力强的画面来吸引大量用户的关注和转发，以实现病毒式传播。如将"日落云海""冬日雪景"等美景以创意短视频的形式发送到抖音等短视频平台上。此外，老君山及其民宿群通过线上线下的无缝对接，将线上流量转化为线下客源，通过在线传播线下活动的动态信息、活动集锦等内容，让潜在顾客更加直观地了解老君山民宿群的特色和优势，以增强顾客对民宿群的认同感和归属感。

2. 新媒体平台的 KOL 合作与话题营销

老君山民宿群积极邀请短视频达人、旅游博主等 KOL 前来体验，并分享民宿美图与体验感受。通过 KOL 的影响力和粉丝基础，民宿群得以快速扩大知名度和影响力。同时，结合老君山的自然风光和道教文化特色，创造了一系列热门话题，如 # 老君山民宿打卡 #、# 悬崖边的民宿 # 等，进一步吸引游客的关注和参与。通过 KOL 的真实体验和推荐，增强目标受众与潜在顾客的信任感。

3. 数字营销渠道的多样化

为了覆盖更广泛的目标市场，老君山民宿群采用了高度的渠道多样化策略。老君山民宿群充分利用短视频的直观性和传播力，在抖音等平台发布短视频内容，以吸引大量年轻用户的关注和喜爱。在携程、去哪儿等在线旅游代理（OTA）平台上，老君山民宿群同样投入了大量精力进行精细运营，通过获得良好口碑和排名来吸引更多通过 OTA 平台寻找住宿的游客。除此之外，老君山民宿群还积极利用微信、微博、小红书等社交媒体平台拓宽客源渠道，增加民宿的网络曝光度，以及与潜在客户进行多维度的互动。

（三）案例思考题

1. 老君山民宿群在短视频平台上发布的内容，在视频的主题、风格、创意元素等方面有何特色？

2. 老君山高口碑与高人气的民宿共同具备哪些产品优势？
3. 在实施 KOL 合作营销时，老君山民宿群需注意哪些潜在的风险与问题？

案例（二）：龙胜县平安壮寨民宿的数字化发展

（一）案例简介

1. 区位环境

龙胜各族自治县位于广西桂林北部的少数民族聚居区，于 2020 年被生态环境部评为"绿水青山就是金山银山"实践创新基地。其下辖的平安壮寨，以其壮丽的龙脊梯田景观和独特的壮族文化，成为乡村旅游的重要目的地。平安壮寨不仅是龙脊梯田的核心观景区之一，也是当地旅游发展程度较高的壮族聚居村寨。在这里，自然美景、民族文化和乡村旅游的和谐融合，使得当地的民宿成为生态民宿的典型样板。

2. 建设与经营现状

平安壮寨的民宿规模较大，主题风格多样。当地民宿群主要依托村寨的文旅资源，如梯田、吊脚楼等特色文化符号，营造出具有浓郁民族风情的住宿环境。民宿主题风格以民族风为主，房价则以经济型为主。

然而，尽管平安壮寨拥有得天独厚的自然风光和丰富的民族文化资源，但其民宿业的发展仍受到经济发展基础薄弱的制约。特别是在数字化转型方面，由于资金和人才的缺乏，平安壮寨的民宿业数字化发展相对落后。目前，当地大部分民宿依赖于传统的口碑营销和线下预订，服务范围有限，难以满足市场对多元化和个性化旅游体验的增长的需求。桂林旅游学院研究团队 2022 年 7—8 月进行的数字化经营调查显示[①]，平安壮寨民宿主要通过与携程、美团等在线旅游代理（OTA）平台合作，较少有民宿自建公众号或在抖音、小红书等社交媒体平台上主动进行营销推广。同时，数字预订和无接触入住等现代化服务也尚未得到广泛应用。当地超过三成的民宿经营者从未参与过任何数字化相关的培训。尽管绝大多数民宿主认识到数字化转型的必要性，但在数字化经营上的实际投入仍然较为有限，近七成的民宿进行数字化经营的年支出金额在 2 万元以下。

3. 平安壮寨民宿在数字营销策略实施中存在的主要问题

龙胜县平安壮寨民宿在数字化转型上的问题，既包括外部环境的限制，也涉及内部能力的缺陷。

（1）大部分民宿数字化基础设施配置不到位

平安壮寨的大部分民宿缺乏先进的数字化基础设施，数字化产品数量与质量都相对

---

① 资料来源：程芸燕，包兰凤，欧至睿，等.龙胜县平安壮寨乡村民宿数字化发展研究［J］.现代商贸工业，2023（5）：36-38.

较低。许多民宿仍旧使用传统的纸笔记录方式管理入住信息，缺乏前台入住系统等基本的数字化设备。房间内部也鲜有智能灯光、音乐系统等智能服务设备，这限制了当地民宿提供高端和个性化服务的能力。

（2）民宿业主数字化运营的专业知识缺失

由于缺乏专业的数字化运营培训，平安壮寨的民宿经营者在数字化营销、数据分析和在线客户管理等方面的能力都出现了一些不足。这种能力不足容易导致当地民宿在OTA平台上的产品展示缺乏吸引力，无法有效利用数字媒体内容采编技术和数字营销平台等。

（3）民宿数字化转型资金压力较大

数字营销需要投入足够的资金用于采购或租赁软硬件设备、培训员工和升级系统。然而，在平安壮寨，民宿业主对于数字化转型的经济承受能力相对有限。尽管多数业主表现出了积极的态度，愿意将营业收入的20%至30%投入数字化转型中，但实际上，他们每年能够用于数字化的经费往往仅限于1万至2万元。这样的资金规模，在一定程度上制约了数字营销活动的深度与广度。

（二）案例分析

通过上述案例数据可以看到，尽管平安壮寨民宿业在发展过程中遭遇了经济基础薄弱和数字化营销能力不足的双重挑战，但当地的民宿业主展现出了对数字化转型的积极态度和期待，这为该地区的民宿业提供了转型升级的机遇。具体来看，可以从以下几个方面进行数字化营销的优化与改进。

1. 基础设施数字化升级

平安壮寨民宿业主可以考虑引入性价比较高的智能化设备，以提升住宿体验；租赁第三方前台入住系统和客房管理系统，以提高运营效率。这些系统可以简化入住流程，减少人为错误，并提升客户满意度。

2. 通过培训与合作提高数字化运营能力

当地政府或行业协会组织可以为民宿业主提供专业的数字化运营培训，包括数字化营销、在线客户管理、营销数据分析等。当地民宿也可以与专业的数字营销公司合作，提升OTA、新媒体平台上的产品展示质量和市场宣传效果。

3. 通过多元化融资渠道缓解数字化转型资金压力

民宿经营者可以对数字化营销项目进行成本效益分析，以确保投资能带来较为明显的效益，从而提高民宿主对数字化营销投入的接受度。平安壮寨民宿可以通过多元化融资渠道缓解数字化营销的资金压力，探索除自有资金外的其他融资渠道，如众筹、政府补贴、银行贷款等，以降低单个业主的数字化营销成本。同时关注当地政府或行业协会的补贴或优惠贷款，以减轻升级资金负担。

（三）案例思考题

1. 在平安壮寨民宿的数字化营销转型过程中，哪些外部因素可能对其产生重要影响？
2. 考虑到平安壮寨民宿的资源和能力有限，你认为应采取怎样的策略来平衡短期收益与长期数字化转型投资之间的关系？
3. 在数字化营销实践中，平安壮寨民宿如何确保数据安全和个人隐私保护？

【本章小结】

本章深入探讨了数字营销在生态民宿领域的应用，从基础概念到实践案例，为读者提供了一个全面的视角。本章首先明确了数字营销的相关概念、发展历程，以及与数字化营销、人工智能的相互关系，并深入探讨了生态民宿在数字营销领域的应用现状、策略及发展前景，强调了数字营销在推动民宿企业数字化转型中的重要性。其次，在策略层面，本章详细介绍了视觉内容营销、社交媒体营销和技术驱动营销等多种数字营销手段。最后，通过国内外精选案例分析，展示了这些策略在实际应用中的效果与挑战，为民宿业主提供了宝贵的经验和启示，有助于他们在数字营销领域不断学习和创新。

【本章思考与练习】

1. 简述数字化营销与数字营销的区别。
2. 数字营销经历了哪几个阶段？请简要介绍每个阶段的特点。
3. 数字营销中的视觉内容营销有哪些具体策略？
4. 社交媒体平台如何成为生态民宿与客户互动的关键渠道？

第十一章 生态民宿 AI 营销与精选案例

【本章导读】

　　生态民宿，以其独特的方式，探索着自然之美与人文之情的和谐共生，致力于创造既满足现代审美要求又承载着丰富文化的居住环境。在数字化浪潮汹涌的今天，AI 营销作为新质生产力的创新代表，正悄然重塑着民宿行业的面貌，推动着生态民宿向高质量发展迈进。随着科技的飞速发展，AI 技术为传统的民宿营销注入了新的活力与无限可能。在 AI 的赋能之下，民宿不仅得以保留原有的传统韵味与文化底蕴，更增添了科技带来的便捷与智能。从在线预订到入住体验，从客房管理到周边旅游推荐，AI 技术在民宿的每一个环节都正在或者即将扮演至关重要的角色。它使得民宿在传承传统的同时，也展现出了现代感与未来感的光辉。如今的民宿，既散发着自然与传统的气息，又涌动着科技与未来的活力。在这一过程中，民宿业主们不仅要学习如何运用 AI 技术为生态民宿营销赋能，更要深思如何在科技的浪潮中坚守民宿的"初心"与"温度"。

【本章知识结构】

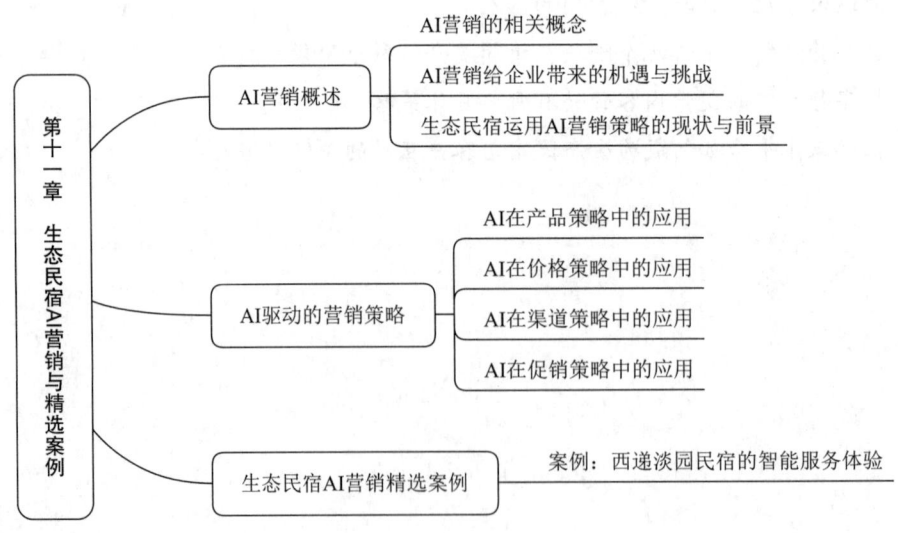

【学习要点】

1. 人工智能与人工智能营销的概念、人工智能营销的机遇与挑战。
2. 生态民宿运用 AI 营销策略的现状与前景。
3. AI 驱动的生态民宿营销策略。
4. 生态民宿 AI 营销的案例分析及经验总结。

第一节　AI 营销概述

一、AI 营销的相关概念

（一）人工智能

1. 人工智能的定义

英国杰出的计算机科学家艾伦·图灵在 1950 年提出了一个具有划时代意义的问题："机器能够思考吗？"这是对人工智能本质最早期的探索，其核心聚焦于机器与思考之间的关系。图灵奖得主约翰·麦卡锡在 1956 年达特茅斯会议上，首次正式提出"人工智能"这一术语。自此，人工智能作为一门独立学科正式登上历史舞台，同时也意味着人工智能领域正式成为科学研究的重要分支。

人工智能（Artificial Intelligence，AI），也被称为机器智能，是由人制造出来的机器所表现出来的智能。这种智能使机器能够感知周围环境，并基于这些感知采取行动，进而达成特定的目标。人工智能的使命是通过计算机系统或机械设备来实现人类智能的关键功能，涵盖学习、推理、感知以及自然语言理解等多个重要方面。人工智能追求的目标是开发能够自主思考、做出决策、学习新知以及适应环境变化的智能机器或软件系统，从而使其在复杂多变的环境中完成通常需要依赖人类智慧才能执行的艰巨任务。

中国人工智能学会与罗兰贝格于 2017 年联合发布的《中国人工智能创新应用白皮书》将人工智能定义为一门利用计算机模拟人类智能行为的科学的统称，涵盖了训练计算机使其能够完成自主学习、判断、决策等人类行为的范畴。中国国家标准化管理委员会发布的《人工智能标准化白皮书 2018》认为人工智能是利用数字计算机或者数字计算机控制的机器模拟、延伸和扩展人的智能，感知环境、获取知识并使用知识获得最佳结果的理论、方法、技术及应用系统。

在国务院发布的《新一代人工智能发展规划》中，人工智能被首次提升至国家战略层面；党的十九大报告也强调了推动互联网、大数据、人工智能与实体经济深度融合的重要性。人工智能被视为引领当前科技革命和产业变革的关键技术，具有显著的引领和带动作用，被形象地比喻为"头雁"效应。2022年，我国出台了首部专门针对人工智能产业的立法——《深圳经济特区人工智能产业促进条例》，其中对人工智能的概念进行了技术层面的界定：人工智能是指利用计算机或其控制的设备，通过感知环境、获取知识、进行推导和演绎等手段，模拟、延伸或扩展人类智能的技术。

综上所述，人工智能可以界定为一门利用计算机或计算机控制的设备来模拟、延伸和扩展人类智能的科学与技术。具体可以从两个主要视角来理解：模仿人类智能的"类人视角"和追求逻辑与决策的"理性视角"（见图11-1）。它涵盖了训练计算机系统或机械设备，使其能够完成自主学习、感知环境、获取知识、推理判断、决策制定以及自然语言理解等人类智能行为的关键功能。

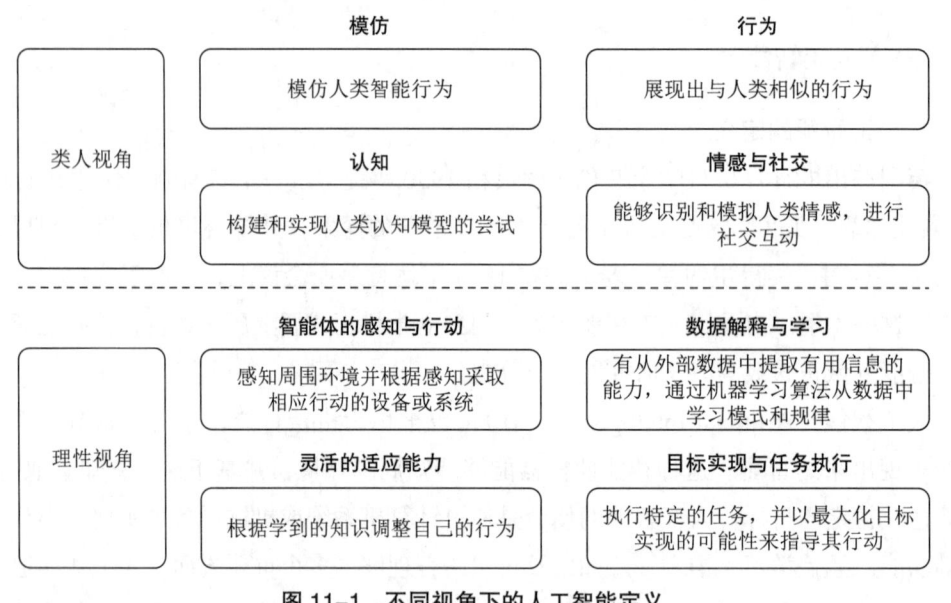

图11-1 不同视角下的人工智能定义

2. 人工智能的技术类型

人工智能的发展受到智能算法的持续演进、计算能力的迅猛提升以及存储技术的长足进步等诸多关键因素的影响。自2006年起，以深度学习为核心的机器学习技术在图像识别和语音识别等关键领域实现了突破性进展，为人工智能领域的高速发展注入了强大动力。人工智能领域近年来主要的创新性和突破性技术，涵盖了机器学习、自然语言处理、计算机视觉等多个技术类型（见表11-1）。

表 11-1 人工智能的主要技术类型

序号	技术	说明
1	机器学习（Machine Learning，ML）	通过训练数据构建模型，使计算机系统能够从信息中学习和自我决策。包括监督学习、无监督学习、半监督学习和强化学习等。
2	深度学习（Deep Learning，DL）	深度学习是机器学习的一个子集，使用多层神经网络来处理复杂的数据，能够自动提取数据的高级特征。涉及人工神经网络（ANN）、卷积神经网络（CNN）、循环神经网络（RNN）等。
3	自然语言处理（Natural Language Processing，NLP）	让计算机理解、解释和生成人类语言的技术，包括语音识别、语义分析和对话系统等。
4	计算机视觉（Computer Vision，CV）	用于图像和视频的处理，广泛应用于物体识别、目标检测、图像分割和视频分析等领域。
5	生成式 AI（Generative AI）	可以理解和生成各种类型的内容，包括人类语言、图像、音频等。包括大型语言模型（LLMs），如 GPT。
6	机器人学（Robotics）	涉及机器人的设计、制造、控制、感知、决策、交互等，旨在实现自动化和智能操作。

3. 人工智能的主要进展

（1）人工智能技术的快速发展

经过 70 多年的不断演进，人工智能领域已经从最初的机器学习、专家系统、神经网络等技术基础，逐步发展到如今以深度学习、强化学习等为代表的前沿技术，这些技术进步共同推动了人工智能的新一轮爆发式增长。

（2）大型模型平台的开发部署

通用的大型模型平台为机器学习、自然语言处理、计算机视觉、语音识别等人工智能技术的创新和应用提供了强大的计算和训练支持，促进了各垂直领域行业大模型应用的开发与部署。

（3）生成式人工智能的加速到来

2022 年 12 月，OpenAI 发布了生成式大语言模型 GPT-3.5，将机器对人类语言的理解推向了新的高度。2024 年 2 月，OpenAI 推出了文本生成视频大模型 Sora，被誉为"世界模拟器"，其对真实物理世界的理解和还原能力远超人类想象。这些技术突破使得越来越多的人相信，能够像人类一样思考、具备多种用途的通用人工智能将成为现实（见图 11-2）。

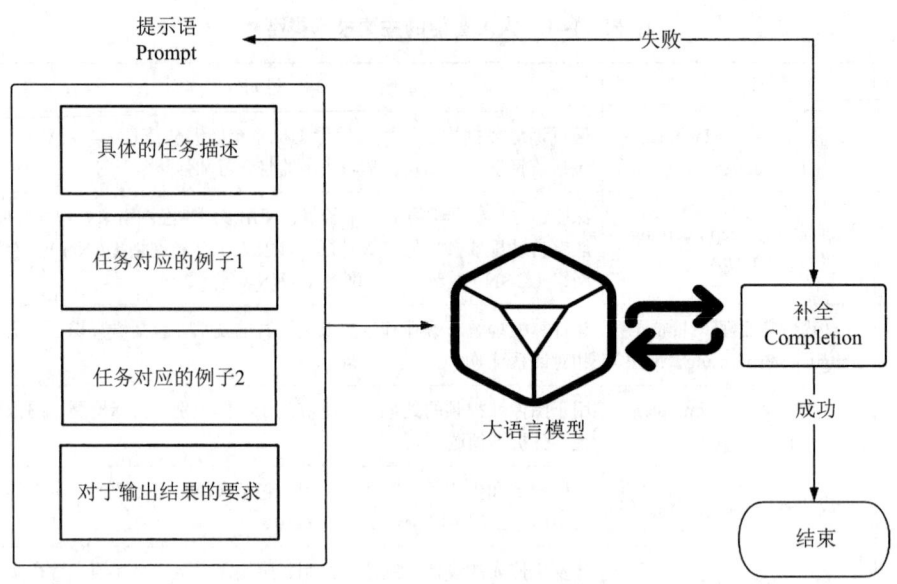

图 11-2　大语言模型指令任务指导流程示例

（4）基础设施建设的关键支撑

人工智能对算力的需求正以指数级增长。据 OpenAI 公司测算，从 2012 年开始，全球 AI 训练所用的计算量呈现指数增长，平均每 3.43 个月便会翻一倍，10 年间计算量已扩大 30 万倍，远超算力增长速度。根据《算力基础设施高质量发展行动计划》，2023 年我国算力总规模达到 230EFLOPS，智能算力占比 30%。同时，人工智能数据资源的重要性日益凸显。多模态和跨模态数据集的建设对机器学习、自然语言处理、计算机视觉、语音识别等人工智能技术的发展起到了关键的支撑作用。

（5）智能产业应用的颠覆重塑

随着大模型在语义理解、视觉感知和逻辑推理等方面的能力的突破，各行业将迎来一场深刻的颠覆与重塑。大模型将为未来产业发展注入"智能"，并引发产业竞争新格局。当前全球人工智能产业规模正迅速增长，预计 2030 年我国人工智能核心产业规模将超过 1 万亿元。

（二）人工智能营销

人工智能的蓬勃发展为营销领域开辟了崭新的机遇和创新解决方案，推动营销活动向智能化方向发展。诸多国内外处于行业领先地位的企业已然积极投身于人工智能营销的布局之中。在消费者洞察层面，Netflix 巧妙运用名为"Layer 6 AI"的人工智能应用，更为精准地预测用户的兴趣偏好，开展极具个性化的内容推荐服务。字节跳动早在 2016 年便着手建立人工智能实验室（AI Lab），凭借其强大的人工智能技术为旗下平台源源不断地输出海量优质内容，成功应用于抖音等热门产品当中。在广告投放领域，Google所推出的广告工具"Auto Ads"借助机器学习技术，协助营销人员精准确定广告的最优投放位置。媒体公司 Source Media 则运用自然语言理解与机器学习技术精心开发高度定制化的内容策略。阿里巴巴凭借人工智能系统"鲁班"，制作并投放契合不同用户需求的"千人千面"海报。科大讯飞的智能广告平台创新性地引入语音识别技术，引导用户参与语音互动环节，并依据所获取的语音信息精准提取用户生物特征，从而推送与之匹配的商品信息，高效地拉近了品牌与用户之间的心理距离。在智能客服方面，Facebook精心打造的虚拟助手"M"具备强大功能，能够全方位协助用户完成购物、预订酒店、安排行程等多样化任务。阿里巴巴的未来酒店更是实现了由 AI 智能机器人提供诸如送餐等一系列贴心服务的创新模式，极大地提升了用户体验。智能化发展是人工智能营销的具体形式，是数字化背景下的智慧产业建设的产物，也是未来民宿业发展的新角度。

1. 人工智能营销的基础

（1）大数据与人工智能技术的融合

人工智能营销的根基在于大数据与人工智能技术的紧密结合。数据构成了人工智能营销的基石，也是其运作逻辑中的核心。在数字化时代，用户的各种在线行为和产品属性数据以多种形式被实时记录和产生，形成了规模庞大、生成速度快、类型多样的大数据。这些数据的深入分析和学习，为人工智能营销提供了丰富的原料，而人工智能技术则是实现这些数据价值的关键。

（2）人工智能技术的关键组成部分

人工智能技术的关键组成部分可以从数据的输入、分析、输出三个阶段来理解。输入阶段涉及计算机视觉、语音识别、自然语言理解等技术，负责将外部信息转化为机器能够理解的结构化数据。分析阶段，机器学习技术通过多种智能算法从数据中识别模式、提取知识，并进行智能决策或预测。输出阶段，自然语言生成、图像生成等技术将分析结果转化为人类可理解的形式，直接服务于营销决策或营销活动中的智能任务，如智能客服的自动响应和用户互动。

2. 人工智能营销的特征

人工智能营销最核心的特征是智能性，可以从以下三个方面来认识。

（1）全方位智能化处理

人工智能营销通过其智能性在数据处理、分析、决策制定和任务执行方面实现了全方位的智能化。它不仅突破了传统营销在处理非结构化数据和预测准确性上的局限，而且能够迅速分析和学习来自不同渠道的大规模多样化数据集。这种能力使得人工智能营销能够展现出对市场趋势的灵活适应能力和实时预测的精准性，有效理解和响应用户行为的微妙变化。

（2）任务执行的智能化与情感智能

在任务执行上，人工智能营销展现了高度的智能化，特别是在机械智能、分析智能、情感智能等方面取得了显著进展。人工智能技术能够在一定程度上替代营销人员执行日常和重复的任务，为用户提供更加丰富和人性化的营销服务。例如，融合了机器学习和自然语言理解的智能在线客服系统，不仅能够迅速理解并回应用户的基础查询，还能识别并响应用户的情绪变化，使得每一次的用户互动都更加温暖和富有人情味。这种智能化与情感智能的结合，为人工智能营销在任务执行上提供了强大的支持。

（3）决策制定的智能模拟与扩展

在决策制定方面，人工智能营销不再单纯依赖于人类智能的局限性，而是通过模拟并扩展人类智能来实现。它能够将海量数据中的信息提炼成知识，这些知识成为制定营销战略和战术的基础。人工智能营销不断吸收新知识并更新现有知识库，以实现更优的营销成效。无论是缩小方案选择范围以确定最佳解决方案的常规任务，还是在开放性任务中生成并评估不同方案以实现最佳预期效果，人工智能营销都展现出其智能模拟与扩展的能力。

3. 人工智能营销的目的

（1）提升营销效率和效果

人工智能营销的核心目的在于通过深度学习和数据分析，提炼出对营销决策至关重要的消费者行为和市场趋势。这种技术使营销活动能够快速响应市场变化，精准预测需求，实时监控营销成效，增强活动的适应性和互动性，从而密切企业与消费者之间的联系。

（2）促进企业与用户的价值共创

人工智能营销的最终目的是实现价值共创。人工智能营销不仅提升营销效率、降低成本、增加销售额、优化产品和服务，还能极大地改善消费者的搜索和购物体验。通过减少消费者的等待时间，他们能够轻松获取感兴趣的信息和个性化服务。企业通过满足消费者需求而获得增长，同时消费者因获得了更好的产品和服务而提升满意度，实现了双方价值的共同增长和最大化。

4. 人工智能营销的相关理论

（1）拟人化理论（Anthropomorphism）

这是一种将类人的特征、动机、意图或情感赋予非人实体的倾向。在营销领域，该理论常被用来研究消费者如何用人类的特征来评价 AI，以及这种评价如何影响消费者对 AI 服务的接受度和满意度。

（2）恐怖谷效应（Uncanny Valley）

该效应描述了当一个类人机器人非常像人，但实际上却不是人时，人们对其的反应会突然从同理心转变为反感的状态。在营销中，这个理论被用来探讨类人 AI 如何影响消费者的情感和行为反应。

（3）社会存在理论（Social Presence）

该理论主要关注的是"和另一个人在一起的感觉"，在人工智能营销中，它被用来研究消费者如何感知与 AI 的互动，并评估这种互动对他们的满意度和忠诚度的影响。

（4）社会认知理论（Social Cognition）

该理论关注人类如何编码、存储、检索和处理有关同种成员的信息，它包含"温暖"和"能力"两个维度。在营销领域，这个理论常被用来分析消费者对 AI 服务的评价，如顾客喜爱度、满意度、忠诚度等。

（5）心理所有权理论（Psychological Ownership）

该理论涉及人们对物品产生的所有权感觉，以及这种感觉如何影响他们对 AI 服务的评价。心理所有权通常体现在接受能力、吸引力和可操控性这三个方面。

（6）个性化服务理论（Personalization）

该理论强调在服务交互过程中个性化顾客和服务体验的重要性。在人工智能营销中，个性化服务理论被用来研究 AI 如何通过记忆和学习来提供更加个性化的服务，从而提升顾客参与度和满意度。

（7）人—代理信任理论（Human-Agent Trust）

该理论探讨了人与 AI 代理之间的信任问题，以及这种信任如何影响消费者对 AI 服务的接受和使用。代理 AI 的拟人化增强了信任恢复力，即抗信任崩溃的能力。

除以上被广泛认可和研究的主流理论外，在理解和分析人工智能在营销中的应用和影响时，一些其他的相关理论，如思想感知理论、社会网络价值共创理论、感知行为控制理论、补偿性消费理论、韦纳社会行为理论、相似吸引理论、集群理论等也可以提供更多维度的视角。

二、AI 营销给企业带来的机遇与挑战

（一）AI 营销给企业带来的机遇

1. 个性化营销与顾客体验的增强

通过 AI 技术的深度挖掘和分析顾客数据，企业能够精准把握每个顾客的独特需求和行为偏好。这种基于数据驱动的方法使企业能够在适当的时机提供定制化的产品和服务，从而显著提升顾客体验。通过预测顾客的未来需求，AI 技术帮助企业为顾客提供有针对性的解决方案，增强顾客互动的个性化和响应速度，从而提高顾客满意度和忠诚

度。此外，AI驱动的工具，如聊天机器人和虚拟助手，不仅简化了顾客服务流程，提升了顾客体验，同时也为企业带来了更高的投资回报率。这些智能工具通过即时反馈和解决问题，帮助企业以更高效的方式管理顾客关系，从而在激烈的市场竞争中保持企业的竞争优势。

2. 精准化定位与营销效率的提升

在AI的助力下，企业能够通过精准营销策略实现目标顾客群体的精确识别和营销活动的优化，从而显著提升营销活动的精准度和效率。AI的预测分析能力使企业能够深入理解市场动态和消费者行为，减少无效的营销投入，从而提高营销投资的回报率。通过大数据分析，AI技术能够构建细致的用户画像，实现对用户需求的精准把握，并据此制定个性化的营销策略，提升营销活动的针对性和有效性，同时增强用户体验。AI技术在品牌定位、产品推广和消费者个性化需求分析中的应用，使得企业能够更精准地满足市场需求，实现营销资源的优化配置，提升整体营销效率，为企业带来更高的市场响应速度和顾客满意度。

3. 自动化流程与运营效率的优化

AI技术在自动化执行重复性任务方面的应用有巨大潜力，尤其在顾客服务和数据分析等领域，不仅能提升企业的运营效率，还能显著降低人力成本。通过将日常烦琐的任务交由AI系统处理，企业能够释放宝贵的人力资源，使团队能够专注于更具战略性和创新性的工作，从而推动业务流程的优化和创新。在内容创作和营销领域，企业能够借助AI技术自动化生成符合特定受众需求的内容，进一步提升营销活动的效果。AI系统还能够根据品牌的调性和目标群体的偏好，系统化地创建和评估内容，确保内容的质量和相关性。这种自动化的内容生产方式不仅提高了内容营销的效率，还确保了内容策略的一致性和精准度，为企业在激烈的市场竞争中赢得了宝贵的时间和优势。

此外，随着智能主播和数字人技术的发展，企业还可以利用这些虚拟角色来增强与消费者的互动，提供更加生动和个性化的体验。智能主播和数字人作为AI技术的一部分，能够在无须人工干预的情况下进行直播、视频制作和顾客互动，极大地扩展了企业的内容营销能力和顾客服务范围。这些虚拟角色可以根据预设的脚本和品牌信息，自动生成吸引人的内容，同时保持品牌的一致性和专业性。

4. 大数据分析与决策支持的升级

通过快速处理和分析海量市场数据，AI技术能够揭示市场趋势和消费者行为的深层模式，从而帮助企业做出更迅速、更精准的商业决策。企业能够借助AI进行更为精细的市场预测和竞争情况分析，洞察竞争对手的营销活动和消费者的潜在期望，进而制定出更具针对性和竞争力的策略，如预测分析和模式识别。在营销领域，自然语言处理、机器学习和情感分析等多个方面的AI技术的运用，能够提升企业在决策过程中的效率和准确性。企业可以利用这些技术获得对顾客生命周期和市场趋势的精确洞察,从而优化营销策略,提升业务表现。AI技术在市场洞察与决策支持方面的作用,不仅增强了企业对市场变化的适应能力,也为企业提供了一个在激烈的市场竞争中保持优势的强大工具。

5. 创新驱动力与竞争优势的构建

AI技术作为企业创新的催化剂,通过深入分析消费者的反馈和实时监控市场动态,赋予企业快速响应市场变化的能力。这种敏捷性使得企业能够及时捕捉新的市场机会,迅速推出创新的产品和服务,从而在竞争激烈的市场中保持领先地位。AI不仅加速了产品开发周期,还提高了服务的个性化水平,使企业能够更好地满足消费者的多元化需求。此外,企业可以利用AI挖掘潜在的增长点,优化资源配置,提高运营效率,从而在竞争中获得优势。

(二)AI营销给企业带来的挑战

1. 数据隐私与信息安全的保护

在AI技术的引入过程中,企业不可避免地需要处理和存储大量顾客数据,这不仅关乎数据隐私和安全问题,还涉及合规性问题。企业必须严格遵守数据保护法规,如欧盟的通用数据保护条例(GDPR)等,确保顾客数据的安全和合规使用。这要求企业投入相应的资源来加强数据保护措施,防止数据泄露和滥用,同时建立起顾客对企业处理数据的信任。数据隐私与安全问题的复杂性要求企业在技术、流程和文化上进行综合管理,确保数据处理的透明度和安全性。

2. 技术投资与持续维护的成本

AI技术的研发和维护需要大量的资金投入,这对于资源有限的企业,尤其是中小企业,可能构成重大挑战。企业需要评估投资的可行性和成本效益,平衡短期和长期的成本和收益。这包括硬件、软件的投资,以及AI技术的日常运营和维护成本。企业必须在有限的预算内做出明智的投资决策,确保技术投资能够带来预期的商业价值。

3. 技术依赖与风险管理的机制

随着企业对AI技术的依赖性增强,任何技术故障或数据错误都可能成为企业运营中的脆弱环节,增加企业面临的风险。企业需要建立全面的风险管理机制,以应对技术故障、数据错误等风险。这包括建立备份系统、灾难恢复计划和业务连续性计划,确保企业能够在出现技术故障时快速恢复业务运营,减少对业务的影响。此外,"决策黑箱"和"信息茧房"等常见问题也影响着消费者对AI推荐的信任度和体验。

4. 伦理问题与社会责任的应对

AI技术的引入,尤其是在自动化和决策过程中,可能引发伦理问题,如算法偏见、就业影响等。企业在采用 AI 技术时需要谨慎处理这些问题，并遵循伦理框架以确保可持续发展，考虑社会责任，确保技术的公正性和道德性。这要求企业在设计和部署 AI 解决方案时，要考虑到潜在的伦理和社会责任，确保技术的透明度和公平性，避免对特定群体的不公平影响。

5. 专业人才与技能发展的短缺

目前大部分营销人员对于人工智能如何作用于营销过程和决策还不太清楚。因此，在人工智能的营销场景应用中，较多地关注技术的应用，而忽视了人工智能营销实践对用户心理与行为产生的影响。这需要企业加大员工在 AI 方面的培训或招聘具有 AI 技能的新员工。企业需要建立持续的人才培养和技能提升机制，确保员工能够适应 AI 技术的发展，提升员工的 AI 技能，以满足企业发展的需求。同时，企业也需要吸引和保留 AI 领域的专业人才，以支持企业的 AI 战略和创新需求。

三、生态民宿运用 AI 营销策略的现状与前景

（一）生态民宿运用 AI 营销策略的现状

随着人工智能（AI）技术的进步和普及，民宿也开始尝试运用 AI 营销策略来提升自身的竞争力和市场份额（见图 11-3）。

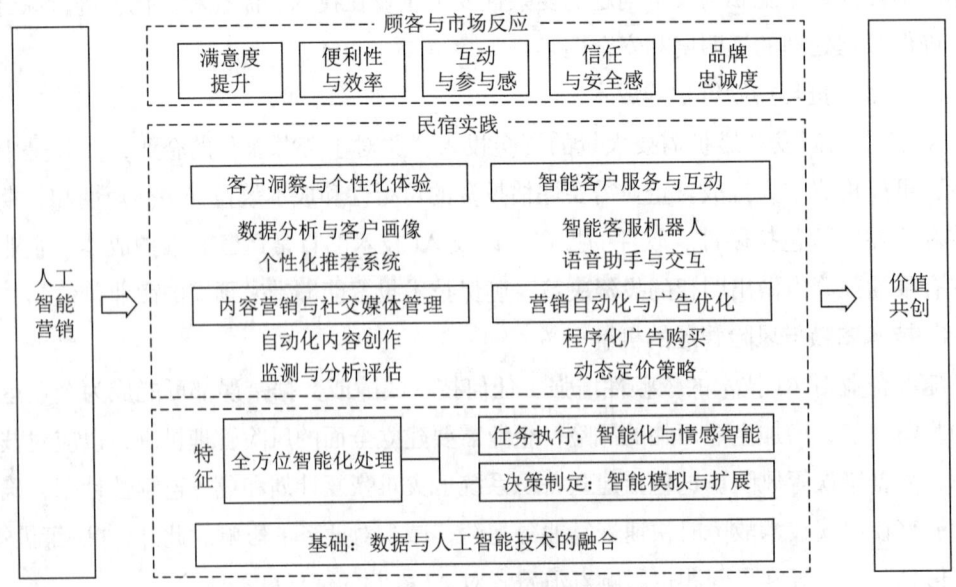

图 11-3 民宿人工智能营销架构

1. 客户体验的实践：个性化推荐系统

民宿通过集成AI技术，能够根据顾客的历史预订数据、偏好和行为模式，提供个性化的住宿推荐（见图11-4）。这种定制化的服务不仅提高了顾客满意度，也增加了预订转化率。如Airbnb利用机器学习算法分析用户行为和偏好，提供个性化的住宿搜索结果和旅行建议；同时也关注社交媒体上的热门话题和趋势，以吸引更多注重体验和环保的顾客。旅游业首个垂直大模型"携程问道"，基于约200亿旅行数据和20亿行程数据，能够辅助用户进行民宿等产品的预订以及提供行程规划的决策建议。

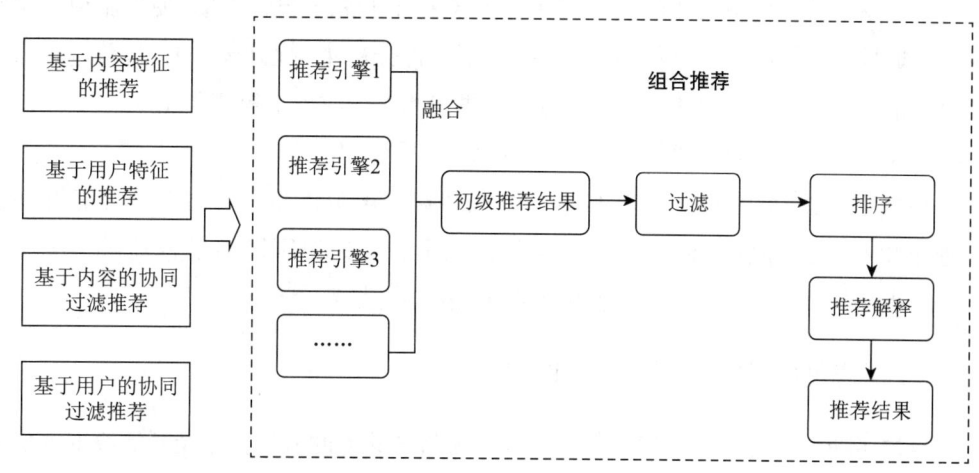

图11-4　个性化推荐系统背后的AI算法思想

2. 服务效率的提升：全智能客服管家

一些民宿开始使用AI驱动的客服系统和聊天机器人，来实现全天候不间断的客户服务。这些智能系统能够快速响应顾客咨询，解答疑问，并处理预订事宜，提高了服务效率和顾客体验。例如黄山市一支百合智慧民宿借助人脸识别、人工智能等技术，使民宿主人无须与客人面对面接触，就能完成入住、退房等一系列流程，既弥补了传统民宿在安全性和人员登记方面的不足，又减少了客人的排队时间，让客人享受到高科技带来的便利。

此外，一些高端民宿系统还引入了智能管家系统，为游客在房间的体验提供全方位助手。智能管家系统能够控制房间内的灯光、温度、窗帘等，根据游客的喜好和需求进行个性化设置。游客只需通过语音指令或手机APP就能轻松操控房间内的各种设备，享受智能化的居住体验。

3. 内容营销的产出：AI辅助创作

民宿开始尝试借助AI辅助创作工具来提升内容的创作效率、质量和吸引力。AI工具能够为民宿提供语言风格建议、图像编辑和视频制作支持，使内容更加生动和专业。

根据用户输入的关键词、主题等信息，不仅能自动创作小红书"种草文"、抖音短视频文案、朋友圈分享文案，还能生成专业的博客文章和邮件营销内容，全面覆盖各类社交媒体和营销渠道的宣传文案写作风格，极大地缩短了创作时间，提高了写作效率。例如，腾讯智影 AI 平台为民宿提供素材搜集、智能配音、数字人播报、在线剪辑、协作审片等视频生产全链路的智能创作新方式，帮助民宿高效产出新媒体营销内容。

4. 市场响应的方式：动态定价策略

AI 技术能够帮助民宿实现动态定价，根据季节性、市场需求、竞争对手定价等因素，自动调整房价，以最大化收益。例如花筑奢·山鲤桃花开民宿通过使用旅悦集团研发的"金蟾蜍·智能收益管理体系"，将携程平台评分从 4.5 提升至 4.9，订单量超出周边竞争民宿近 20%，节假日 RevPAR（每间可供出租客房收入）提高了 10%。

5. 沉浸式体验的探索：增强现实（AR）和虚拟现实（VR）

一些民宿开始运用 AR 和 VR 技术，为顾客提供虚拟体验，使潜在顾客能够在预订前通过虚拟方式体验民宿环境，增强预订吸引力。如途家民宿平台提供"房屋复制""AR 看房""百米导航"等功能实现民宿虚拟导览服务。

（二）生态民宿运用 AI 营销策略的前景

在科技飞速发展的当今时代，人工智能作为其中的关键力量，已经开始改变人们的生活和工作方式，并展现出了巨大的发展潜力。生态民宿领域在运用 AI 营销策略方面总体来说，虽然还处于起步阶段，但随着技术的不断发展，其在生态民宿中的应用将会越来越广泛，从而为民宿营销带来新的机遇。

1. 从单一的住宿管理到顾客的全周期管理

在 AI 的赋能下，民宿未来将更加精准地捕捉潜在顾客需求，优化预订流程，提供个性化的入住体验，并在顾客离店后持续维护关系。自然语言处理技术的不断进步，将使智能客服更加敏锐地洞察并响应住客需求，确保每位顾客都能感受到无微不至的关怀。未来基于 AI 的一站式旅游服务，民宿可以让顾客更加方便地预订民宿、购买景点门票、预订交通工具等，所有服务都能实现无缝对接与协同运作。

在顾客洞察与获取环节，AI 将通过行为分析精准定位民宿潜在客户群体，洞察市场动态和顾客需求，实施动态定价策略，根据不同季节、日期、房型和竞争环境灵活调整房价，以最大化收益。制定高效的营销策略，提升民宿的市场曝光度和预订量，进而优化入住率。在预订与转化环节，AI 将助力民宿针对有旅游意向的特定地区人群进行精准广告投放，吸引更多顾客预订，确保民宿在竞争激烈的市场中保持领先地位。深入分析顾客的历史消费行为和偏好，从而提供量身定制的服务推荐，包括专属旅游行程和个性化餐饮选择。在入住体验环节，AI 技术将根据顾客的偏好和需求，提供定制化的服务和体验，如智能房间设置、个性化娱乐推荐等，确保顾客的每一次入住都是独特而难忘的。在顾客服务与支持环节，AI 将通过实时监控顾客的满意度和需求，及时提供帮助和解决方案，确保顾客在入住期间的每一个问题都能得到迅速而有效的处理。在顾客反馈收集环节，AI 将通过自动化的反馈系统，收集顾客的意见和建议，为民宿的持续改进提供数据支持。在顾客关系维护环节，AI 将帮助民宿通过个性化的沟通和定制化的忠诚度计划，维护与顾客的长期关系，鼓励顾客的重复预订和口碑推荐。

2. 从同质化竞争到品牌差异化的加强

在 AI 技术日益成熟的背景下，生态民宿将迎来品牌个性化的新纪元，在激烈的市场竞争中实现品牌差异化。AI 的高级分析能力将使民宿能够深入挖掘自身的特色资源，通过对比竞争对手的市场定位和顾客反馈，精心制定出独树一帜的品牌策略。同时，利用 AI 的深度学习能力，民宿将能够精准识别并强化其核心价值主张，体现在独特的室内设计、地方文化深度体验或是定制化的服务流程等方面。AI 的预测模型将进一步帮助民宿在市场中脱颖而出，通过细致的市场分析，精确识别并锁定目标客户群体，为他们提供量身定做的营销信息和服务。

AI 技术的应用将不仅限于提升顾客满意度和忠诚度，更将在顾客心中塑造一个独特而深刻的品牌形象。通过 AI 的持续辅助，生态民宿能够在坚守核心价值的基础上，不断进行创新和策略调整，以灵活应对市场的变化和顾客需求的演进。此外，AI 还将助力生态民宿在品牌传播上实现创新，通过社交媒体、在线评论和顾客互动等多渠道收集的数据，AI 能够为民宿提供实时的品牌健康监测和优化建议。这将使民宿在维护品牌形象的同时，也能够及时响应顾客的反馈，进一步巩固其在市场中的独特地位。通过这样的品牌个性化策略，生态民宿将能够在竞争中稳固其差异化优势，吸引并留住更多的顾客。

3. 从单一业态发展到更多的跨界合作

AI 技术的应用将为民宿带来前所未有的跨界合作机遇，通过与旅游、文化、科技、农业等多个领域的企业建立合作伙伴关系，共同开发创新的产品和服务，包括结合 AR/VR 技术的沉浸式体验、智能化的旅游路线推荐，以及与当地农场合作的农耕体验项目等。AI 的数据分析能力将帮助民宿深入了解顾客需求，从而设计出更加个性化和有吸引力的服务。如通过分析顾客的旅游偏好和行为模式，AI 可以推荐定制化的旅游套餐，或者与当地文化活动相结合，提供独特的文化体验。此外，AI 还可以帮助民宿实现智能化管理，如通过智能家居系统提升住宿体验，或者利用大数据分析优化运营效率。随着 AI 技术的不断进步，生态民宿将能够提供更加丰富多样的旅游体验，满足不同顾客的个性化需求，从而在竞争激烈的市场中获得优势。通过 AI 的辅助，民宿不仅能够提升服务质量，还能够降低运营成本，实现可持续发展，为顾客提供更加舒适、便捷、个性化的住宿体验。

4. 从被动环保到环境影响的最小化

AI 技术作为催化剂，未来将帮助生态民宿更好地实现环境保护，推动生态民宿在可持续发展方面的创新和实践，实现从被动环保到主动追求环境影响最小化的积极转变。通过智能能源管理系统和环境监测系统，民宿将可以实时监控能源消耗和环境影响，采取有效的节能措施和环境改善策略，减轻自然环境的负担，实现运营的绿色转型。

通过 AI 的辅助，生态民宿不仅提升自身的环境责任，也为顾客提供更加健康、可持续的旅游体验。AI 的预测分析能力将使民宿能够根据季节性变化和顾客行为模式，预测能源需求，进一步实现节能减排。AI 技术还将助力民宿在服务和产品开发中融入绿色理念，如通过大数据分析顾客对环保住宿的偏好，设计和推广环保型的住宿体验。此外，AI 还可以帮助民宿在营销活动中强调其对可持续发展的承诺，吸引更多具有环保意识的顾客，从而提升品牌形象和市场竞争力。

5. 从经验决策到数据驱动的决策优化

随着人工智能和大数据技术的飞速发展，生态民宿行业将从依赖个人经验和直觉的传统决策模式，向更加科学、精准的数据驱动决策模式的演进。在以往的生态民宿运营中，民宿业主往往依赖于个人经验来做出决策，如选址、定价、制定营销策略等。这种决策方式受到个人偏好和认知偏差的影响，可能导致决策不够全面和客观。随着大数据、物联网、区块链、云计算和人工智能等技术的集成，未来生态民宿行业将可以利用这些先进的技术手段来收集、分析和应用数据，从多个维度了解客户需求，从而优化营销决策过程。物联网技术实现了设备间的互联互通，为 AI 提供了数据收集的基础；大数据为 AI 分析提供了丰富的数据资源，提高了预测的准确性；云计算为数据存储和计算提供了强大支持，确保系统高效运行；区块链技术则为数据安全和交易透明度提供了保障。这些技术都将提高民宿业主决策的科学性和准确性。

第二节　AI 驱动的营销策略

一、AI 在产品策略中的应用

（一）AI 驱动的产品创新与优化策略

1. AI 提升设计效率和质量

AI 技术能够应用于最小可行性产品（MVP）设计等产品设计流程中，显著优化设计流程,提高设计决策的准确性,并加速产品原型的迭代过程。同时 AI 工具的引入还能极大地提高设计师的工作效率和设计质量,AI 与设计师协同工作,加速了设计过程并拓展了创意空间。例如由万华普罗米与美团联合,携手生境科技共同打造的国内首个由 AI 辅助设计的住宿样板房,通过智能算法辅助,快速生成样板房并优化房间整体设计方案,确保了样板房在美观性、实用性和创新性上的卓越表现。

2. AI 增强产品个性化和创新性

AI 技术使得民宿产品设计更加个性化和创新,借助 AI 可以使客房内的照明、温度和娱乐系统根据顾客偏好自动调整,提供更加舒适的住宿环境。此外,AI 还可以通过分析民宿顾客的预订习惯和偏好,提前为顾客提供定制化的旅游套餐和优惠活动,从而提升顾客的忠诚度和复购率。例如,爱彼迎利用人工智能算法分析用户的历史预订数据,包括目的地选择、住宿时长、价格偏好等数据,当用户再次打开应用时,会根据其过往习惯在首页推荐可能感兴趣的民宿房源,并提供周边配套的定制化旅游套餐,如当地特色美食体验券、热门景点门票优惠组合等。对于一些老顾客,还会在其生日或纪念日临近时,推送专属的折扣码和个性化祝福,有效提升了顾客的忠诚度和复购率。

3. AI 简化操作流程与用户体验

通过自然语言处理(NLP)和机器学习,AI 可以提供更直观的用户界面和更自然的交互方式,减少用户的学习曲线,使得产品操作更加简单化,提高产品的易用性。如 Google Home 智能音箱,用户可以通过简单的语音命令控制智能家居设备、查询信息,甚至进行购物,大大简化了操作流程。民宿引入 AI 自动化预订和入住流程,可以简化预订流程,通过人脸识别或移动应用快速完成入住手续,减少前台等待时间。

(二)AI 在产品生命周期不同阶段的营销策略应用

1. 引入期的 AI 市场分析

在产品开发初期,AI 技术通过数据分析和机器学习算法帮助识别市场趋势和消费者需求,从而促进创新和创意的生成;通过优化生产流程和质量控制,提升制造效率。对于民宿而言,情感分析和消费者行为预测等 AI 市场分析工具,能够识别潜在顾客群体和预测市场趋势,从而精准定位目标市场,制定有效的市场进入策略。例如,位于杭州西湖风景区的湖漾雨桐民宿,在建造之初,就通过聪普智能科技公司的设计,将江南民居升级成一间间语音智能客房,实现了智能化升级。客人可以通过智能面板一键控制屋内所有灯光,电动窗帘接入智能中控系统,无须手动操作。

2. 成长期的产品特性优化

随着产品进入成长期,AI 技术可以通过收集和分析顾客反馈,对产品特性进行优化。通过使用 AI 工具来分析消费者行为、偏好和情感,从而为产品的营销管理提供数据驱动的洞察力。这些工具能够快速处理大量数据，并提供精准的市场预测，帮助企业在竞争激烈的市场中做出明智的决策。同时 AI 技术还可以通过快速反馈机制加速产品迭代周期。利用机器学习算法，产品经理可以根据用户反馈迅速调整产品设计，确保产品持续更好地满足市场需求。AI 还可以分析民宿顾客对房间设施和服务的评价，从而指导民宿改进房间设计，提升服务质量，满足顾客的需求。例如特色民宿"云间小筑"，通过 AI 分析周边民宿竞争对手的市场定位，发现大多数民宿主打亲子游或商务出行。而自身周边有丰富的传统文化资源，如古老的手工艺品制作工坊和传统民俗表演。于是利用 AI 分析过往顾客对这些特色资源的反馈，制定了以"体验传统文化之旅"为主题的差异化品牌策略。在宣传中突出游客可以参与传统手工艺品制作课程、观看民俗表演等独特体验，成功吸引了众多对文化体验感兴趣的游客，在竞争激烈的当地民宿市场中树立了独特的品牌形象。

3. 成熟期的顾客体验升级

在成熟期，AI 的应用重点转向顾客体验的升级。通过智能推荐系统和个性化服务，AI 能够提供更加定制化的住宿体验，增加顾客满意度和忠诚度，延长产品的生命周期。如万豪酒店集团使用 AI 聊天机器人来提供"7×24 小时"的顾客服务，通过个性化的沟通提升顾客满意度和忠诚度。

此外，AI 的数据分析和生命周期评估还能够帮助企业在生产过程中实现可持续性目标，优化资源利用并减少环境影响，这对于生态民宿尤为重要，因为它直接关系到品牌形象和顾客信任。例如，青岛晓能推出云讯智能民宿能耗管理系统，支持智能节能设备的集成，通过连接智能灯具、智能温控系统等智能设备，系统可以对这些设备进行集中控制和调节，根据客人入住情况和环境变化，自动调整设备工作状态，从而最大限度地节省能源，同时为民宿业主和顾客提供了更高效、便捷的服务体验。

4. 衰退期的产品更新策略

在产品生命周期的衰退期，企业可以借助 AI 技术实现产品更新和转型。以成都一家位于水边的民宿为例，该民宿曾面临运营服务能力不足和营销效果不佳的双重挑战。通过运用旅悦阿拉丁全球智能选址系统对热力图进行深入分析，该民宿发现了经营不善的关键因素。智能系统分析显示，在流量和预订客流方面，该地区并非住宿消费的热点区域，且在夏季雨季期间更容易受到降水量的影响。

基于这些精准的数据洞察，民宿管理层能够重新评估其市场定位，并制定出针对性的营销策略，调整服务项目以适应当地市场需求，或者通过创新营销活动来吸引更多的客流量。运用 AI 技术，不仅能帮助民宿识别问题之所在，也能为制定有效的创新策略提供数据支持，从而在产品衰退期寻找到新的增长点。

二、AI 在价格策略中的应用

（一）AI 赋能的价格优化策略

对于大部分对价格敏感的消费者而言，如何定价成为是否吸引其购买的最为关键的因素。民宿在进行产品定价的过程中，需要综合考虑产品成本、竞争者的价格、顾客的因素。在人工智能时代，定价策略的制定变得更加精细化和动态化。

1. AI 赋能产品成本的精准预测

产品成本是定价的基石，它直接影响企业能够设定的最低价格。如果成本过高，企业必须设定更高的售价以保持利润，但这可能会影响销量。在人工智能时代，AI 可以分析和预测原材料价格、劳动力成本和供应链效率，帮助民宿业主及时调整生产计划，减少浪费，并在成本最低时采购资源。这样，民宿可以在保持竞争力的同时设定更合理的价格。

2. AI 辅助监测竞争者价格

竞争者的定价策略对企业的市场份额和顾客选择有直接影响。企业需要考虑如何在价格上对竞争对手保持竞争力，同时保证利润。通过 AI 的实时监控和分析能力，民宿能够快速捕捉到竞争对手的价格变动，并据此调整自己的定价策略，以更灵活地响应市场变化。这种动态定价策略有助于民宿在竞争中保持敏捷和反应迅速。

3. AI 分析顾客需求与价格敏感度

顾客的需求、偏好和支付意愿是影响民宿定价的关键因素。了解这些因素可以帮助民宿设定更吸引目标顾客的价格。借助 AI 工具，民宿可以分析顾客的行为模式、预订习惯和反馈，帮助民宿识别不同顾客群体的支付意愿和价格敏感度。这样，民宿可以为不同顾客提供个性化定价，提高满意度和忠诚度。

（二）AI 驱动的动态定价策略

1. AI 赋能价格弹性与需求关系的分析

需求价格弹性是指需求量对价格变动的反应程度。当需求价格弹性较高时，价格的小幅变动会导致需求量的大幅变动；反之，当需求价格弹性较低时，价格的大幅变动对需求量的影响较小，即需求量对价格变化不敏感。民宿需要根据产品的价格弹性来决定价格调整的方向和幅度，以最大化总收益。

AI 可以分析大量历史销售数据和市场数据，预测价格变化对需求量的具体影响，帮助民宿业主理解不同产品的价格弹性。通过机器学习模型，AI 能够识别价格弹性与需求之间的关系,并预测价格调整对销量和收入的潜在影响。

2. 动态定价策略的 AI 模型构建

动态定价是一种根据市场需求、竞争状况和库存情况灵活调整价格的策略,广泛应用于零售、旅游、航空、电子商务等多个行业。其主要目的是最大化预期收益,同时应对需求的不确定性和价格敏感性。在易逝性产品(如时尚零售、航空票务、酒店民宿)中,动态定价策略通常涉及在有限的时间段内销售库存,并通过调整价格来补偿需求的统计波动和顾客保留价格的变化。研究表明,使用动态定价策略可以显著提高收入,在某些情况下,收入增加可以高达100%。

在电子商务环境中,动态定价可以通过实时学习算法来实现,这些算法利用反馈不断更新价格,从而提高收益。此外,深度强化学习也被用于在线实时定价,以应对需求与环境特征的相关性,从而在不确定性环境中取得更好的收益表现。在多产品定价问题中,企业可能面临如何在多个产品之间分配有限的库存以最大化总收入的问题。在这种情况下,定价算法需要考虑产品的离散价格点,并通过优化算法找到近似最优的定价决策。因此,民宿可以依托 AI 构建复杂的动态定价模型,实时分析市场数据、消费者行为和竞争对手的定价,自动调整价格以最大化利润或市场份额。

三、AI 在渠道策略中的应用

(一)AI 赋能的渠道广度与深度设计

在信息技术的快速发展背景下,民宿企业正面临着如何通过多样化的渠道有效传递信息给消费者的挑战。人工智能(AI)技术的进步,尤其是在大数据分析和机器学习领域的应用,为渠道间的协同提供了新的可能性。这种协同不仅提高了信息传递的效率,还增强了触达用户的精准性,显著提升了营销活动的转化率。AI 技术重新思考了渠道设计中"如何有效触达消费者"这一核心问题。在 AI 的推动下,无论是线上还是线下渠道设计,都得到了广泛的赋能,实现了全链路深入各种消费场景的能力。

1. 线上渠道的 AI 赋能

互联网的发展和移动设备的普及,使得短视频等新型平台成为用户关注的焦点,这对在线和移动渠道设计提出了拓展更多营销场景的要求。在传统营销模式下,民宿企业筛选符合自身实际情况和需求的投放方式及平台存在一定难度。AI 技术能够在众多分类的用户群体中准确识别目标用户,并结合定量分析挑选出该类用户的媒体和场景偏好,从而在投放方式、投放时间等方面实现最大限度的优化。这不仅有效控制了成本,还显著提升了营销成果。AI 技术能够分析线上用户的行为数据,识别用户的偏好和兴趣点，进而在合适的时间和地点向用户展示相关信息。通过精准识别用户感兴趣的渠道，AI 技术优化了线上广告投放和内容营销策略，提升了用户体验和互动质量。这种精准营销策略使得广告主能够更有效地触达目标受众，提高了营销活动的投资回报率。例如，万豪集团的民宿服务 Homes&Villas 通过收集和分析住客的历史预订数据、浏览行为、偏好设置等多维度信息，为每位住客精准推荐符合其个性化需求的民宿房源、当地旅游活动以及特色餐饮选项。Homes&Villas 借助 AI 算法对海量的图片、视频等素材进行筛选、编辑和优化，定期发布高质量、极具吸引力的内容，展示不同地区民宿的独特风情、游客的精彩体验瞬间以及当地的风土人情等。通过 AI 分析社交媒体用户的兴趣爱好、互动行为等，能够精准定位到潜在顾客群体，并在合适的时间、通过合适的渠道向他们投放个性化的广告宣传内容。

2. 线下渠道的 AI 赋能

在线下渠道，人工智能技术同样重要。随着人工智能和大数据技术的不断进步，营销渠道将全面赋能各类线下屏幕和终端，打破传统户外营销的局限。通过高效整合线上线下渠道，可以构建全场景智能营销生态系统，覆盖民宿住宿、餐饮、消费娱乐等多个场景，让顾客在任何时间、任何地点都能享受到便捷、个性化的优质服务。内容的新载体能够借助 AI 扩展到更多的终端和场景，使得信息触达不再受时间和空间的限制。人工智能赋予了功能单一的终端以类似媒体的交互能力。此外，AI 技术通过深入分析客流量、消费者行为和民宿运营数据，还能够助力民宿优化门店布局、库存管理和个性化促销活动。

（二）AI 在民宿企业端与顾客端的营销策略应用

在民宿领域，人工智能技术的应用逐步渗透到顾客服务、物流管理以及线下门店运营等多个方面。随着网络渠道的扩展，许多原本仅在线下的民宿品牌开始建立线上概念店，以此提升顾客的沉浸式体验，模糊了线上与线下的界限，为顾客和民宿之间的沟通与互动提供了更多元的渠道。

1. 民宿企业端的营销策略应用

在顾客服务方面，人工智能技术可以赋能民宿的客房管理与场景塑造，使得无人值守的智能化服务成为可能；在客流管理方面，借助基于 AI 的视频监控设备，民宿能够实时监控客流量，动态识别游客密度，并绘制相关热度图，深入分析游客的住宿习惯和偏好，实现人、服务、环境三者的动态平衡；在物流仓储管理方面，利用人工智能与大数据算法，民宿能够实现供应链的智能化管理，灵活考虑自身的物资供应能力，智能优化网络布局、仓储管理、运输路由规划和终端配送规划的统一管理，帮助民宿缩短从物资采购到客房供应的渠道宽度，提升运营效率。

2. 民宿顾客端的营销策略应用

在安全和便捷性方面，人脸识别技术的应用可以使顾客的入住和退房流程更加快捷和安全。通过智能门锁和安全监控系统，顾客可以享受到无钥匙入住的便利，同时确保了住宿的安全；在营销渠道个性化服务上，通过深入分析游客的在线行为、预订习惯和反馈，AI能够为民宿构建精准的顾客画像，通过社交媒体、电子邮件和移动应用等渠道，向游客发送个性化的推广信息和定制化的优惠，以提高转化率和顾客忠诚度。

四、AI 在促销策略中的应用

（一）AI 赋能的消费者行为预测

人工智能营销的关键能力在于预测消费者行为，这一能力使得企业能够更精准地定位市场并制定有效的促销策略。利用先进的数据分析技术，AI 能够从海量的消费者数据中识别出其行为模式和市场趋势，进而预测消费者的购买行为和个人偏好。在民宿行业中，这种预测能力尤为宝贵，因为它能够帮助民宿经营者提前洞悉游客的住宿倾向，从而有针对性地准备服务项目和策划促销活动。通过深入的用户洞察，民宿能够预见到特定季节或节假日的游客高峰，据此调整和优化营销推广计划，推出特色住宿套餐或体验活动，吸引更多游客。这种数据驱动的方法不仅能够提升入住率，还能显著增加收益。

（二）AI 支持的个性化推荐促销

在当今的数字化时代，消费者面对着海量的选择和信息，越来越期待获得与自己偏好和需求相匹配的定制化体验。人工智能与个性化推荐的结合，则为提升顾客体验和满意度提供了强有力的工具。人工智能系统通过深入分析消费者的个人数据和行为历史，能够提供高度定制化的服务和产品推荐。在民宿业态中，这种个性化推荐可以具体体现为根据顾客的历史住宿记录与偏好、评价以及互动反馈，智能地推荐符合其品位要求和预算的房间类型或住宿套餐。此外，AI 的实时学习能力意味着推荐内容可以迅速适应游客需求的变化。当游客表现出新的偏好或对某些服务提供反馈时，AI 能够即时调整其推荐算法，确保后续的推荐内容既相关又具有吸引力。通过 AI 实现的个性化推荐，民宿能够更精准地满足每位游客的独特需求，动态的个性化服务体现了以顾客为中心的服务理念，不仅能提升游客的住宿体验，还能增强他们对民宿的忠诚度和推荐意愿。

（三）AI 数字人营销工具的应用

AI 数字人作为一种新兴的促销工具，正逐渐在市场营销领域展现出其独特的价值和潜力。这些虚拟助手或代表利用先进的人工智能技术，将自己塑造成数字化的人物，它们不仅能够承担多样化的角色，还能执行一系列任务，特别是在提升顾客服务、加强品牌推广和支持销售等方面表现出色。

AI 数字人除了作为虚拟客服代表，还可以成为民宿的品牌代言人。它们可以根据品牌形象量身打造，以其独特的外观和鲜明的个性，吸引目标受众的注意力，并有效传达品牌的核心价值。这些虚拟代言人在社交媒体和广告宣传中越来越常见，它们通过高度个性化的形象和故事叙述，与消费者建立更深层次的情感纽带。此外，在直播销售领域，AI 数字人亦展现出巨大的潜力。它们可以独立主持直播活动，生动展示产品特点，与广大观众进行互动，并迅速回应关于产品的任何问题。这种即时互动能力极大地增强了直播销售的效果，提高了观众的参与度和购买意愿，从而有效地促进了销售转化。

第三节　生态民宿 AI 营销精选案例

在当今的数字化时代，人工智能技术正以前所未有的速度重塑住宿业。全球范围内的酒店集团都在积极采纳 AI 技术，用变革与创新服务来提升顾客体验和运营效率。例如，新加坡千禧国际酒店集团推出的全球首家元宇宙酒店 M Social，酒店访客能在虚拟世界 Decentraland 中参观酒店的虚拟大堂，与虚拟助理进行互动，赢得现实世界的酒店奖品；希尔顿新推出基于人工智能的礼宾机器人 Connie 站在前台为抵达酒店的客人提供礼宾服务；南非豪登省的 Signature Lux Hotels 推出提供智能声控 APP 的旅行伴侣；万豪酒店集团与 Publicis Sapient 合作开发的人工智能搜索工具，为游客提供基于个人偏好的住所和目的地匹配服务等。但相较于酒店业应用 AI 的快速发展，民宿行业在人工智能营销方面才刚刚起步，且体量相对较小。尽管如此，一些具有前瞻性的民宿已经开始探索 AI 技术的应用，以期在竞争激烈的市场中获得优势。

在生态民宿 AI 营销领域，中国的发展尤为迅速，已经走在了世界的前列。相比之下，许多国外市场在民宿 AI 营销的应用上起步较晚，发展速度和应用范围相对较小。因此，下文主要以中国的民宿 AI 营销实践为例，探讨其如何利用人工智能技术提升顾客体验和市场竞争力。

案例：西递淡园民宿的智能服务体验

（一）案例简介

1. 区位环境

西递淡园民宿坐落于安徽省黄山市黟县的国际乡村旅游度假区核心地带，这里是中国首个以"村"为名的国家级旅游度假区。西递村，以其悠久的历史、精湛的徽派建筑艺术和淳朴的民俗风情吸引着国内外游客，是联合国世界旅游组织评选的首批"最佳旅游乡村"之一（2021年12月获评）、第一批中国历史文化名村（2003年11月获评），也是第一批中国传统村落（2012年12月获评）。以西递村为代表的皖南古村落被联合国教科文组织列入世界文化遗产名录（2000年11月列入），西递村古建筑群同时也是第五批全国重点文物保护单位（2001年6月获评）。

西递村属于亚热带季风气候，四季分明，雨水充沛。全村森林覆盖率达86%，包括银杏、杜仲等国家二、三类珍稀树木，杉木、柳杉、马尾松等优良用材林种，栀子、金银花等药用植物。村落整体呈船形，四面环山，有三条溪水交汇，自北向南分别为金溪、前边溪、后边溪。有东西向三条主街，其中两条沿前边溪、后边溪走向，构成东向为主、向南北延伸的村落街巷系统。所有街巷均以黟县青石铺地，古建筑多为木结构、砖墙维护，木雕、石雕、砖雕丰富多彩，巷道和建筑的设计布局协调。

2. 建设与经营状况

在当地激烈的市场竞争中，西递淡园民宿凭借其独特的传统美学与现代科技融合的经营模式脱颖而出，成为西递景区周边的热门民宿。通过智能化升级，该民宿在保留传统徽派建筑风格的同时，积极引入了无线通信、全息传感、智能调控等现代技术，实现了家居设施的智能化控制，包括房间环境、家电、安防和照明等。

在携程旅行网上，西递淡园民宿所展示的招牌房型"全屋智能房"，受到了顾客的广泛青睐。顾客普遍认为该民宿高端的智能化设施极大地提升了他们住宿的舒适度和便利性。顾客们在亲身体验后，对民宿的满意度很高（携程评分高达4.9分），并通过点评向新的潜在顾客传递着他们的正面评价。其中"智能家居"和"便捷"等词汇频繁出现在用户点评中。这些好评不仅进一步提升了西递淡园民宿的知名度与吸引力，也极大地增强了顾客们再次选择入住该民宿的意愿。

此外，智能化改造通过智能控制房间开关和用电等方式，也为西递淡园民宿业主有效减少了资源浪费，电费、管理费等运营成本显著降低。

3. 主要 AI 营销策略

西递淡园民宿巧妙融合了前沿的 AI 科技体验与智能管家服务，为顾客精心营造了既生态古朴又充满 AI 科技感的住宿空间，形成了独特的反差美感，也显著提升了住宿的整体品质与体验。在这里，顾客能够借助智能导览轻松入住，通过语音控制或人体感应技术，享受人工智能赋予的便捷服务。例如，智能灯光系统可以根据顾客的需求调整亮度和颜色，营造出不同的氛围，如温馨的暖光用于休息，明亮的白光用于工作或阅读；智能空调能够根据房间内的温度自动调节运行模式，保持室内恒温，为住客提供舒适的温度环境；智能窗帘可以通过遥控器或手机 APP 控制其开合，让顾客在享受阳光的同时保护隐私；房间内的智能 AI 语音管家，只需顾客说出简单的语音指令，如"打开电视""播放音乐""查询明天的天气"等，就能立即响应并执行相应操作。

（二）案例分析

AI 技术帮助西递淡园民宿在细分市场定位、产品差异化、竞争力提升以及数字营销整合方面发挥了重要作用。具体可以从以下几个方面进行分析。

1. AI 拟人化与社会存在：增强顾客体验与信任

西递淡园民宿通过智能 AI 语音管家等设计，赋予了 AI 设备类人的特征，如响应语音指令、提供个性化服务等。这种拟人化的设计不仅展现了 AI 的"能力"维度，即高效、准确地满足顾客需求，还使得顾客更容易将 AI 视为有情感、能理解的实体。这种设计增强了顾客对 AI 服务的接受度和满意度，顾客在点评中频繁提及"智能家居"的便捷性，正是拟人化理论在实践中的生动体现。

同时，民宿通过智能技术提供的服务，如智能导览、语音控制等，让顾客在住宿过程中感受到了一种与 AI "在一起"的感觉，这体现了人工智能营销中的"社会存在"特点。顾客在享受智能服务的同时，也感受到了与 AI 互动带来的乐趣和便利，从而提升了他们对 AI 服务的满意度和忠诚度。此外，民宿还通过智能 AI 语音管家等可靠的服务，建立了顾客与 AI 之间的信任关系，这种信任关系的建立对于民宿的长期发展和顾客忠诚度的提升具有重要意义。

2. AI 细分市场开发：构筑科技旅居新方式

西递淡园民宿通过 AI 技术的应用，成功地在市场中定位了自己作为 AI 智能民宿的先行者。这一细分市场定位吸引了对高科技和智能化体验感兴趣的游客，尤其是那些寻求独特住宿体验的年轻和科技爱好者群体。AI 技术的融入不仅为西递淡园民宿赋予了现代感，也使其在传统徽派建筑风格中独树一帜，满足了细分市场对于融合传统与现代、自然与科技的需求。

3. AI 驱动的产品创新：打造差异化竞争优势

西递淡园民宿通过深度融合人工智能技术，成功塑造了其产品的核心创新点，为品牌打造了显著的差异化竞争优势。在线上平台，智能化产品不仅通过宣传语吸引关注，更通过图文展示，让潜在顾客提前感受智能科技带来的便捷与舒适。这种营销策略有效传达了西递淡园民宿的高科技服务理念，同时增强了品牌形象的现代感与吸引力。在线下，西递淡园民宿的智能化服务体验成为其产品创新的直观展现。从智能入住到个性化的客房控制，再到定制化的娱乐推荐，每一项智能化服务都旨在提供更加个性化和高效的顾客服务。这种即时响应顾客需求的能力，不仅极大地提升了顾客的住宿体验，也显著提高了顾客满意度和忠诚度。西递淡园民宿在满足顾客个性化需求的同时，也强化了其作为高科技智能民宿的市场定位。

4. AI 与数字营销的整合：强化市场影响力

AI 技术与其他数字营销方式的结合，为西递淡园民宿带来了更广泛的市场曝光和顾客互动。通过与携程等在线旅游平台的合作，西递淡园民宿能够利用平台内置的"携程问道"AI 系统继续提升其搜索曝光度；收集顾客反馈和行为数据，进行精准营销和个性化推广。这种整合营销策略不仅提高了营销活动的效率和效果，还强化了西递淡园民宿的品牌形象，使其在顾客心中树立起高科技、高服务质量的民宿形象。

（三）案例思考题

1. 在营销理论的 4P 框架下，西递淡园民宿在哪些领域应用了人工智能技术？

2. 基于西递淡园民宿的智能化升级，分析其如何提升市场竞争力，并讨论这种竞争力提升对民宿长期发展的影响。

3. 考虑到西递淡园民宿在保留传统徽派建筑风格的同时引入了现代智能科技，分析这种结合如何影响顾客的整体住宿体验，并讨论在整合传统与现代技术时可能面临的挑战。

【本章小结】

随着人工智能技术的飞速发展，AI 营销已经成为推动民宿业创新发展的重要力量。本章首先概述了 AI 营销的概念、基础、特征、目的及相关理论，为理解 AI 营销提供了全面的理论框架。其次，本章从产品、价格、渠道和促销四个方面详细阐述了 AI 在生态民宿营销策略中的应用。通过 AI 驱动的产品创新与优化、动态定价策略、渠道广度与深度设计以及个性化推荐促销等策略，生态民宿可以实现更加精准的市场定位、更高效的资源配置和更优质的顾客服务。最后，本章通过西递淡园民宿的智能服务体验案例，展示了 AI 营销在生态民宿中的实际应用效果，为其他民宿 AI 营销提供了可借鉴的经验和启示。

【本章思考与练习】

1. 人工智能的主要技术类型有哪些？请至少列举三种。
2. 人工智能营销最核心的特征是什么？
3. 生态民宿在运用人工智能营销策略时，可能面临哪些挑战？
4. 如果你是一家民宿的管理者，你将如何利用 AI 技术来优化你的营销决策？请从市场分析、顾客需求预测、竞争对手分析等方面进行阐述。

参考文献

[1] 吴章文,吴楚材,谭益民,等.生态旅游区生态环境本底条件研究[J].中南林业科技大学学报,2009,29(5):14-18,20-28.

[2] Bhuiyan M A H, Siwar C, Ismail S M, et al. Home stay accommodation for tourism development in east coast economic region[J]. American Journal of Applied Sciences, Volume 9, Issue 7, 2012, Pages 1085-1090.

[3] Kasim M M, Kayat K, Ramli R, et al. Sustainability criteria for the Malaysia homestay programme[J]. International Review of Management and Marketing, 2016, 6(7): 250-255.

[4] Zamani-Farahani H. Home stay: A rural tourism entrepreneurship business[J]. Tourism Analysis, 2011, 16(5): 525-533.

[5] Sarkar R, Sinha A. The village as a social entrepreneur: Balancing conservation and livelihoods[J]. Tourism Management Perspectives, 2015(16): 100-106.

[6] Agyeiwaah E. International tourists' motivations for choosing homestay in the Kumasi Metropolis of Ghana[J]. Anatolia, 2013, 24(3): 405-409.

[7] Tiberghien G, Bremner H, Milne S. Authenticating eco-cultural tourism in Kazakhstan: A supply side perspective[J]. Journal of Ecotourism, 2018, 17(3): 306-319.

[8] Dey B, Mathew J, Chee-Hua C. Influence of destination attractiveness factors and travel motivations on rural homestay choice: the moderating role of need for uniqueness[J]. International Journal of Culture, Tourism and Hospitality Research, 2020, 14(4): 639-666.

[9] Bhalla P, Bhattacharya P, Gupta N C. Sound levels assessment in an ecotourism destination: A case study on Binsar Wildlife Sanctuary of Indian Himalayan Region[J]. Int J Scie Res-Public, 2015(5): 1-7.

[10] Chin C H, Chin C L, Wong W P M. The implementation of green marketing tools in rural tourism: the readiness of tourists?[J]. Journal of Hospitality Marketing & Management, 2018, 27(3): 261-280.

[11]曾欣,杜锦.青杠树村景区策划预案[J].旅游纵览(下半月),2015(22):137.

[12]盖俊竹.台湾地区休闲农业发展概况[J].商场现代化,2014(21):127-129.DOI:10.14013/j.cnki.scxdh.2014.21.224.

[13]李思丽.多姿多彩的台湾民宿[J].福建建筑,2014(1):56-59.

[14]丁晓琴.慈溪特色乡村旅游发展转型路径探索[J].宁波经济(三江论坛),2015(4):15-18.

[15]刘亭.民宿经济:农家乐的升级版[J].浙江经济,2014(20):12.

[16]蒋缨.海峡两岸休闲农业产业链整合研究[J].价值工程,2013,32(1):159-161.DOI:10.14018/j.cnki.cn13-1085/n.2013.01.143.

[17]李长.浅析民宿的认识和设计[J].工程建设与设计,2019(8):16-17.DOI:10.13616/j.cnki.gcjsysj.2019.04.208.

[18]刘中慧.南方乡村民宿建筑与环境融合设计方法探讨[J].城市建设理论研究(电子版),2019(30):61.DOI:10.19569/j.cnki.cn119313/tu.201930053.

[19]陈默.舟山海岛民宿旅游资源的开发评价与保护策略[J].海洋开发与管理,2017,34(6):23-27.DOI:10.20016/j.cnki.hykfygl.2017.06.005.

[20]崔维鹏.秸秆砌体在民宿建筑中的应用优势研究[J].陶瓷,2020(9):16-18.DOI:10.19397/j.cnki.ceramics.2020.09.003.

[21]易红燕.基于生态文化旅游的乡村民宿发展研究——以宜昌乡村民宿为例[J].宁波职业技术学院学报,2020,24(2):92-98.

[22]程晓丽,黄港归.乡村振兴战略背景下黄山市民宿旅游发展现状与路径[J].池州学院学报,2020,34(6):67-70.DOI:10.13420/j.cnki.jczu.2020.06.014.

[23]章万清.民宿爆炸式发展下的现状和设计对策研究——以浙江省为例[J].设计,2021,34(3):129-131.

[24]黄冠华.乡土文化在民宿开发中的构建与表达研究[J].北京农业职业学院学报,2020,34(3):12-18.DOI:10.19444/j.cnki.1671-7252.2020.03.002.

[25]李雪艳,任欣玮,岑雅婷.乡土材料在民宿室内设计中的应用研究[J].家具与室内装饰,2021(12):49-53.DOI:10.16771/j.cn43-1247/ts.2021.12.011.

[26]李浩,卞观宇,罗国良.基于文旅产业发展背景下绿色装配式民宿设计的研究——以佛山仙岗村民宿设计为例[J].设计,2021,34(16):141-144.

[27]詹小玉,陈德广.三亚博后村民宿业的可持续发展研究[J].现代商业,2021(19):62-64.DOI:10.14097/j.cnki.5392/2021.19.019.

[28]余煌,杜姗姗,陈京雷,等.文旅融合引领下延庆长城文化带乡村振

兴研究[J].北京农业职业学院学报,2021,35(5):45-50.DOI:10.19444/j.cnki.1671-7252.2021.05.007.

[29]陈梅花,苏月琴.乡村振兴背景下畲族乡村民宿旅游开发研究——以泰顺县左溪村和竹里村为例[J].农村经济与科技,2021,32(9):94-96.

[30]旅游地产观察.一个拥有150年历史的温泉老旅馆改造后,竟拯救了一个落后村庄[EB/OL].https://xueqiu.com/1594309441/146442862,2020-04-09/2024-11-17.

[31]GA环球建筑.竹子、石头和泥土建的龙泉山竹子旅店,浙江宝溪[EB/OL].https://www.sohu.com/a/139065737_791225,2017-05-08/2024-11-17.

[32]支芙蓉.生态适应性理论在民宿改造设计中的应用[J].建筑结构,2022,52(22):147.

[33]崔龙雨.乡村旅游背景下亳州市特色民宿室内设计策略——以亳州十八里芍花园生态旅游为例[J].乡村科技,2019(24):123-126.DOI:10.19345/j.cnki.1674-7909.2019.24.061.

[34]李群,杨茂川.基于江南原生态理念的水居民宿设计——以原舍·阅水民宿设计为例[J].大众文艺,2019(2):77-78.

[35]张卫亮,王继宽.生态理念在民宿景观设计中的应用研究[C]//中国建筑学会室内设计分会.2022室内设计论文集.长春科技学院;吉林职业技术学院;长春装饰设计行业商会,2022:4.DOI:10.26914/c.cnkihy.2022.072020.

[36]李申,汤雪萍.安徽省传统民宿的生态景观设计研究[J].许昌学院学报,2022,41(5):41-44.

[37]余乐.拆掉洱海民宿:环保令背后的挣扎与矛盾[EB/OL].https://www.jiemian.com/article/2829602.html,2019-01-27/2024-11-28.

[38]杨月.让"太湖民宿"品牌更加熠熠生辉——苏州市吴中区人民检察院督促整治太湖岸线民宿违法排水行政公益诉讼案[EB/OL].https://www.jsjc.gov.cn/yaowen/202312/t20231219_1578667.shtml,2023-12-19/2024-11-28.

[39]NEW民宿.网红民宿改造案例|从破败农舍到美出天际[EB/OL].https://www.163.com/dy/article/FIK87R5105449JSO.html,2020-07-28/2024-11-28.

[40]周凌,张莹.城与乡的互联,山与水的拼贴——苏家原舍酒店改造设计[J].时代建筑,2019(04):96-101.DOI:10.13717/j.cnki.ta.2019.04.017.

[41]钟经文.乡熙绿建民居民宿绿色能源解决方案,助力打造乡村宜居空间[EB/OL].https://cn.chinadaily.com.cn/a/202307/07/WS64a7a1b2a310ba94c56154b7.html,2023-07-07/2024-11-28.

[42]周能兵,郑海锋.多种创新盘活乡村闲置资源 跨界融合激发绍兴民宿活

力［EB/OL］.https://news.qq.com/rain/a/20231214A05YK400，2023–12–14/2024–11–28.

［43］刘佳虎，张冰玉，孙久贺.智慧生态"双型"民宿运营模式研究［J］.环渤海经济瞭望，2022（7）：41-43.DOI：10.16457/j.cnki.hbhjjlw.2022.07.017.

［44］鲍黎丝.生态脆弱区旅游民宿低碳可持续发展路径研究［J］.产业创新研究，2019（12）：196-199.

［45］庞波，郑霁雯，苏波.地域适宜和低能耗的可持续建筑设计——广西南宁生态环境科普教育馆项目建造实践［J］.建筑技艺，2019（4）：24-29.

［46］Kotler P，Keller K.（2009）Marketing Management. Global Edition，Pearson Education Inc.，Upper Saddle River.

［47］Berry L L.（1983）'Relationship marketing'，in Berry L L，Shostack G L，Upah G D.（Eds）：Emerging Perspectives on Service Marketing，American Marketing Association，Chicago，IL，USA，pp.25–38.

［48］Shani D，Chalasani S.（1991）'Exploiting niches using relationship marketing'，Journal of Consumer Marketing，Vol. 9，No. 3，pp.33–42.

［49］Grönroos C.From marketing mix to relationship marketing：Towards a paradigm shift in marketing［J］.Management Decision，1994，32（2）：4-20.

［50］Morgan R M，Hunt S D. The commitment-trust theory of relationship marketing［J］.Journal of Marketing，1994，58（3）：20-38.

［51］王晓林，李彬.生态民宿发展现状与问题研究［J］.旅游学刊，2018，33（2）：123-130.

［52］张晓娟，刘敏.民宿情感营销策略研究［J］.商业研究，2019，34（3）：78-85.

［53］刘灵傲.民宿数字化运营管理［M］.北京：旅游教育出版社，2024.

［54］阳翼.数字营销（第3版）［M］.北京：中国人民大学出版社，2022.

［55］过聚荣，熊颖.中国民宿发展报告［M］.北京：社会科学文献出版社，2022.

［56］程芸燕，包兰凤，欧至睿，等.龙胜县平安壮寨乡村民宿数字化发展研究［J］.现代商贸工业，2023（5）：36-38.

［57］陈双双，徐金虎.数字化视域下民宿旅游营销模式的实践与提升策略——基于浙江省三市五地的案例分析［J］.环渤海经济瞭望，2022（2）：65-66+117.

［58］郑春晓，赵亚娟，王春，单治易.全球人工智能发展态势——基础技术领域［J］.科学观察，2024，19（4）：26-36.

［59］朱国玮，高文丽，刘佳惠，等.人工智能营销：研究述评与展望［J］.外国经济与管理，2021，43（7）：86-95.

［60］贺爱忠，聂元昆.人工智能营销［M］.北京：机械工业出版社，2023.

［61］Wenjiao Zhao，Yu-Sheng Zheng. "Optimal Dynamic Pricing for Perishable Assets with Nonhomogeneous Demand"［J］.Management Science，2000.

［62］［美］加里·阿姆斯特朗，菲利普·科特勒.市场营销学（原书第13版）［M］.赵占波，孙鲁平，赵江波，等译.北京：机械工业出版社，2019.

［63］［美］菲利普·科特勒.营销管理（第11版）［M］.上海：上海人民出版社，2003.

［64］张志华.从商品营销到文化营销——析商业企业营销活动中的文化现象［J］.上海商业，1995（4）：25-26+33.

［65］［美］艾略特·艾登伯格.4R营销［M］.北京：企业管理出版社，2003.

［66］Booms, Bernard H.and Mary J.Bitner. "Market-ing Strategics and Organization Structures for Serv-ice Firms," in Marketing of Services，James H.Donnelly and Wiliam R.George，eds.Chicago：American Marketing Association，1981：47-52.

［67］［美］菲利普·科特勒.营销革命5.0［M］.北京：机械工业出版社，2022：1-200.

［68］［美］菲利普·科特勒，［印度尼西亚］何麻温·卡塔加雅，［印度尼西亚］伊万·塞蒂亚万.营销革命3.0［M］.北京：机械工业出版社，2011.

［69］王玉华.品牌营销的理论分析与对策研究［J］.经济与管理，2011，25（9）：54-57.

［70］庄贵军，席酉民.关系营销在中国的文化基础［J］.管理世界，2003（10）：98-109+156.

［71］［美］丹尼斯·J.克希尔.关系营销［M］.北京：机械工业出版社，2002：181.

［72］李彦亮.品牌文化营销探析［J］.金融与经济，2006（04）：56-58.

［73］Baumgarten S. A, The innovative communicator in the diffusion process［J］.Journal of Marketing Research，1975，12（1）：12-18.

［74］Clement Addo P，Fang J，Asare A O，et al. Customer engagement and purchaseintention in live-streaming digital marketing platforms［J］.The Service Industries Journal，2021，41（11-12）：767-786.

［75］余明阳，舒咏平.论"品牌传播"［J］.国际新闻界，2002（3）：63-68.

［76］陈雪钧，马勇，李莉.酒店品牌建设与管理［M］.重庆：重庆大学出版社，2015.

［77］［美］加里·阿姆斯特朗，菲利普·科特勒.市场营销学（第14版）（工商管

理经典译丛）［M］.北京：中国人民大学出版社，2023.

［78］［美］菲利普·科特勒，约翰·鲍文，西摩·巴洛格鲁.旅游市场营销（第8版）［M］.北京：清华大学出版社，2022.

［79］马勇.酒店管理概论［M］.重庆：重庆大学出版社，2017.

［80］魏卫.酒店管理概论［M］.武汉：华中科技大学出版社，2022.

［81］李道和，郭锦墉，熊园春.旅游产品品牌营销策略［J］.江西农业大学学报（社会科学版），2003，2（4）：26-28.

［82］Qiu-Jie L I.Brand Marketing Strategy［J］.Copper Engineering，2008.

［83］张燚，张锐.品牌生态学——品牌理论演化的新趋势［J］.外国经济与管理，2003，25（8）：7.

［84］Keller，Kevin，Lane.Brand Synthesis：The Multidimensionality of Brand Knowledge［J］.Journal of Consumer Research，2003.

［85］Aaker J L.Dimensions of Brand Personality［J］.Journal of Marketing Research，1997，34（3）：347-356.

参考答案

扫一扫